金融知识
400问

李忠民 王晓芳 / 主编

JinRong ZhiShi
400 *Wen*

JinRong ZhiShi
400 *Wen*

JinRong ZhiShi
400 *Wen*

中国财经出版传媒集团
经济科学出版社
Economic Science Press

图书在版编目（CIP）数据

金融知识400问/李忠民，王晓芳主编．
—北京：经济科学出版社，2017.3（2017.8重印）
ISBN 978-7-5141-7802-9

Ⅰ.①金… Ⅱ.①李…②王… Ⅲ.①金融—问题解答
Ⅳ.①F83-44

中国版本图书馆CIP数据核字（2017）第040577号

责任编辑：范　莹
责任校对：杨　海
责任印制：李　鹏

金融知识400问

李忠民　王晓芳　主编

经济科学出版社出版、发行　新华书店经销

社址：北京市海淀区阜成路甲28号　邮编：100142

总编部电话：010-88191217　发行部电话：010-88191522

网址：www.esp.com.cn

电子邮箱：esp@esp.com.cn

天猫网店：经济科学出版社旗舰店

网址：http://jjkxcbs.tmall.com

北京季蜂印刷有限公司印装

710×1000　16开　22印张　370000字

2017年3月第1版　2017年8月第2次印刷

ISBN 978-7-5141-7802-9　定价：56.00元

（图书出现印装问题，本社负责调换。电话：010-88191502）

（版权所有　侵权必究　举报电话：010-88191586

电子邮箱：dbts@esp.com.cn）

编写人员

主　　编：李忠民　王晓芳
参编人员：（以姓氏笔画排序）
　　　　　于江波　王铁军　王瑞君　毛彦军　许　力
　　　　　孙韩璐　孙　颖　杨克贲　张晓敏　张　娥
　　　　　赵卫滨　高　榴　崔兰婷

目 录
cntents

第1章　货币制度与金融体系
1. 什么是货币？货币有哪些形态？　　　　　　　　1
2. 什么是货币制度？　　　　　　　　　　　　　　2
3. 什么是金融？　　　　　　　　　　　　　　　　2
4. 什么是金融资产？　　　　　　　　　　　　　　2
5. 什么是金融交易？　　　　　　　　　　　　　　3
6. 什么是金融中介？有何作用？　　　　　　　　　4
7. 什么是金融体系？　　　　　　　　　　　　　　5
8. 金融体系有哪些主要功能？　　　　　　　　　　7
9. 什么是金融安全和金融稳定？　　　　　　　　　8
10. 什么是金融风险？　　　　　　　　　　　　　　9
11. 什么是金融危机？　　　　　　　　　　　　　　9
12. 什么是主权债务危机？　　　　　　　　　　　　10
13. 什么是美国次贷危机？　　　　　　　　　　　　10
14. 什么是金融监管？　　　　　　　　　　　　　　11
15. 什么是金融消费者？其享有哪些权利？　　　　　11
16. 什么是金融投资管理？　　　　　　　　　　　　12
17. 金融为什么重要？　　　　　　　　　　　　　　13

第2章　金融调控
18. 什么是中央银行？　　　　　　　　　　　　　　15
19. 中央银行有哪些职能？　　　　　　　　　　　　15
20. 什么是货币政策？　　　　　　　　　　　　　　17
21. 货币政策的目标是什么？　　　　　　　　　　　18
22. 货币政策工具有哪些？　　　　　　　　　　　　19
23. 什么是法定存款准备金？　　　　　　　　　　　19
24. 什么是再贴现？　　　　　　　　　　　　　　　19

25. 什么是公开市场业务? 20
26. 什么是利率? 有哪些种类? 21
27. 利率市场化指什么? 21
28. 什么是货币供应量? M_0、M_1、M_2、M_3分别指什么? 22
29. 什么是社会融资规模? 22
30. 什么是宏观调控? 23
31. 什么是逆周期调控? 23
32. 美联储是什么机构? 24
33. 什么是量化宽松? 24
34. 怎样理解美国的第三次量化宽松货币政策? 25
35. 中国外汇管理局的主要职能是什么? 25
36. 什么是外汇管制? 外汇管制涉及哪些方面? 26
37. 什么是国库管理? 26

第3章 金融监管

38. 什么是银监会? 银监会有哪些职能? 28
39. 什么是银行业协会? 它的主要职责有哪些? 28
40. 什么是《巴塞尔协议》? 其产生的背景是什么? 29
41. 《新巴塞尔资本协定》的三大支柱指什么? 30
42. 什么是银行资本充足率和核心资本充足率? 31
43. 什么是风险加权资产? 32
44. 什么是审慎监管? 32
45. 什么是证监会? 证监会有哪些职能? 32
46. 什么是证券业协会? 它的主要职责有哪些? 33
47. 什么是保监会? 保监会有哪些职能? 33
48. 什么是保险业的偿付能力监管? 34
49. 什么是保险业的风险监管体系? 35
50. 什么是地方金融办? 地方金融办有哪些职能? 36
51. 中国台湾和中国香港的金融监管体系是什么? 36
52. 美国金融监管体系是什么? 38

53. 英国金融监管体系是什么? 40
54. 德国金融监管体系是什么? 40
55. 日本金融监管体系是什么? 41
56. 什么是分业监管? 什么是混业监管? 42
57. 什么是金融脱媒? 42
58. 什么是金融机构的法人治理结构? 43

第4章 商业银行

59. 什么是商业银行? 它是怎样产生的? 44
60. 商业银行和投资银行有什么区别? 45
61. 中国的商业银行有哪些主要类型? 国有大型商业银行和中小商业银行有什么特点? 46
62. 什么是邮政储蓄银行? 它的设立条件及其作用有哪些? 47
63. 什么是农村信用社? 47
64. 什么是农村商业银行? 什么是农村合作银行? 48
65. 什么是村镇银行? 48
66. 商业银行的资本构成是怎样的? 48
67. 什么是商业银行的资产负债管理? 它遵循哪些原则? 49
68. 什么是商业银行的"骆驼"(CAMELS)原则? 50
69. 商业银行的资金头寸和资金头寸调度分别是什么含义? 51
70. 什么是商业银行的同业拆借? 它与商业银行的同业存款有什么区别? 51
71. 存款有哪几种分类? 分别是什么含义? 52
72. 商业银行的票据贴现和转贴现分别有什么含义? 52
73. 商业银行的流动资金贷款指什么? 53
74. 什么是个人循环贷款? 54
75. 什么是个人留学质押贷款? 54
76. 什么是网络联保贷款? 55
77. 什么是银团贷款? 56
78. 什么是贸易融资? 56

79.	什么是资金池业务？	56
80.	什么是个人网贷通？	57
81.	什么是商业银行的抵押贷款？对抵押物的规定有哪些？	57
82.	什么是商业银行的质押贷款？对质押权的相关规定有哪些？	58
83.	什么是中长期贷款？什么是短期贷款？	58
84.	什么是商业银行的消费贷款？	59
85.	住房按揭贷款是怎么回事？	59
86.	什么是商业银行的贷款出售？它与贷款证券化有什么区别？	59
87.	什么是商业银行的贷款五级分类？	60
88.	什么是商业银行的不良贷款率和不良资产率？	61
89.	什么是商业银行的流动性比率？	61
90.	存贷比率指什么？	61
91.	什么是商业银行的中间业务？它主要包括哪些内容？	62
92.	什么是商业银行的表外业务？它分为哪些种类？	64
93.	商业银行的农村业务有哪些？	64
94.	商业银行的国际业务有哪些？	65
95.	什么是商业银行的理财业务？按照管理运作方式可分为哪些种类？	67
96.	什么是商业银行的大额可转让定期存单？它是怎样产生的？	68
97.	什么是商业银行的票据发行便利？它有什么意义？	69
98.	借记卡与信用卡有何不同？	69
99.	什么是本票、支票和汇票？三者之间有什么联系和区别？	70
100.	什么是中小企业集合票据？	71
101.	什么是企业票据池业务？	71
102.	什么是企业网银电子商业汇票？	72
103.	什么是电子商业汇票转贴现？	72

104. 什么是第三方支付? ... 73

第5章 证券期货经营机构与证券交易市场

105. 什么是证券交易所？它的职能有哪些? ... 75
106. 世界上主要的证券交易所有哪些? ... 76
107. 什么是投资银行？投行业务有哪些? ... 77
108. 什么是证券公司？它的设立条件、组织形式、业务范围是什么? ... 79
109. 中国证券公司是如何发展的? ... 80
110. 什么是期货公司？它的设立条件、职能和作用有哪些? ... 82
111. 什么是结算所？什么是交割库? ... 83
112. 世界上主要的期货交易所有哪些? ... 83
113. 什么是证券登记结算机构？其设立的目的、设立条件和主要职能有哪些? ... 85
114. 什么是证券服务机构？它的业务有哪些? ... 87
115. 什么是证券投资咨询机构？其业务有哪些? ... 88
116. 什么是证券信息公司？它的业务范围及其功能有哪些? ... 88
117. 什么是文化交易所？什么是艺术品交易所? ... 90
118. 什么是环境交易所？什么是碳排放权交易所? ... 91
119. 什么是产权交易所? ... 92
120. 什么是大宗农产品电子交易市场? ... 92

第6章 保险机构与市场

121. 什么是保险? ... 93
122. 近现代保险是怎样形成和发展的? ... 94
123. 中国保险业的发展情况如何? ... 96
124. 保险的职能与作用是什么? ... 97
125. 保险与赌博、储蓄和救济的区别是什么? ... 98
126. 保险的种类有哪些? ... 100
127. 财产保险的种类有哪些? ... 101

128.	人身保险的种类有哪些?	102
129.	人身保险与财产保险的区别是什么?	103
130.	什么是责任保险?	104
131.	什么是农业保险?	105
132.	什么是重复保险、共同保险及超额保险?	105
133.	什么是银行保险?	106
134.	什么是巨灾保险?巨灾风险的可保性如何?	107
135.	什么是再保险?	108
136.	保险公司的类型有哪些?	108
137.	什么是保险市场?其构成要素有哪些?	109
138.	什么是保险中介人?	109
139.	中国保险经纪业是如何发展的?	111
140.	什么是保险合同?它包括哪些种类?保险合同规定了哪些内容?	113
141.	保险合同中的相关人有哪些?	114
142.	什么是保险单证?	115
143.	什么是保险密度与保险深度?	117
144.	什么是存款保险制度?	117
145.	什么是网络保险?	117

第7章 信托机构与市场

146.	什么是信托?信托的基本特征有哪些?	119
147.	信托在中国是如何发展的?	120
148.	信托的职能和作用体现在哪些方面?	121
149.	信托业务都有哪些种类?	123
150.	什么是信托机构?	125
151.	信托投资公司的业务范围有哪些?	125
152.	中国当前的信托机构有哪些?	126
153.	中国信托机构的发展现状如何?	129
154.	信托与委托代理、债有何区别?	130

155.	信托的构成要素有哪些？	131
156.	一个完整的信托关系中，包含的信托当事人有哪些？	132
157.	信托设立的有效条件是什么？在什么情况下信托的法律关系可以终止？	133
158.	什么可以作为信托财产？信托财产有什么特性？	134
159.	目前中国关于信托的法律、法规有哪些？如何对信托进行有效的监管？	135
160.	什么是个人信托？个人信托业务有哪些特点？它有哪些分类？	137
161.	什么是法人信托？它有哪些特点？为什么法人信托受到企业的青睐？	138
162.	法人信托业务有哪些？	139
163.	什么是通用信托？它的主要业务有哪些？	139
164.	什么是房地产信托？它有哪些优势？它的主要业务范围有哪些？	140
165.	什么是集合资金信托？它有哪些种类？	141

第8章 政策性银行

166.	什么是政策性银行？它们是在什么背景下产生的？	143
167.	政策性银行与商业银行和其他非银行金融机构相比，有何异同？	143
168.	政策性银行有哪些分类？各自的主要业务是什么？	144
169.	政策性银行的资金运用方式有哪几种？	145

第9章 国际金融机构

170.	什么是国际货币基金组织？	146
171.	什么是世界银行？	146
172.	什么是国际清算银行？	147
173.	什么是亚洲开发银行？	148
174.	什么是欧洲银行？	149

175. 什么是非洲开发银行？ 150

第10章　其他金融机构和类金融组织

176. 什么是财务公司？它的特点、主要作用及其业务范围
　　　有哪些？ 151
177. 什么是小额贷款公司？它设立的条件、经营的原则有
　　　哪些？ 154
178. 什么是金融租赁公司？它有哪些经营业务？ 156
179. 中国金融租赁的发展状况如何？ 157
180. 什么是汽车金融公司？它的设立条件及其作用有哪些？ 158
181. 什么是消费金融公司？它的设立条件及其作用有哪些？ 159
182. 什么是融资性担保公司？它的设立条件及其作用
　　　有哪些？ 160
183. 什么是资产管理公司？它的设立条件及其作用有哪些？ 162
184. 什么是金融控股公司？它的设立条件及其作用有哪些？ 162
185. 什么是农村资金互助社？它的设立条件及其作用
　　　有哪些？ 164
186. 什么是贷款公司？它的设立条件及其业务有哪些？ 165
187. 什么是社区银行？ 167
188. 什么是典当行？ 168
189. 什么是货币经纪公司？ 169
190. 什么是民营金融机构？ 169

第11章　金融市场

191. 什么是金融市场？ 170
192. 金融市场有哪些类型？ 173
193. 金融市场是如何形成的？ 173
194. 金融市场的发展趋势是什么？ 174
195. 什么是直接融资？什么是间接融资？ 176
196. 什么是债权融资？什么是股权融资？ 177

197. 什么是众筹？ 177

第12章 货币市场

198. 什么是货币市场？有哪些作用？ 178
199. 什么是同业拆借市场？有哪些特点和功能？ 178
200. 什么是回购市场？回购利率是如何决定的？ 179
201. 什么是商业票据市场？ 181
202. 中国的票据市场是如何发展的？ 181
203. 什么是银行承兑汇票市场？有什么作用？ 182
204. 什么是短期政府债券市场？有哪些功能？ 184
205. 中国国债发行的历史是如何演变的？ 185
206. 什么是中央银行票据？ 186

第13章 股票市场

207. 什么是股票？有哪些种类？ 187
208. 什么是中国概念股？ 188
209. 什么是A股、B股、H股？ 189
210. 什么是非法发行股票？ 189
211. 什么是股票市场？ 190
212. 什么是股票发行市场、流通市场、第三市场和第四市场？ 190
213. 什么是股权代办交易系统？ 191
214. 什么是主板？ 192
215. 什么是创业板？ 192
216. 什么是三板？ 192
217. 股票价格及影响因素有哪些？ 193
218. 什么是股价指数？什么是成分股？ 194
219. 主要股价指数有哪些？ 194
220. 什么是股份有限责任公司？什么是有限责任公司？ 197
221. 什么是上市公司？什么是海外上市公司？ 198

222.	公司上市的程序是什么？什么是IPO？	199
223.	什么是证券保荐人制度？	199
224.	什么是信息披露制度？	200
225.	什么是内幕交易？	200
226.	什么是关联交易？	200
227.	什么是"老鼠仓"？	201
228.	什么是股市泡沫？什么是股市崩盘？	201
229.	什么是转融通业务？	202
230.	什么是ETF？	202
231.	什么是券商产品创新？	203
232.	什么是并购重组？	203

第14章　债券市场

233.	什么是债券市场？	204
234.	什么是债券？它与股票的区别是什么？	205
235.	债券有哪些种类？	206
236.	什么是债券的发行和承销？债券交易有哪些方式？	210
237.	中国国债发行有什么特征？	210
238.	什么是资产抵押债券和国际债券？	211
239.	什么是公司债券？什么是企业债券？	212
240.	什么是地方政府债券？	213
241.	什么是政府融资平台与"区域集优"发债模式？	213
242.	什么是债券质押式报价回购？	214
243.	什么是中小企业私募债券？	214
244.	什么是中小企业短期融资券？	217
245.	什么是金融租赁公司金融债？	217
246.	什么是非金融企业债务融资工具？	217
247.	什么是海外人民币债券？	218
248.	什么是资产证券化？	218

第15章　基金市场

- 249. 什么是基金市场？　219
- 250. 什么是投资基金？　219
- 251. 投资基金的发展和特点是什么？　220
- 252. 什么是天使基金？　221
- 253. 投资基金的相关主体有哪些？　221
- 254. 基金有哪些类型？　222
- 255. 什么是主权财富基金？　224
- 256. 什么是产业投资基金？　224
- 257. 什么是对冲基金？　225
- 258. 什么是私募股权基金？它有什么特点？　226
- 259. 什么是期货公司代理发行基金？　228
- 260. 什么是货币市场基金？　228
- 261. 什么是基金中的基金（FOF）？　229

第16章　外汇市场

- 262. 什么是外汇和汇率？什么是汇率制度？　230
- 263. 外汇种类有哪些？　230
- 264. 直接标价法、间接标价法及美元标价法的含义是什么？　231
- 265. 什么是外汇市场？它有哪些类型及特点？　231
- 266. 外汇市场的构成要素和交易方式是什么？　233
- 267. 外汇市场有什么功能？　235
- 268. 外汇风险、外汇保值与外汇投机的含义是什么？　236
- 269. 中国实行的是什么汇率制度？人民币汇率制度是如何演变的？　236
- 270. 什么是外汇储备？中国目前的外汇储备情况如何？　238
- 271. 什么是国际储备？国际储备和外汇储备有什么区别？　238
- 272. 怎样理解货币贬值及其对汇率的影响？　238
- 273. 什么是货币互换？　239
- 274. 什么是人民币跨境贸易结算？　239

275. 什么是跨境贸易人民币信用证？　　　　　　　　239
276. 什么是 QFII 和 QDII？　　　　　　　　　　　240

第17章　黄金市场

277. 什么是黄金市场？　　　　　　　　　　　　　241
278. 黄金交易方式有哪些？什么是黄金理财？　　　241
279. 什么是黄金现货？　　　　　　　　　　　　　242
280. 黄金市场的类型与构成要素是什么？　　　　　242
281. 影响黄金市场价格变动的因素有哪些？　　　　244
282. 什么是黄金的场外交易与场内交易？　　　　　245
283. 中国黄金交易所的发展状况如何？　　　　　　245
284. 黄金市场交易的主要品种有哪些？　　　　　　246
285. 中国黄金市场发展情况如何？　　　　　　　　249
286. 什么是可提货账户黄金？　　　　　　　　　　249
287. 什么是"积存金"黄金投资产品？　　　　　　250

第18章　金融衍生品市场

288. 什么是期货？期货合约的特点是什么？　　　　251
289. 什么是期货市场？世界上主要的期货市场有哪些？　251
290. 什么是股指期货？　　　　　　　　　　　　　252
291. 什么是期权？什么是看涨期权？什么是看跌期权？　252
292. 什么是套期保值交易？　　　　　　　　　　　253
293. 什么是期货投机？　　　　　　　　　　　　　253
294. 什么是期货保证金制度？　　　　　　　　　　254
295. 什么是金融衍生工具？　　　　　　　　　　　254
296. 衍生证券是如何发展的？　　　　　　　　　　255
297. 什么是金融远期合约？有哪些种类？有何特点？　256
298. 什么是金融期货合约？与远期合约的区别是什么？　257
299. 什么是金融期权？有哪些种类？期权交易与期货交易的区别有哪些？　　　　　　　　　　　　　259

300. 什么是金融互换？有哪些主要类型？ 260
301. 什么是原油期货？什么是金属期货？什么是农产品期货？ 260
302. 中国期货市场发展状况如何？ 261
303. 什么是 CDs？ 263

第19章　国际金融市场

304. 什么是国际金融市场？有哪些重要作用？ 264
305. 什么是在岸金融市场？ 265
306. 什么是离岸金融市场？它与在岸金融市场的区别是什么？ 265
307. 什么是国际货币市场？ 265
308. 什么是国际资本市场？它是如何发展的？ 269
309. 什么是国际债券？什么是国际债券市场？国际上主要的债券市场有哪些？ 271
310. 什么是国际股票？什么是国际股票市场？ 273
311. 国际黄金市场是如何发展的？有哪些市场功能？ 273
312. 什么是人民币国际化？它包括哪些方面？ 276
313. 什么是香港人民币业务？ 276
314. 什么是资本项目？什么是经常项目？ 277
315. 什么是资本项目可兑换？ 277

第20章　金融生态

316. 什么是金融生态环境？ 279
317. 中国的金融生态为什么存在地区差异？ 279
318. 影响金融生态的因素有哪些？ 280
319. 如何评价金融生态环境？ 280
320. 建设良好的金融生态环境有何意义？ 281
321. 什么是信用评级机构？ 281
322. 信用评级的一般程序是什么？ 282

323. 中国信用评级机构发展的现状如何？　　　　　283

324. 什么是征信系统？个人信用记录为什么重要？　　284

325. 什么是和谐金融？　　　　　　　　　　　　　284

326. 什么是单一用途商业卡？什么是多用途商业卡？　285

第21章　金融创新与金融发展

327. 什么是金融创新？　　　　　　　　　　　　　286
328. 什么是金融抑制？　　　　　　　　　　　　　287
329. 什么是金融发展？　　　　　　　　　　　　　287
330. 什么是金融综合改革？　　　　　　　　　　　288
331. 什么是上海自贸区？　　　　　　　　　　　　288
332. 温州金融综合改革试点的主要内容是什么？　　289
333. 深圳前海金融综合改革试点的主要内容是什么？　290
334. 浙江丽水市农村金融改革的主要内容是什么？　290
335. 什么是绿色金融？　　　　　　　　　　　　　291
336. 什么是绿色信贷？什么是绿色银行？　　　　　292
337. 什么是碳金融？什么是碳金融交易合约？　　　292
338. 什么是碳交易中心市场？　　　　　　　　　　293
339. 什么是民生金融？　　　　　　　　　　　　　293
340. 什么是小微金融？　　　　　　　　　　　　　294
341. 什么是公司金融？　　　　　　　　　　　　　294
342. 什么是个人金融？　　　　　　　　　　　　　295
343. 什么是"三农"金融？　　　　　　　　　　　295
344. 什么是县域金融？　　　　　　　　　　　　　295
345. 什么是地方政府融资平台？　　　　　　　　　296
346. 什么是消费金融？　　　　　　　　　　　　　297
347. 什么是教育金融？　　　　　　　　　　　　　299
348. 什么是科技金融？　　　　　　　　　　　　　299
349. 什么是文化金融？　　　　　　　　　　　　　300
350. 什么是文化创意产业融资？　　　　　　　　　301

351. 什么是项目金融？	301
352. 什么是不动产金融？	301
353. 什么是供应链金融？	302
354. 什么是网上供应链融资产品？	302
355. 什么是物流金融？	302
356. 什么是能源金融？	303
357. 什么是开发性金融？	307
358. 什么是系统融资规划？	307
359. 什么是慈善金融？	308
360. 什么是订单金融？	308
361. 什么是金融超市？	308
362. 什么是手机银行（WAP）业务？	309
363. 什么是移动金融服务？	309
364. 什么是账户钯金定投业务？	310
365. 什么是网络金融？	310
366. 什么是P2P信贷服务平台？	310
367. 什么是保税区仓单质押模式商品融资？	311
368. 什么是金融信息安全产业？	311
369. 什么是金融中介服务业？	312
370. 什么是金融外包服务业？	312

第22章 金融中心

371. 什么是金融中心？它分为哪几类？	313
372. 什么是国内金融中心？	313
373. 什么是区域性金融中心？	313
374. 什么是区域性国际金融中心？	314
375. 什么是全球性国际金融中心？	314
376. 什么是离岸金融中心？	314
377. 什么是在岸金融中心？	314
378. 什么是全球金融中心指数？	315

15

379．什么是中国金融中心指数？ 315
380．什么是科技金融中心？ 315
381．什么是金融客服中心（呼叫中心）？ 316
382．什么是金融大数据？什么是金融大数据产业？ 316
383．什么是金融大数据中心？ 317
384．什么是金融研发中心？ 317
385．什么是金融灾备中心？ 317

第23章　民间借贷和非法金融

386．什么是民间借贷？ 319
387．民间借贷的主体是谁？ 319
388．民间借贷的类型有哪些？ 320
389．民间借贷具有什么特点？ 320
390．民间借贷的合法性是什么？ 321
391．什么是非法金融？它有哪些形式？ 321
392．什么是非法集资？它有哪些特征及表现形式？ 322
393．什么是非法金融机构及非法金融业务活动？ 322
394．什么是金融犯罪？常见的金融犯罪都有哪些？ 323
395．什么是非法证券活动？ 323
396．什么是打击非法证券活动领导联席会议？主要职能是什么？ 324
397．什么是"热钱"？它有什么危害？ 325
398．什么是"洗钱"？《中国人民银行法》对人民银行的反洗钱职责是如何规定的？ 325
399．什么是地下金融？ 326
400．什么是地下基金？ 327

参考文献 328

第1章

货币制度与金融体系

1. 什么是货币？货币有哪些形态？

货币是从商品中分离出来固定充当一般等价物的特殊商品，是商品交换发展到一定阶段的产物。货币具有价值尺度、流通手段、支付手段、贮藏手段、世界货币的职能。

在现代信用经济下，货币可以分为狭义货币和广义货币。狭义货币是由中央银行统一发行，受国家权力保护，能够在交易中直接支付的货币符号，其典型形式是现钞纸币。广义货币具有以下三个方面特征：一是能在交易中充当流通手段，满足支付清算需求；二是代表一定价值的符号，通过规定程序可以转化为支付流通手段；三是可由合格法人机构发行并在约定期限兑付现钞。广义货币一般包括现钞、银行存款、商业票据、政府债券等。本国的法定货币称为本币，外国的法定货币称为外币。

从历史变迁来看，货币形态经历了实物货币形态、金属货币形态、信用货币形态和电子货币形态四种。

实物货币形态是指具有特定使用价值的商品作为等价物充当货币的表现形式，据中国史书记载，海贝、龟壳、皮革、粮食、牲畜、布匹等都曾充当过等价物。

金属货币形态是指使用金属商品作为等价物充当货币的表现形式，比如，中国春秋时期开始大量使用黄铜作为流通货币，欧洲国家纪元初期使用白银作为流通货币等。

信用货币形态是指以货币符号等信用工具作为货币的表现形式，分为兑现的信用货币和不兑现的信用货币。兑现的信用货币指持有货币符号者可以随时到发行机构按照票面的符号货币兑现贵金属，贵金属货币与货币符号在流通中的作用一样，比如欧洲银行早期发行的银行券，中国清代钱庄和票号对客户存入的白银开出的银票等；不兑现的信用货币指持有货币符号者可以随时在市场上购买相应价值的商品，任何持有人不能要求发行机构兑现相同价值的贵金属货币，如现代的纸币（人民币、美元、欧元等）。

电子货币形态是货币的虚拟化表现形式，具有无纸化特点。一般来说，电子货币有两种形式：一种是各种卡片，如银行卡、IC卡或芯片卡等；另一种是以计算机软件形式存在的，在网络电子支付系统中用于清算的数字化货币，在这种形式下，通过电子脉冲把交易方存款账户中的金额转移给系统中的其他成员，从而完成整个支付过程。

2. 什么是货币制度？

货币制度是国家对货币的有关要素、货币流通的组织与管理等加以规定所形成的制度。完善的货币制度能够保证货币和货币流通的稳定，保障货币正常发挥各项职能。依据货币制度作用的范围不同，货币制度包括国家货币制度、国际货币制度和区域性货币制度。根据货币的不同特性，货币制度分为金属货币制度和不兑现的信用货币制度。国家货币制度是国家法律规定的货币流通的规则、结构和组织机构体系的总称。

3. 什么是金融？

金融是指资金的融通。资金即以盈利为目的的货币，融通即融合通达之意。资金融通意指疏通资金流通的渠道，通过一定的机制，引导资金从潜在供给者流向潜在需求者，便利资金的时空配置。

4. 什么是金融资产？

金融资产指一切代表未来收益或资产合法要求权的凭证，亦称为金融合约、金融工具或证券等。金融资产可以分为基础性金融资产、衍生性金融资产和结构性金融产品等。货币也是一种金融资产，它赋予持有者购买商品和支付结算的法定权益。任何一种金融资产代表的权益均可通过某种特性的现金流来表示。

基础性金融资产主要包括债务性资产和权益性资产，债务性资产是通过借入资金或融资租赁等方式形成的资产，一般具有固定收益，而权益性资产则是通过股权投资等方式形成的资产。

衍生性金融资产的基本特征是其代表的未来收益或权益取决于其他金融资产的价格或某种指数，包括远期、期货、期权和互换等。远期是指交易双方签订的在未来确定的时间按确定的价格购买或出售某项金融资产的非标准化合约。期货是指交易双方签订的在未来确定的时间按确定的价格购买或出售某项金融资产的标准化合约。期权是一种选择权合约，赋予签约的一方（即期权买入者）在特定时间内以特定价格买入或卖出一定数量资产的权利。互换是一种双方在一段时间内彼此相互交换现金流的合约。

结构性金融产品是指固定收益证券与衍生产品相结合的一类新型金融工具。金融资产的类型远不止这些，新的种类不断被创造出来，许多新产品往往是外汇、黄金、债务性资产、股权性资产、衍生产品以及非金融资产中的某些要素的复杂组合。

5. 什么是金融交易？

金融交易是指金融资产的交易。交易中，金融资产所有权发生变化，引起金融债权债务的产生和清偿。金融交易标的包括外汇、黄金和特别提款权、通货与活期存款、股票以外的证券、贷款、股票、保险专门准备金、其他应收（应付）账款、金融衍生品、电子网络金融工具等。投资是金融交易的近义词，但两者有区别。投资是为了获取回报，强调结果，而金融交易强调交易活动的本身和反复性。

从交易标的物是否是金融工具可将金融交易分为：金融工具与非金融工具的交易、金融工具与金融工具的交易。金融工具与非金融工具的交易是指交易一方以金融工具换取另一方的非金融工具，如居民用现金或信用卡购买货物和服务、企业用支票支付货款等。这种交易引起交易主体（居民、企业等）金融资产所有权的减少或增加，交易的结果是市场结清，不会产生新的债权债务关系。金融工具与金融工具的交易是指交易一方以一种金融工具换取对方的另一种金融工具，即现存金融资产与其他金融资产的交换。如居民以现金购买股票、企业用银行存款购买国库券等。这类交易引起了金融资产所有权和金融负债的产生、转移或清偿。这类金融交易并未发生任何实际资源的转移，其实质是用一种资金流交换另一种资金流，交易的结果不是市场结清，往往是同时产生了债权和债务——交易的一方获得金融债权，另一方则承担金融债务。

6. 什么是金融中介？有何作用？

　　金融中介是相对于实体经济运行中资金供需双方的融资行为而言的。在现代经济中，各类行为主体的货币收入扣除消费后的盈余形成储蓄，储蓄是投资的来源，但储蓄与投资已是两个相对分离的范畴。储蓄向投资的转化即融资已经成为经济运行中一个重要的问题，金融中介便是处于储蓄向投资转化的中间环节。从这个意义上讲，金融中介是指在金融市场上资金融通过程中，在资金供求者之间起媒介或桥梁作用的各类金融机构的总称。金融中介一般由银行金融中介及非银行金融中介构成，具体包括商业银行、证券公司、保险公司以及信息咨询服务机构等中介机构。

　　金融中介服务的作用主要体现在以下几方面：

　　（1）金融中介服务实现了资金流与物流、信息流的高效整合与匹配。金融中介服务的发展使得资金流动不仅高度符合了物流和信息流的要求，而且还推动和强化了实体经济的发展需要。正是"三流"的高效整合与匹配，使得社会资源得以以最有效、最快捷的方式进行整合和配置，并使社会经济进入一个新的发展形态。

　　（2）金融中介服务促进资源高效配置。首先，金融中介服务通过自身的活动对整个国民经济起着增量增加和存量调整的作用。金融中介服务在构造和活化金融市场的同时，进而活化整个社会经济。其次，金融中介服务把财富的价值形态和权利从各种实物形态中剥离出来，从而使社会财富能以符号的形式方便地流动，使资源配置范围获得了无限扩大的可能性，配置的效率得到极大提高，整个社会的资源配置真正进入了高效时代。金融中介发展推动了企业组织的合理发展。各种金融介质的存在为资源存量调整提供了条件，使得企业间的兼并，包括纵向一体化，横向兼并和混合兼并能够因成本下降而可行。重组不仅能实现生产要素存量的重新配置，而且可实现企业经济规模的迅速扩大和促进企业规模结构的合理化。此外，金融中介还推动了与社会生产力相适应的企业组织结构的形成和发展，如控股公司的多级控股导致企业集团的出现。

7. 什么是金融体系？

金融体系是由金融市场、金融机构和金融制度等要素构成的融通资金的系统。金融市场是资金和金融工具的交易市场，金融机构是资金融通的服务机构，金融制度是关于金融交易和金融机构运行的惯例、行规和法律法规等。

金融体系可分为国家金融体系和国际金融体系。国家金融体系的结构和运行受一国金融法律法规的制约，服务于一个国家的经济。由于各个国家有着不同的金融发展史，因而形成了不同类型的金融体系。从世界各国的金融中介机构作用来看，金融体系大体上可以分为两类：一类是"以市场为基础的金融体系"，又称市场主导型的金融体系，即金融市场作用大，银行信贷的作用次之，其以美国和英国为代表；另一类是"以银行为基础的金融体系"，又称银行主导型的金融体系，即大银行在金融体系中占据着绝对重要的地位，发挥着关键性作用，金融市场的地位不突出，以德国、日本、法国为代表。

国际金融体系是指调节各国货币在国际支付、结算、汇兑与转移、国际间金融事务的协调与管理等方面所确定的规则、惯例、政策、机制和组织机构安排的总称，是国际货币关系的集中反映，它构成了国际金融活动的总体框架。

中国已形成了具有中国特色的金融市场体系和金融机构体系。中国金融市场体系主要由外汇市场、货币市场、黄金市场、股票市场、债券市场、商品期货市场、金融期货市场、权证市场和基金市场构成。中国金融体系属于银行主导型的金融体系，以中国人民银行为领导，商业性银行为主体，政策性银行与多种非银行金融机构并存的体系。

金融体系可从金融组织体系、金融市场体系、金融监管体系、金融调控体系和金融环境体系几个方面进行考察。

（1）金融组织体系包括银行机构体系、非银行金融机构体系。银行机构体系主要由中央银行、商业银行和政策性银行等构成；非银行金融机构体系由保险公司、证券公司、信托投资公司、投资基金、担保公司、金融租赁公司、信用合作社和典当行等构成。

（2）金融市场体系是指其子市场的构成形式，包括货币市场、资本市场。货币市场包括同业拆借市场、回购协议市场、商业票据市场、银行承兑汇票市场、短期政府债券市场、大面额可转让存单市场等。资本市场包括中长期银行信贷市场、证券市场（债券市场、股票市场）、保险市场、融资租赁市场等。

（3）金融监管体系是指金融监管的职责和权利分配的方式和组织制度，解决的是由谁来对金融机构、金融市场和金融业务进行监管，按照何种方式进行监管以及由谁来对监管效果负责和如何负责的问题。目前，我国实行金融分业监管，金融监管权力集中于中央政府，由中央政府设立的金融主管机关分别履行金融监管职能，即由银监会、证监会、保监会分别负责监管银行业、证券业、保险业。中国人民银行、审计机关、财政部等分别履行部分国家监管职能。

（4）金融调控体系是以中央银行或货币当局为主体，以货币政策为核心，借助于各种金融工具调节货币供给量或信用量，影响社会总需求进而实现社会总供求均衡，促进金融与经济协调稳定发展的机制与过程。金融调控包括计划调控、政策调控、法律调控和行政调控。

（5）金融环境体系是指一个国家在一定的金融体制和制度下，影响经济主体活动的各种要素的集合，包括健全的现代产权制度、完善的公司法人治理结构、全国市场的统一、健全的社会信用体系、政府经济管理职能转变等。

8．金融体系有哪些主要功能？

（1）支付结算功能。银行、证券交易所中的清算所、非金融支付机构等通过票据、汇款、托收、信用证、信用卡、手机支付、网络支付系统等方式为单位客户和个人客户提供货币支付及资金的清算和结算服务。从而极大地便利了商品、劳务和资产的交易，大大降低了交易成本，活跃了市场。

（2）资金聚集和股份分割功能。金融体系通过银行储蓄功能和融资工具发行，可以有效地聚集全社会的闲散资金形成大规模的、长期的资本，满足大项目和长期项目的投资需要，发挥经济的规模效应和范围效应。金融体系通过分割无法分割的投资项目的股份，使个人或家庭可以参与超出自己能力的大型项目，这一方面将小额资金汇集成大额资金，另一方面导致了公司的股权分散化和经营职业化，使经营风险承担主体多元化，提高了经营效率。

（3）资源配置功能。现代经济是金融经济，价值流动导向实物流动、资金流动导向资源流动。金融体系通过价格机制和投资收益机制，引导资金跨时间、跨地域和跨行业流动，从而促使资源跨时间、跨地域和跨行业转移，促进资源的有效配置。

（4）风险转移功能。金融体系通过保险、风险交易、分割股权和债权、风险投资、担保等多种机制，提供了丰富的分散、转移和控制风险的多种手段和途径，大大降低了消费、投资和生产研发的风险，降低了风险管理的成本及其负面影响，增强了经济的可预期性和稳定性。

（5）流动性功能。金融体系通过已发行金融工具的再流通市场、市场机制、资产证券化、交易的平台和网络及支付结算工具等手段，增强了金融资产的流动性,降低了流动性风险,提高了资金的使用效率。

(6) 信息功能。金融市场交易主体几乎涵盖所有经济主体,竞争度高,交易工具的风险收益与实体经济密切相关,交易频率高且时间上连续,市场的国际化,交易决策的前瞻性,以及需要综合考虑经济的现状和未来发展等等,这些特点使得金融资产价格变化能迅速、全面地反映经济的现状和市场预期的变化,使金融市场具有很强的信息综合功能和信息反映功能。

(7) 定价功能。不同金融资产价格包含丰富的定价信息,比如不同期限的国债价格隐含不同期限的时间价值,不同信用等级债券的价差给出了不同的违约风险溢价,股价和国债的差异给出了市场风险溢价,做市商报出的买卖价差给出了流动性风险溢价,远期和期货市场给出了远期价格,期权市场价格给出了选择权的价格,保单给出了相关可保风险的补偿价格。金融市场的定价功能还体现在金融价格为非金融资产的定价提供了参照。这是由于在货币经济中,所有资产和投资的收益几乎均可通过货币流来刻画,可与某种金融资产等同起来。这一金融资产的价格信息就可提供相关非金融资产的价格信息。

(8) 激励功能。由于信息不对称的普遍存在,如何激励代理人按委托人利益行事,即激励问题,就成为了经济生活中的普遍问题。金融体系提供了多种解决激励问题的方法。股票市场的"用脚投票"机制会使股东十分关注经营者的行为,以决定是否卖出股票。若股东发现经营不善,预期股价趋于下跌,会大量抛出公司股票,股价会迅速下跌,公司可能被收购,经理人会因此失业,这就激励经理人努力工作使公司价值最大化,按股东利益行事。经理股票期权和员工期权机制,使管理者和员工利益与股东利益趋于一致,为公司的委托代理问题提供了另一种解决途径。

9. 什么是金融安全和金融稳定?

金融安全指货币资金融通的安全和金融体系功能的正常发挥的保障程度。金融安全是和金融风险紧密联系在一起的。安全程度越高,风险就越小；反之，风险越大，安全程度就越低；危机是风险大规模积聚爆发的结果。投资资金的第三方托管、禁止内幕交易、独立董事等制度均是从微观层面维护投资人的金融安全。资本管制、存款准备金制度和存款保险制度则是从宏观层面保障金融安全。

金融稳定指国家的整个金融运行有序和协调，不出现过度的波动，且面对一定的不利冲击时金融体系仍然可以正常发挥其功能。股市的过度投机和严重的泡沫、银行的过度借贷或过度放款、严重的通货膨胀、石油价格等大宗商品的价格冲击、大量国际游资冲击等，可能导致金融体系失去其稳定性，甚至失能。

金融安全和稳定在国家经济安全和稳定中的地位和作用日益重要。

10. 什么是金融风险？

风险指收益的不确定性。金融风险指金融资产收益的不确定性，任何有可能导致企业或机构财务损失的可能性都可视作金融风险。金融机构的风险所带来的后果具有溢出效应，其危害超过对自身的影响。除了对该金融机构的生存构成威胁外，还有可能对整个金融体系的稳健运行构成威胁。一旦发生系统风险，金融体系运转失灵，必然会导致全社会经济秩序的混乱，甚至引发严重的政治危机。

11. 什么是金融危机？

金融危机指金融体系无法正常运行，基本的资金融通功能无法正常发挥，资金无法正常流通，短时期无法恢复的状态。其典型表现为下列几个方面：

（1）金融资产价格大幅下跌。如利率上升、股价和房地产价格大幅下挫，资产大幅缩水，投资者失去信心，资本市场失去直接融资功能。

（2）大量债务违约。金融机构之间、企业与银行之间的违约大幅增加，资金链断裂，银行不良资产上升，信用环境恶化。

（3）金融机构大量倒闭。许多企业无法从银行获得贷款，生产被迫停顿或破产。这使得银行的资产质量进一步恶化，更多的银行被推向破产，形成恶性循环。

（4）本币大幅贬值。资产价格下降会使国际资本大量抽逃，使本币贬值，国际融资成本突增。

一般来说，金融危机会对实体经济造成很大的负面冲击，甚至导致经济危机。

12. 什么是主权债务危机？

主权债务是指主权国家以自己的主权作担保，通过发行债券等方式向国际社会所借的款项。主权债务大多是以外币计值，是面向国际机构或国家的借款。当一国政府主权债务过大不能按时履行债务偿付义务而违约时，就会引发主权债务危机。如欧洲作为世界最大的经济体之一，随着2008年金融危机的扩散而深陷主权债务危机。

13. 什么是美国次贷危机？

美国次贷危机又称次级房贷危机，也译为次债危机。它是指一场发生在美国，因次级抵押贷款机构破产，投资基金被迫关闭，股市剧烈震荡引起的金融风暴。次级抵押贷款指向信用程度较差和收入不高的贷款人提供的贷款。与传统意义上的标准抵押贷款的区别在于次级抵押贷款对贷款者信用记录和还款能力要求不高，贷款利率相应地比一般抵押贷款高很多。由于当时美国政府宽松的贷款政策，致使一些收入较低且不稳定的人也能得到房屋贷款。当利率不断提高时，这些人背负了巨大的还贷压力，无力偿还贷款，从而使整个次贷市场的流动性链条断裂，随之那些需要通过流动性作为支撑的次级抵押贷款金融衍生证券产品和投资机构也受到重创，导致次贷危机发生。

14. 什么是金融监管？

金融监管是金融监督和金融管理的总称。金融监督是指金融主管当局对金融机构实施的全面性、经常性的检查和督促，并以此促进金融机构依法稳健地经营和发展。金融管理是指金融主管当局依法对金融机构及其经营活动实施的领导、组织、协调和控制等一系列的活动。

金融监管有狭义和广义之分。狭义的金融监管是指中央银行或其他金融监管当局依据国家法律规定对整个金融业（包括金融机构和金融业务）实施的监督管理。广义的金融监管还包括了金融机构的内部控制和稽核、同业自律性组织的监管、社会中介组织的监管等内容。

金融监管的主要内容包括：对金融机构设立的监管；对金融机构资产负债业务的监管；对金融市场的监管，如市场准入、市场融资、市场利率、市场规则等；对会计结算的监管；对外汇外债的监管；对黄金生产、进口、加工、销售活动的监管；对证券业的监管；对保险业的监管；对信托业的监管；对投资黄金、典当、融资租赁等活动的监管。其中，对商业银行的监管是重点，主要包括市场准入与机构合并、银行业务范围、风险控制、流动性管理、资本充足率、存款保护以及危机处理等方面。

金融监管的目的是通过弥补金融市场的缺陷，促进金融市场的公平、公开、公正，促进金融业的有序竞争，维护金融体系功能的正常发挥。

15. 什么是金融消费者？其享有哪些权利？

金融消费者指：（1）必须是个体社会成员即自然人。法人、其他经济组织或社会团体不能成为金融消费者。（2）自然人只有在为生活需要购买、使用金融产品或接受金融服务时才能成为金融消费者，并进而受到《消费者权益保护法》的保护。根据性质的不同，金融生活消费行为大致分为两类：购买、使用金融产品的行为和接受金融服务的行为。前者如为装修房屋、外出旅游在银行取得贷款等，后者如为使生活中的结余资金保值增值而接受银行提供的理财咨询、到证券营业部门查询股票账户余额等。

金融消费者权利是指由《消费者权益保护法》所确认的，消费者在金融消费领域所能够做出或者不做出的一定行为。《消费者权益保护法》第二章确立了消费者所享有的各项权利，以此为基础，金融消费者权利包括金融消费安全权、知情知悉权、自由选择权、公平交易权、损害赔偿权、结社权、受教育权、受尊重权、监督权。中国人民银行和中国银监会、证监会、保监会分别成立了金融消费者保护局，负责维护金融消费者权益。

16. 什么是金融投资管理？

金融投资管理是指投资者为决定投资哪些金融资产、投资多少、何时投资及如何实施投资的分析、决策、实施、评价和修正的过程，目的是实现资产的优化配置、财富的增值、规避风险等多元化目标。

金融投资管理的内容包括：

（1）确定投资政策。决定投资目标和可投资财富的数量，以及投资者的风险承受能力。由于投资的风险和收益之间又呈现出一种正相关关系，因此，投资目标的确定应包括风险和收益两项内容。

（2）投资分析。对投资过程第一步所确定的金融资产类型中个别证券或证券群的具体特征进行的分析。

（3）构建投资组合。确定具体的投资资产和投资者的财富在各种资产中的投资比例，需要考虑个别证券选择、投资时机选择和多元化这三个问题。个别证券选择，即微观预测，主要是预测个别证券的价格走势及波动情况；投资时机选择，亦即宏观预测，设计预测和比较各种不同类型的证券价格走势和波动情况；多元化则是指依据一定的现实条件，组建一个风险最小的资产组合。

（4）投资组合的修正，即随着时间的推移，投资者会改变投资目标，从而使当时持有的证券投资组合不再是最优组合，为此需要卖掉现有组合中的一些证券和购买一些新的证券以形成新的组合。

（5）投资组合业绩评估。定期评价投资组合的表现，其依据不仅是投资的回报率，还有投资者所承受的风险，因此，需要有衡量收益和风险的相对标准（或称基准）。

17．金融为什么重要？

邓小平指出：金融很重要，是现代经济的核心。金融搞好了，一着棋活，全盘皆活。金融的重要性可以概括为以下几个方面：

（1）现代生活与金融密不可分。家庭和个人的财产保值增值、投资理财和人身保险、房子和汽车等大额耐用消费品购买或出国旅游等，均离不开银行、信托和保险机构的金融服务以及外汇和金融工具、金融手段的使用。企业的融资、流动资金管理和兼并重组必须借助金融市场和金融机构。若不能有效利用各种金融手段，企业难以提高管理效率，难以获得竞争优势。所有日常支付和结算都需要借助货币等支付工具和支付网络来完成。价格风险、信用风险和经营风险的转移离不开金融市场这一平台。金融业作为服务业的龙头，提供了大量的工作岗位，与就业密切相关。政府需要借助金融体系管理国有资产、发行国债为财政赤字融资、实现国民收入的再分配，需要借助金融体系实施货币政策，调节经济，物价稳定。金融的安全和稳定事关每个人的福利。随着经济的发展，经济生活越来越货币化和金融化，金融与我们每个人的关系越来越密切。

（2）金融是资源配置的核心。经济中各主体之间存在着各种各样的债权债务关系和委托代理关系，形成了环环相扣、交错复杂的链条和金融网络，将不同的经济主体、不同的国家，将现在与未来连成一个有机的整体。通过这个网络，货币资金和价值得以在世界范围内由回报低的地方流向高回报的地方，由高风险的地方流向低风险的地方，进而引导资源流向效率高的地方和行业。随着这一网络结构的演进，不同的经济活动得以不断的协调，这一中心枢纽作用决定了金融体系在全社会资源配置中的核心地位。

（3）金融可以降低交易成本，增进社会福利。货币制度、金融市场和金融机构的基础作用是便利货币流通和金融交易，降低实物商品交易的成本，股权市场和债券市场则是提高资源的企业内部配置效率的重要机制。金融体系的运行虽然有一定成本，但远低于其减少的交易成本，大大增加了社会福利。

（4）金融助推经济增长。现代经济增长最关键的途径来自技术变迁和制度变迁。技术进步推动产业结构升级，使既定要素投入可以生产出更多、更有竞争力的产品，从而实现经济增长。技术变迁与金融体系关系密切，技术需要资本设备作为其载体，通过资本积累来实现。而资本积累的速度和规模与资金投资回报率正相关，后者取决于资本的配置和利用效率。提高资本的配置和利用效率正是资本市场的基本功能，所以资本市场可以促进技术进步，推动经济增长。

（5）金融业提供就业岗位。金融业作为高端服务业，为社会提供了大量的工作岗位。在一些国际金融中心，就业者中金融业从业者高达10%。

第2章

金融调控

18. 什么是中央银行？

中央银行是指在一国金融体系中居于主导地位，由政府设立，负责制定和执行国家金融政策，调节货币流通与信用活动的特殊金融机构。中央银行起源于17世纪中后期，随着商品经济和信用制度的发展以及统一银行券流通、统一国内票据交换和结算等的客观需要而产生且不断发展。世界上第一家正式冠以中央银行名称的是瑞典国家银行，而世界上最早行使中央银行职能的则是1694年成立的英格兰银行。中央银行的产生基本上有两条渠道：一是政府根据客观需要，不断赋予一家信誉好、实力强的银行某些特权，从而使这家银行逐步具有中央银行的某些性质并最终发展演变为中央银行；二是由政府直接出面组建中央银行。从世界范围看，中央银行和中央银行制度的形成与发展迄今已有300多年的历史，各国也都建立了与本国国情和政治经济体制相符的中央银行制度，比如美国的联邦储备银行、欧元区的欧洲中央银行、新加坡由金融管理局和货币委员会行使央行职能的准中央银行制度。

19. 中央银行有哪些职能？

中央银行既是为政府和商业银行等提供金融服务的特殊金融机构，又是制定和实施货币政策、调控金融和经济运行的宏观管理部门，具有"发行的银行""银行的银行""政府的银行"三大基本职能。

"发行的银行"是指中央银行垄断货币发行权，这是中央银行最基本、最重要的标志，也是中央银行发挥其全部职能的基础。货币发行是中央银行的重要资金来源，也为中央银行调节金融活动和全社会货币总量、保持币值稳定、促进经济增长提供了资金力量，因而"发行的银行"这一职能是中央银行实施金融宏观调控的必要条件。"银行的银行"表现为中央银行吸收和保管存款准备金，同时在商业银行资金不足时向其发放贷款，充当"最后贷款人"。存款准备金是商业银行和其他金融机构按其吸纳存款的一定比例向中央银行缴纳的存款，用于应付客户取款及银行间清算，同时存款准备金也是中央银行实施货币政策的重要工具。作为"银行的银行"，中央银行通过国家授权进行特定的金融业务活动，达成为其履行管理金融业、调控金融与经济等基本职责的有效途径。"政府的银行"指中央银行是管理金融机构的国家机关，制定和执行货币政策，经营管理国库，代理政府债券发行，为政府提供短期融资，代表政府参加各项国际金融活动。

中国人民银行是我国的中央银行，其主要职责是在国务院领导下，制定和执行货币政策，维护币值稳定；防范和化解金融风险，维护金融稳定。

其具体职责包括：

（1）拟订金融业改革和发展战略规划，承担综合研究并协调解决金融运行中的重大问题、促进金融业协调健康发展的责任，参与评估重大金融并购活动对国家金融安全的影响并提出政策建议，促进金融业有序开放。

（2）起草有关法律和行政法规草案，完善有关金融机构运行规则，发布与履行职责有关的命令和规章。

（3）依法制定和执行货币政策；制定和实施宏观信贷指导政策。

（4）完善金融宏观调控体系，负责防范、化解系统性金融风险，维护国家金融稳定与安全。

（5）负责制定和实施人民币汇率政策，不断完善汇率形成机制，维护国际收支平衡，实施外汇管理，负责对国际金融市场的跟踪监测和风险预警，监测和管理跨境资本流动，持有、管理和经营国家外汇储备和黄金储备。

（6）监督管理银行间同业拆借市场、银行间债券市场、银行间票据市场、银行间外汇市场和黄金市场及上述市场的有关衍生产品交易。

（7）负责会同金融监管部门制定金融控股公司的监管规则和交叉性金融业务的标准、规范，负责金融控股公司和交叉性金融工具的监测。

（8）承担最后贷款人的责任，负责对因化解金融风险而使用中央银行资金机构的行为进行检查监督。

（9）制定和组织实施金融业综合统计制度，负责数据汇总和宏观经济分析与预测，统一编制全国金融统计数据、报表，并按国家有关规定予以公布。

（10）组织制定金融业信息化发展规划，负责金融标准化的组织管理协调工作，指导金融业信息安全工作。

（11）发行人民币，管理人民币流通。

（12）制定全国支付体系发展规划，统筹协调全国支付体系建设，会同有关部门制定支付结算规则，负责全国支付、清算系统的正常运行。

（13）经理国库。

（14）承担全国反洗钱工作的组织协调和监督管理的责任，负责涉嫌洗钱及恐怖活动的资金监测。

（15）管理征信业，推动建立社会信用体系。

（16）从事与中国人民银行业务有关的国际金融活动。

（17）按照有关规定从事金融业务活动。

（18）承办国务院交办的其他事项。

20．什么是货币政策？

货币政策是指中央银行为实现一定的经济目标，运用各种工具调控流通中货币总量的方针和措施的总称。根据对总产出影响的不同，货币政策分为经济萧条时采用的宽松型货币政策和经济过热时的紧缩型货币政策。货币政策的要素包括货币政策的最终目标、货币政策中介目标和货币政策工具等。

21. 货币政策的目标是什么？

货币政策的目标是指一国中央银行制定和实施货币政策对国民经济进行金融调控最终要达到的目标，货币政策目标分为最终目标和中间目标两类。

最终目标包括物价稳定、充分就业、经济增长及国际收支平衡。物价稳定既是经济增长的条件，也是经济增长的结果，宏观经济所要实现的物价稳定是指保持物价总水平在短期内不产生剧烈的波动。充分就业的目标是将社会失业率降到最低限度，但并不意味着失业率为零，因为存在全社会的自然失业率。经济增长是指一国在一定时期内所生产的商品和劳务总量的增加，或者指一国人均国民生产总值的增加。国际收支是指一定时期一国对其他国家或地区，由于政治、经济、文化往来所引起的全部货币收支。国际收支平衡是指一国对其他国家的全部货币收入和支出大体相抵。

货币政策的最终目标需要一系列的阶段性目标或中间目标作为中介和桥梁。货币政策中间目标的选择有三个标准，即可测行、可控性和相关性。各国中央银行在实践中选择的货币政策中间目标主要为：利率、货币供应量、基础货币和超额准备金。利率作为市场价格的重要组成部分，作为中间目标其优势在于：第一，利率的变动能敏感地反映信贷与货币供需之间的相对变化；第二，利率指标具有明显的可控性，中央银行可通过多种手段影响利率，进而影响信贷规模和货币供应量，达到金融宏观调控的预期目标。以货币供应量作为中间目标，其特点在于：货币供应量的各个层次都很直观地反映在各级银行的资产负债表中，方便测量和计算，同时，中央银行通过控制基础货币可以有效地控制货币供应量。基础货币是指流通中现金和商业银行存款准备金之和，基础货币量的改变会导致利率和货币供应量都发生变化，具有较强的操作性。超额准备金是商业银行实际持有的准备金在除去法定准备金之后的余额，作为中间目标，其优势在于它仅涉及银行系统，较易为中央银行所控制，同时能够比较敏感地反映信贷与货币供需变化。

22. 货币政策工具有哪些？

为实现货币政策目标而采用的手段就是货币政策工具，常用的有三大类：一是一般性货币政策工具，包括法定存款准备金率、再贴现和公开市场操作；二是选择性货币政策工具，包括消费者信用控制、不动产信用控制、信贷控制等；三是其他补充性货币政策工具，包括信贷配额等直接信用控制以及道义劝告、窗口指示等间接信用控制。

23. 什么是法定存款准备金？

法定存款准备金率是以法律形式确定的商业银行向中央银行缴存的存款占其所有存款的比例。法定存款准备金由于商业银行不能动用，中央银行调高存款准备金比率，商业银行可用于贷款的资金减少，社会总贷款额和货币供应量也会相应减少，从而抑制经济过热，反之降低法定存款准备金率可以促进经济复苏。

24. 什么是再贴现？

再贴现是商业银行将已贴现的未到期票据卖给中央银行以筹措资金的行为。商业汇票是购货方承诺一定时期内支付赊销货款的债务凭证。当销货单位资金紧张时，可以将未到期的票据卖给商业银行获得资金，商业银行买进票据的行为就是贴现。由于票据贴现的时间与票据到期时间之间有时间差，就相当于银行在这段时间内向客户提供短期贷款，存在贷款利息，因此商业银行进行票据贴现时，就不能按"原价"买入票据，而必须对原票据的金额打一定的折扣。这个折扣就是进行贴现融资的利息，通常被称为贴现率。同样，在商业银行资金紧张时可向中央银行申请再贴现，再贴现的折扣率通常被称为再贴现率。中央银行可以通过调整再贴现率影响商业银行获取资金的成本，通过控制贴现票据的类型控制资金流向，从而实现货币政策目标。再贴现率是一种基准利率，是其他利率水平或金融资产价格确定的基础，能有效反映市场信息和市场供求关系。美国、英国等国家采用银行间同业拆借利率作为基准利率，中国将国债利率作为基准利率。

中国的商业汇票、贴现与再贴现业务是近几年才发展起来的。1994年，为了整顿商品交易秩序、规范商业信用、解决企业间债务拖欠等问题，中国人民银行安排了100亿元的再贴现资金，对一些特定行业的票据进行贴现与再贴现。之后央行不断扩大再贴现业务的对象、范围和操作方式，强化再贴现政策的信号作用。我国的贴现与再贴现业务在引导资金投向、规范商业信用、帮助企业衔接产销关系等方面产生了积极的作用。

25. 什么是公开市场业务？

公开市场业务是指央行在金融市场上买卖有价证券，改变商业银行的准备金，调节货币供应量。中央银行的公开市场业务有很大的主动性和灵活性，当央行认为经济过热需要收缩货币供应量时，便卖出有价证券回笼资金，这也就是常说的正回购；反之称为逆回购，可以向市场投放货币。公开市场业务买卖的有价证券主要是政府债券，而中国央行还会发行中央银行票据（即央票），以弥补公开市场操作证券种类的不足。央票是中国人民银行为调节商业银行的超额准备金而在银行间债券市场发行的短期债务凭证，发行对象均为商业银行，企业不可购买。

目前，中国人民银行更加灵活的开展公开市场操作，公开市场业务的交易对象逐渐扩大，交易工具和交易品种不断丰富，已发展成为中国央行的主要货币政策工具之一。中国人民银行2011年累计发行央票约1.4万亿元，开展正回购操作约2.5万亿元；截至2011年年末,央票余额约为 1.9 万亿元（数据来源：中国人民银行网站）。此外,通过优化公开市场操作工具组合,央行公开市场操作预调微调的功能得到了更为充分的发挥。

26. 什么是利率？有哪些种类？

利率是指一定时期内利息额同借贷资本总额的比值。从借款人的角度来看,利率是使用资本的单位成本,即借款人使用贷款人的货币资本而向贷款人支付的价格。从贷款人的角度来看,利率是贷款人借出货币资本所获得的报酬率。利率作为资金的价格,是经济学中一个重要的金融变量,利率的变动对整个经济产生重大的影响,是各国调控宏观经济重要的政策手段。

利率按照不同的标准可以划分为不同种类。按计算利率的期限单位可划分为：年利率、月利率与日利率。按利率的决定方式可划分为：官方利率与市场利率。按借贷期内利率是否浮动可划分为：固定利率与浮动利率。按利率的地位可划分为：基准利率与一般利率。按信用行为的期限长短可划分为：长期利率和短期利率。按利率的真实水平可划分为：名义利率与实际利率。按借贷主体不同划分为：中央银行利率,包括再贴现、再贷款利率等；商业银行利率,包括存款利率、贷款利率、贴现率等；非银行利率,包括债券利率、企业利率、金融利率等。按是否具备优惠性质可划分为：一般利率和优惠利率。

27. 利率市场化指什么？

利率市场化是指利率水平由市场供求来决定,包括利率决定、利率传导、利率结构和利率管理的市场化。实际上,它就是将利率的决策权交给金融机构,由金融机构自己根据资金状况和对金融市场动向的判断来自主调节利率水平,最终形成以中央银行基准利率为基础,以货币市场利率为中介,由市场供求决定金融机构存贷款利率的市场利率体系和利率形成机制。

利率市场化的条件主要包括宏观方面和微观方面。宏观方面定性地包括：国内经济稳定增长，国际经济波动不大，财政纪律严格有效，物价水平基本稳定，资本项目控制有力；定量地包括：经济运行稳定性定量标准，资金市场规模与金融深化定量标准，财政赤字规模的定量标准。微观方面包括对银行及对企业的一些要求。就银行而言，要求实现银行体制改革，累积较充裕的资本，提高银行资产质量；就企业而言，要求企业建立良好的产权制度，并形成合理的资产负债率。

28. 什么是货币供应量？M_0、M_1、M_2、M_3分别指什么？

货币供应量是指一国某时点上可用于各种交易的货币总量，包括现金、存款、商业票据、政府债券、可流通转让的金融债券等。在中国按照货币流动性（即金融资产能够迅速转换成现金的能力）的强弱，货币供应量可分为M_0、M_1、M_2、M_3等不同层次。M_0是流通中的现金，流动性极强。M_1称为狭义货币供应量，是M_0加上企业活期存款。M_2是广义货币，也是通常所说的货币供应量，包括M_1及城乡居民储蓄存款、企业单位定期存款。M_3是考虑到金融创新的现状而设立的，包括M_2、金融债券、商业票据及大额可转让存单等。

从历史看，中国M_2增速很快，总规模也远超日本和美国。过去中国M_2年增速高于名义GDP的涨幅，而高出的部分通常被看成是货币超发部分，货币超发导致货币购买力下降。

29. 什么是社会融资规模？

社会融资规模是指一定时期内实体经济从金融体系获得的全部资金总额。随着金融深化和发展，中国以银行信贷等间接融资为主的融资体系正在发生变化，买卖有价证券等直接融资方式占比逐渐增加，因此信贷规模和广义货币已不能综合反映社会融资总量，而社会融资规模能够全面反映金融与经济的关系及金融对实体经济的资金支持，成为货币政策制定过程中的重要参考指标。所谓实体经济是指除金融业之外包括农业、工业、商业服务业等物质生产和服务部门，以及教育、信息、艺术等精神产品生产和服务部门，实体经济是人类社会赖以生存和发展的基础。

2002~2012年中国社会融资规模　　　单位：万亿元，年

项目	2002	2003	2004	2005	2006	2007	2008	2009	2010	2011	2012
社会融资规模	2.0112	3.4113	2.8629	3.0008	4.2696	5.9663	6.9802	13.96.4	14.0191	12.8286	15.76

30. 什么是宏观调控？

宏观调控是国家运用计划、法规、政策等手段，对经济运行状态和经济关系进行干预和调整，及时纠正经济运行中偏离宏观目标的倾向。与微观经济管理行为不同，宏观经济调控主体是国家，调控的主要方式有行政干预式的直接调控和利用市场机制通过制定影响经济变量的经济政策，实现间接调控。调控领域涉及有关国家整体经济布局及国计民生的重大领域、容易产生"市场失灵"的经济领域以及私人力量不愿意进入的领域。

31. 什么是逆周期调控？

逆周期调控作为一种宏观审慎政策，通过避免金融市场的过度波动和金融系统的系统性风险，最终达到维护金融稳定并使产出损失最小化的目的。通俗地说，就是避免在经济出现过热苗头的情况下，金融系统进一步加剧这种"过热"；在经济出现萧条苗头的情况下，避免金融系统进一步加剧经济的紧缩。逆周期调控其实是宏观经济政策"逆经济风险行事"原则的本质要求，但金融宏观审慎监管制度框架包含着比传统的逆周期调控机制更广的范围，几乎是对居民、企业、政府、金融机构、金融市场等方方面面的全覆盖。在进行逆周期调控时，央行等部门应准确判断宏观经济形势，创新货币政策工具，从而

进行灵活的逆方向调控，比如建立居民年收入的稳定增长机制，加强医疗、教育、养老等社会保障体系建设，降低居民对未来预期的不确定性以平抑波动；在经济繁荣时提高银行的拨备覆盖率和资本充足率，建立前瞻性的贷款损失准备制度，通过逆方向调控，引导信贷量适度增长，降低风险；完善人民币汇率、利率形成机制，防范国际资本短期大规模的集中流动等。

32. 美联储是什么机构？

美国联邦储备系统简称美联储，负责履行美国中央银行的职责。这个系统是根据《联邦储备法》于1913年成立的，主要由联邦储备委员会、联邦储备银行及联邦公开市场委员会等组成。联邦储备委员会是联邦储备系统的核心机构，属联邦政府机构。12个联邦储备银行是由国会组建的作为国家的中央银行系统的操作力量，按照1913年国会通过的联邦储备法，在全国划分12个储备区，每区设立一个联邦储备银行分行。每家区域性储备银行都是一个法人机构，拥有自己的董事会。会员银行是美国的私人银行，除国民银行必须是会员银行外，其余银行是否加入全凭自愿而定，会员银行可以获得联邦储备系统对其私人存款提供的担保。联邦公开市场委员会最主要职责是利用公开市场操作调控货币供应量，并对联邦储备银行在外汇市场上的活动进行指导。

33. 什么是量化宽松？

量化宽松（quantitative easing，QE），主要是指中央银行在实行零利率或近似零利率政策后，通过购买国债等中长期债券，增加基础货币供给，向市场注入大量流动性资金的干预方式，以鼓励开支和借贷，也被简化地形容为间接增印钞票。量化指的是扩大一定数量的货币发行，宽松即减少银行的资金压力。当银行和金融机构的有价证券被央行收购时，新发行的钱币便被成功地投入私有银行体系。量化宽松政策所涉及的政府债券，不仅金额庞大，而且周期也较长。一般来说，只有在利率等常规工具不再有效的情况下，货币当局才会采取这种极端做法。

34. 怎样理解美国的第三次量化宽松货币政策？

2012年9月13日美国联邦储备委员会宣布了第三轮量化宽松货币政策，以进一步支持经济复苏和劳工市场。美联储推出第三轮量化宽松货币政策，会使全球低息环境和充裕的流动性持续一段更长时间，因而可能会为新兴市场经济体系再次带来通胀和资产价格的压力。美联储决定每月购买400亿美元抵押贷款支持证券，同时，美联储将继续执行卖出短期国债、买入长期国债的"扭转操作"，并继续把到期的机构债券和机构抵押贷款支持证券的本金进行再投资。

35. 中国外汇管理局的主要职能是什么？

外汇管理是一国政府授权中央银行或其他国家机关对外汇收支、买卖以及国际结算、外汇汇率和外汇市场等实行的管制措施。改革开放前，中国实行严格的外汇集中计划管理，所有外汇收入都售给国家，外汇收支实行指令性计划管理，人民币汇率仅作为核算工具。改革开放后，中国外汇管理体制根据经济社会发展和经济体制改革的要求，沿着逐步缩小指令性计划、不断培育和增强市场机制在外汇资源配置中的基础性作用的方向转变，设立国家外汇管理局作为管理外汇的职能机构，经过三十多年的努力，中国已初步建立起了适应社会主义市场经济要求的外汇管理体制。

国家外汇管理局成立于1979年3月，当时与中国银行是一个机构两块牌子，直属于国务院，由中国人民银行代管。1982年12月，根据全国人大常委会和国务院会议决定，国家外汇管理局与中国银行分开，划归中国人民银行领导。1983年9月，国务院决定中国人民银行专门行使央行职能，国家外汇管理局及其分局在中国人民银行领导下统一管理国家外汇。1990年1月根据国务院决定，国家外汇管理局为国务院直属、归中国人民银行管理的副部级国家局。国家外汇管理局设有若干职能司和直属单位，主要有四大职能：（1）负责国际收支的统计、管理及信息公布，采集国际收支统计数据并编制国际收支平衡表，提出维护国际收支平衡的政策建议。（2）负责外汇市场的管理，监督管理外汇市场的运行秩序，培育和发展外汇市场，并对违反外汇管理的行为进行处罚。（3）受中国人民银行委托，经营国家外汇储备、黄金储备和其他外汇资产。（4）参与起草外汇管理有关法律法规和部门规章草案，发布与履行职责有关的规范性文件，为中国外汇管理提供政策建议。

36. 什么是外汇管制？外汇管制涉及哪些方面？

外汇管制（foreign exchange control）是指一国政府为平衡国际收支和维持本国货币汇率而对外汇进出实行的限制性措施。在中国又称外汇管理。外汇管制的执行者是政府授权的中央银行、财政部或另设的其他专门机构，如外汇管理局。

外汇管制所针对的物包括外国钞票和铸币、外币支付凭证、外币有价证券和黄金；有的国家还涉及白银、白金和钻石。

外汇管制针对的活动涉及外汇收付、外汇买卖、国际借贷、外汇转移和使用，该国货币汇率决定了该国货币的可兑换性以及本币和黄金、白银的跨国界流动。

37. 什么是国库管理？

国库是负责办理国家财政收支的机构。在历史上，国库一般是附设在财政机关的一个相对独立的机构，即按行政系统设立实物国库。国库的职责包括：

（1）办理国家预算收入的收纳、划分和留解。
（2）办理国家预算支出的拨付。

（3）向上级国库和国家同级财政机关反映预算收支执行情况。

（4）协助财政、税务机关督促企业和其他有经济收入的单位及时向国家缴纳应缴的款项，对于屡催不缴的，应依照税法协助扣收入库。

（5）组织管理和检查指导下级国库工作。

（6）办理国家交办的同国库有关的其他工作。

从世界各国的情况看，国库管理制度分为"委托国库制"和"独立国库制"。所谓委托国库制是指委托银行经营和办理政府预算收支的收纳、保管和拨付工作。所谓独立国库制是指国家特设专门机构，负责经营和办理政府预算收支的收纳、保管和拨付工作。与独立国库制相比，委托国库制具有显著的优越性。它不仅有利于财政收入的收纳与库款的拨付，即钱不出银行门就可以实现财政收入的收纳与拨付，而且有利于降低成本，加强财政资金管理。目前，世界各国大都采取委托国库制。

在中国，中国人民银行经理国库是法律赋予的神圣职责。《中华人民共和国预算法》《中华人民共和国中国人民银行法》《中华人民共和国国家金库条例》都明确了这一职责。多年来，各级人民银行通过不断提高国库服务质量和水平，加强国库监管，防范和化解国库资金风险，推动国库管理理念创新、制度创新、业务创新和科技创新等，切实捍卫了国家预算收入的真实、安全和完整，保证了国家预算的顺利执行，促进了财政政策与货币政策的协调配合，支持了国民经济与社会事业的健康发展。

第3章

金融监管

38. 什么是银监会？银监会有哪些职能？

2003年中国银行业监督管理委员会成立，负责对银行、金融资产管理公司、信托投资公司及其他存款类金融机构及其业务进行监管，其成立标志着中国"一行三会"（中国人民银行、证监会、保监会、银监会）分业监管的格局正式形成，确立了央行宏观监管和银监会微观监管的新型银行监管体系。

中国银监会主要有四大职责：（1）依法制定并发布银行业金融机构及其业务活动监管的规则规章。（2）审批银行业金融机构的设立、变更和终止；审查其高管人员和从业人员的任职资格；对擅自设立银行业金融机构或非法从事银行业务的机构予以取缔。（3）制定银行业金融机构的审慎经营原则，对其业务活动和风险状况进行现场和非现场检查；编制和公布银行业金融机构的统计数据及报表。（4）对有违法经营、经营不善等情况的银行业金融机构予以撤销，对涉嫌金融违法的银行业金融机构及其工作人员、关联人的账户予以查询；对涉嫌转移或者隐匿违法资金的申请司法机关予以冻结。银监会以"管风险、管内部控制、坚持法人监管和提高透明度"为监管理念，对银行业金融机构实施审慎有效的监管，保护存款人和消费者的利益，增进公众的市场信心及对现代金融的理解，减少金融犯罪，维护金融稳定。

39. 什么是银行业协会？它的主要职责有哪些？

中国银行业协会成立于2000年，是由中华人民共和国境内注册的各商业银行、政策性银行自愿结成的非营利性社会团体。2003年中国银监会成立后,中国银行业协会主管单位由中国人民银行变更为中国银监会。

凡经中国银监会批准设立的、具有独立法人资格的银行业金融机构(含在华外资银行业金融机构)以及经相关监管机构批准、具有独立法人资格、在民政部门登记注册的各省(自治区、直辖市、计划单列市)银行业协会均可申请加入中国银行业协会成为会员单位。经相关监管机构批准设立的、非法人外资银行分行和在华代表处等,承认《中国银行业协会章程》,均可申请加入中国银行业协会成为观察员单位。

根据《中国银行业协会章程》规定,中国银行业协会的主要职责包括:依据有关法律、法规,制定银行业同业公约和自律规则;督促会员贯彻执行国家法律、法规和各项政策;维护会员的合法权益,对侵害会员合法权益的行为,向有关部门提出申诉或要求;加强会员与中国人民银行及其他政府部门的联系;加强会员之间的交流,协调会员之间在业务方面发生的争议;促进国内银行业与国外银行业的交往与合作;组织和促进会员间的职员业务培训和与业务有关的调查研究,为会员提供咨询服务等。

40. 什么是《巴塞尔协议》?其产生的背景是什么?

1975年2月,根据英格兰银行总裁理查德森的建议,在国际清算银行的发起和主持下,由十国集团成员——比利时、荷兰、加拿大、英国、法国、意大利、德国、瑞典、日本、美国,以及瑞士和卢森堡两个观察员——中央银行的银行监督管理官员在瑞士巴塞尔聚会,建立起一个监督国际银行活动的协调委员会,全称是"国际清算银行关于银行管理和监督活动常设委员会",简称巴塞尔委员会。

为了加强银行的资本保护功能,促进国际银行体系的健康和稳定发展,消除国际商业银行在国际金融市场上不平等的竞争条件,1987年12月10日,国际清算银行在巴塞尔召集了由12个西方发达国家中央银行行长参加的会议,专门讨论加强经营国际业务的商业银行资本及风险资产的监管问题。1988年7月15日巴塞尔委员会通过的《关于统一国际银行的资本计算和资本标准的协议》(简称《巴塞尔资本协议》或《巴塞尔协议Ⅰ》)解决的问题：一是关于银行合格资本的统一定义；二是关于资本充足度的统一的最低标准。

1995年4月发表了《结合市场风险的资本协议修正案》(简称《补充协议》)，《补充协议》是针对银行经营中市场风险的资本充足率的监管计划。它制定了一个具体的风险测量框架，并对《巴塞尔协议》的资本范围作了扩充，即建立了应付市场风险的三级资本的概念。

1997年9月，在世界银行及国际货币基金组织年会上通过《巴塞尔委员会有效银行监管的核心原则》(简称《核心原则》)。《核心原则》从有效银行监管的前提条件、发照和结构、审慎法规和要求、持续监管手段、信息要求、正式监管权力、跨境银行监管等方面，分别对监管主体和监管行为做出规定，并提出了银行风险监管的最低资本金要求、外部监管、市场约束等三大原则，这些原则是世界各国近百年银行监管经验教训的系统总结，反映了国际银行业发展的新变化和银行监管的新趋势。

41.《新巴塞尔资本协定》的三大支柱指什么？

《新巴塞尔资本协定》简称《新资本协议》或《巴塞尔协议Ⅱ》，是由国际清算银行下的巴塞尔银行监理委员会所促成，内容针对1988年的《巴塞尔资本协定》(简称《巴塞尔协议Ⅰ》)做了大幅修改，以期标准化国际上的风险控管制度，提升国际金融服务的风险控管能力。《巴塞尔协议Ⅱ》的三大支柱为最低资本要求、监管部门的监督检查和市场约束。

(1) 最低资本金要求。《巴塞尔协议Ⅱ》保留了1988年《巴塞尔协议Ⅰ》中对银行资本的定义以及相对风险加权资产资本充足率为8%的要求，但风险范畴有所拓展，不仅包括信用风险，同时覆盖市场风险和操作风险，在具体操作上与1988年协议相同。

（2）外部监管。目的是要通过监管银行资本充足状况，确保银行有合理的内部评估程序，便于正确判断风险，促使银行真正建立起依赖资本生存的机制。《巴塞尔协议Ⅱ》要求监管当局可以采用现场和非现场检查等方法审核银行的资本充足情况。在资本水平较低时，监管当局要及时采取措施予以纠正。

（3）强化信息披露，引入市场约束。要求银行不仅要披露风险和资本充足状况的信息，而且要披露风险评估和管理过程、资本结构以及风险与资本匹配状况的信息；不仅要披露定量信息，而且要披露定性信息；不仅要披露核心信息，而且要披露附加信息。

2010年9月12日，巴塞尔银行监督委员会宣布，各方代表就《巴塞尔协议Ⅲ》的内容达成一致，根据这项协议，商业银行的一级资本充足率下限将从现行的4%上调至6%，由普通股构成的"核心"一级资本占银行风险资产的下限将从现行的2%提高至4.5%。另外，各家银行应设立"资本防护缓冲资金"，总额不得低于银行风险资产的2.5%。该规定将在2013年1月至2019年1月分阶段执行。

42. 什么是银行资本充足率和核心资本充足率？

中国银监会对资本充足率的定义是商业银行持有的、符合监管规定的资本总额与商业银行风险加权资产总额之间的比率。资本充足率反映了商业银行在存款人等债权人的资产遭到损失之前，银行能以自有资本承担损失的程度。规定该项指标的目的在于抵制高风险资产的过度膨胀，保护存款人和其他债权人的利益，保证银行等金融机构正常运营和发展。各国金融监管当局一般都有对商业银行资本充足率的规定水平，目的是监测银行抵御风险的能力。

核心资本充足率则是指核心资本与加权风险资产总额的比率。资本充足率与资本/资产比率的主要区别在于前者的计算中考虑了资产的风险程度，其分母是按一定风险权数计算所得的"风险加权资产"的总和；而后者的计算中，其分母仅仅是将所有资产简单相加。显然，前者能更好地衡量具有不同风险偏好的商业银行所需要的资本总额。

43. 什么是风险加权资产?

风险加权资产是指对银行资产加以分类,根据不同类别资产的风险性质确定相应的风险系数,以风险系数作为权重而求得的资产总和。其计算公式如下:

风险加权资产总额＝资产负债表内资产×风险权数＋资产负债表外资产×转换系数×风险加权数(表内外风险加权资产与总资产之比)。

44. 什么是审慎监管?

从近百年来爆发的历次金融危机来看,金融危机在重创经济的同时也推动了金融制度的变革。2008年全球金融危机爆发后,国际货币基金组织和金融稳定理事会明确提出执行宏观审慎监管是中央银行的重要职责,各国也把强化中央银行的宏观审慎政策职能作为金融改革的核心。

审慎监管理念源于1997年巴塞尔委员会的《有效银行业核心监管原则》,监管部门为了防范和化解银行业风险,制定了一系列金融机构必须遵守的审慎经营规则,比如对资本充足率、流动性等要求,客观评价金融机构的风险状况,并及时对风险进行监测、预警和控制的监管模式。银行业的审慎监管主要通过两个途径实现：一是商业银行等金融机构执行审慎经营规则以控制内部风险；二是监管当局监督金融机构对审慎经营规则的执行情况,并对其风险状况进行审慎评估、预警和控制。

45. 什么是证监会？证监会有哪些职能?

中国证券监督管理委员会作为国务院直属事业单位,依法对证券、期货市场进行监管,其成立标志着证券监管从中央银行职能中分离,证券市场统一监管开始形成。

证监会主要有四项基本职能：第一,建立统一的证券期货监管体系。第二，加强对证券期货的监管。强化对证券交易所、上市公司、证券期货经营机构、基金管理公司和证券期货投资咨询等机构的业务及其信息披露的监管。第三，防范和化解证券期货市场风险。第四，研究拟定证券期货市场相关法律法规、发展规划，指导和协调各地区各部门与证券市场相关的事项。

46. 什么是证券业协会？它的主要职责有哪些？

根据中国《证券法》，中国证券业协会是证券业的自律性组织，其宗旨是根据发展社会主义市场经济的要求，贯彻执行国家有关方针、政策和法规，发挥政府与证券经营机构之间的桥梁和纽带作用，促进证券业的开拓发展。加强证券业的自律管理，维护会员的合法权益，建立和完善具有中国特色的证券市场体系。

中国证券业协会的会员分为团体会员和个人会员，团体会员为证券公司。个人会员只限于证券市场管理部门有关领导以及从事证券研究及业务工作的专家，由协会根据需要吸收。证券业协会的权力机构为由全体会员组成的会员大会。

证券业协会主要职责如下：协助证券监督管理机构教育和组织会员执行证券法律、行政法规；依法维护会员的合法权益，向证券监督管理机构反映会员的建议和要求；收集整理证券信息，为会员提供服务；制定应遵守的规则，组织会员单位的从业人员的业务培训；调解会员之间、会员与客户之间发生的纠纷；组织会员就证券业的发展、运作及有关内容进行研究；监督、检查会员行为，对违反法律、行政法规或者协会章程的，按照规定给予纪律处分；国务院证券监督管理机构赋予的其他职责。

47. 什么是保监会？保监会有哪些职能？

1998年11月中国保险监督管理委员会（简称"保监会"）获准设

立，为国务院直属事业单位，依法统一监管全国保险市场，维护保险业的合法、稳健运行，作为保险业的主管机构。其主要职责包括：（1）拟定保险业发展的方针、政策和规划，起草保险业的有关法律法规和部门规章。（2）审批和管理保险机构的设立、变更和终止；审查保险机构高管人员和从业人员的任职资格。（3）制定、修改和备案保险条款与保险费率，维护保险市场秩序。（4）监管保险业务活动。对保险公司的业务状况、财务状况和资金运用状况进行定期或不定期的现场检查和非现场检查以保证其足够的偿付能力。（5）依法对保险机构业务和从业人员违法违规行为，以及非保险经营机构经营保险业务或变相经营保险业务进行调查和处罚。保监会根据履行职责的需要，内设若干职能部门，在国内一些地区设立若干派出机构，中国保险监督管理委员会对派出机构实行垂直管理。

48. 什么是保险业的偿付能力监管？

偿付能力是指保险公司对所承担保险责任的经济补偿能力，即偿付到期债务的能力。它包括两层含义：一是在一般情况下发生保险事故时保险公司所具有的完全承担赔偿或者给付保险金责任的能力，即最低偿付能力；二是在特殊情况下发生超常年景的损失时，保险公司所具有的偿付能力。

中国对保险业偿付能力监管划分为两个层次：一是正常层次的监管，即在正常年度里无巨灾发生时，对保险公司规定的保险费率是否适当、公平、合理，资本金是否充足，各项准备金提取是否准确、科学，单个风险自留额的控制情况等进行监管，以确保保险公司的偿付能力；二是偿付能力额度监管，类似于银行资本充足率的监管。在发生巨灾损失时，由于实际的赔付超过正常年度，投资收益实际值也可能与期望值有偏差，因而按正常年度收取的保险费和提取的准备金无法足额应付实际的赔款，这就要求对保险公司的偿付能力进行有效监管。

49. 什么是保险业的风险监管体系？

保险风险监管体系是指由一系列具体的保险监管制度所形成的有机整体。1997年，国际保险监督官协会发表的《保险监管核心原则》是目前国际上较通用的保险监管制度。现代保险监管制度提出了以偿付能力监管为核心的"三支柱"新监管体系，即公司治理结构监管、市场行为监管和偿付能力监管三部分。

公司治理结构监管是指与公司治理结构有关的监管。所谓公司治理结构，是指为了解决公司的所有者和经营者分离所产生的问题，规范公司股东、董事、高层管理人员权利和义务的框架。保险公司治理结构监管制度包含董事会运作监管、高级管理人员行为监管、内部控制监管、信息披露监管四个核心部分。

市场行为监管主要包括对经营范围、合同条款、费率的监管和对欺诈行为的监管等。保险公司的经营活动与保险市场的稳定以及投保人、保险人的利益息息相关。若保险公司为了获取盈利而采取一些违法的行为或者不正当的竞争行为就会引发市场风险，因而对保险公司市场行为的监管便成为各国保险监管制度的重要组成部分，同时也通过立法的形式对保险公司的行为约束进行规定。

偿付能力监管。按照《保险公司偿付能力管理》规定：保险公司的内部偿付能力管理的重点是对资产、负债、资产负债匹配及资本的管理，包括对保险公司综合风险管理水平及偿付能力影响因素的评估。

从监管主体上看，主要通过国家、社会、行业自律三个层次对保险公司的偿付能力进行监管。国家监管主要是以立法、司法和行政监管为主，是保险偿付能力监管的主要方式。社会监督主要是通过专业金融或审计中介机构对保险公司的经营状况、常规能力进行评定。行业自律是指通过行业自律组织对保险公司的偿付能力进行监督。

现阶段中国的保险业风险监管实行的是政府主导的分业监管模式，具体的监管执行由中国保险监督管理委员会以及下属的地方保监局负责。对中国保险机构进行全面管理，包括对保险机构的市场准入、保险费率、保险条款，以及保险公司的偿付能力、保险公司资金投资运作等进行严格的监督和管理。

50. 什么是地方金融办？地方金融办有哪些职能？

金融服务（工作）办公室简称金融办，它是金融改革的产物。在21世纪初，国家将金融事务的管理定位为中央集权为主、"一行三会"的垂直监管。在金融监管模式确立的同时，作为议事协调机构的金融办应运而生。中国最早的金融办出现在上海，主要任务是联系并配合"一行三会"和全国性金融机构在上海的工作。随后各地政府为了协调金融管理，也纷纷设立了金融办。

地方政府金融办主要有以下职能：（1）执行有关银行、证券、期货、保险等金融工作的政策、法规和决议，鼓励和支持各类金融机构进行改革创新和业务拓展。（2）协助、支持和配合上级政府和监管机构对本地金融机构的监管。（3）研究宏观经济形势、国家金融政策和本地金融运行情况，拟定本地金融业的发展规划和政策措施；积极推动企业改制上市，指导企业增发股票、并购等行为，并对上市公司资本运作状况进行监管和信息披露。（4）规范和整顿本地金融秩序，防范和化解金融风险，确保地方金融安全和稳健运行；组织协调金融资源的优化配置，监督检查地方国有金融资产运营情况。

当前，有很多小型金融机构活跃在县区甚至乡镇，监管职责落到了地方政府的身上，而地方金融办也开始从最初的议事协调机构逐渐拥有监管权，承担的职能不断扩大。特别是金融危机以来，在培育金融产业、服务中小企业、支持小额贷款等方面，不少地方的金融办都进行了尝试和探索，为地方金融发展做了很多有益的工作。

51. 中国台湾和中国香港的金融监管体系是什么？

（1）中国台湾地区金融监管体系。中国台湾地区的金融监管以"银行法"为母法，金融主管机关为"财政部"，"财政部"在地方设有"财政厅"。"中央银行"依据"银行法"负责货币政策的执行及部分金融检查工作。"财政部"下设金融局、证券及期货管理委员会和保险司,分别负责银行、证券和保险业的监管。金融局按照"国际金融业务条例""银行法""信用合作社法",以及"外汇管理条例",负责对存款货币机构、信用卡市场、货币市场、外汇市场及境外金融市场的监管。证券及期货管理委员会按照"证券交易法""期货交易法"对资本市场和衍生金融市场进行监管。保险司按照"保险法"对保险市场进行监管。"中央银行"按照"银行法"对信托投资公司、银行兼营票券业务部门、银行兼营证券业务部门进行监管。此外,中国台湾地区于1985年成立了"存款保险公司",并建立存款保险制度,以保证存款人利益。"存款保险公司"按照存款保险条例对信用合作社进行监管。

(2)中国香港地区金融监管体系。中国香港实行混业经营、分业监管。中国香港的金融监管架构由金融管理局(以下简称金管局)、证券及期货事务监察委员会(以下简称证监会)、保险监理处(以下简称保监处)及强制性公积金计划管理局(以下简称积金局)四大监管机构和相应的行业自律协会构成,分别负责监管银行业、证券和期货业、保险业和退休计划的业务。

金管局成立于1994年4月,根据"银行业条例"的授权,对持牌银行、有限制持牌银行和接受存款公司实行审慎监管。其监管方法有现场审查和非现场审查。除了监管银行业外,金管局的其他功能和目标包括维持港元稳定、提高金融制度的效率及促进其发展,以及维护廉洁公正的金融制度,这与世界各地中央银行的功能和目标大致相同。

证监会于1989年成立,是对香港证券、金融投资及商品期货买卖实行审慎监管的最高机构。证监会财务上与政府独立,直接向香港特首负责,政府并不参与证券期货业的日常监管工作。证监会致力维持和促进证券期货业的公平、效率、竞争力、透明度及秩序,并为投资者提供保障。证监会的主要工作包括:监管上市公司资料的公开及收购与合并工作,执行与上市公司有关的证券法律条例等;监管交易所；监管投资产品。证监会根据现行的监管架构，有责任监管和监察香港交易所及其附属机构，包括联交所、期交所及三监认可的结算公司。

保监处于1990年6月成立，为政府架构内的一个办事处，对香港保险业实行审慎监管，以保障保单持有人的利益。此外，保险业界会制定自我监管的措施，以加强保险市场的专业纪律。

强制性公积金计划管理局于1998年9月根据1995年制定的"强制性公积金计划条例"成立，该局是独立的法定组织，主要职能是负责监管和监察强积金制度的运作，并确保有关人士遵守强积金条例。由于强积金供款属强制性供款，政府已在强积金制度下订立多项措施，确保强积金资产获得妥善保管。这些措施包括在批核强积金受托人方面订立严格准则；审慎作出监管，确保有关人士符合标准和遵守规例；确保计划能顺利运作和具透明度；以及设立一个补偿基金机制，补偿因违法行为而招致的损失等。

中国香港金融监管的另一大特征是香港的银行业、证券业、保险业均采取的是政府监管及行业自律的两级监管模式，其银行业、证券业和保险业的行业自律机构分别是香港银行公会、香港交易所和香港保险业联合会。政府在监管中充当着"管理者"和"协调者"，行业自律协会的工作重点是自身内部风险的控制和审查。

52. 美国金融监管体系是什么？

美国的金融监管体系较为复杂，其金融监管体系可归为双线多头和伞形监管模式。

美国金融监管采用联邦法和州法双轨制度，即双线多头监管模式。"双线"是指监管中有联邦政府和州政府两条主线；"多头"是指有多个履行金融监管职能的机构。

在银行业监管中，双线多头表现得最为明显，两条线表现为联邦政府机构管理在联邦注册的"国民银行"，而州政府监管机构管理在州注册的商业银行。另外，任何一家银行都要受到多个监管机构的监管，具体为：如果是国民银行，在成立时，首先要到隶属于美国财政部的货币监理署办理注册登记手续，得到其审查批准后该银行才能营业，国民银行的运营还要受其制定的有关资本运营、贷款结构、存款安全等业务经营方面的条例的监管。作为国民银行，还必须加入联邦储备体系，成为联邦储备体系的会员，接受美联储的监管。同时，国民银行必须要向联邦存款保险公司投保，接受联邦存款保险公司的监管。如果是州立的商业银行，其接受的监管还要视情况而定。加入美国联邦储备体系的州立商业银行，相应地要受到美联储的监管；向联邦存款保险公司投保，就得接受联邦存款保险公司的监管，最后要受到州银行监管机构的监管；没有加入美国联邦储备体系的州立商业银行，其主要受到联邦存款保险公司和州银行监管机构的监管。

与银行业的监管相比，证券业和保险业的监管者相对比较单一：证券机构主要由联邦层级的证券交易委员会（SEC）监管，证券交易委员会主要对证券业进行监管，它的主要目标是保护投资者的利益，只监管投资银行和资产管理公司的证券经纪业务，不管其投资银行业务。保险公司则主要由州监管机构进行监管，联邦政府几乎没有介入监管。

1999年美国通过了《金融服务现代化法》，美国的金融监管出现了一些新变化，从理论上打破了美国金融业分业经营的壁垒，结束了自1933年以来美国金融业分业经营的状况。为实现混业经营，美国采用的是一种新的公司组织形式——金融控股公司，金融控股公司不同于之前分业经营的各单一组织，通过设立子公司的形式经营多种金融业务，但是金融控股公司本身并不开展业务，主要职责是向州银行厅申领执照，对集团公司和子公司进行行政管理。对于金融控股公司这种伞状结构，监管当局设计了一种"伞形"的监管体制，美联储被赋予伞式监管职能，成为金融控股公司的基本监管者，负责对银行或金融控股公司的法人主体进行监管，而金融控股公司中的子公司则仍大体沿用分业监管模式。

在"伞形"监管模型下，金融控股公司分为银行类子公司和非银行类子公司，分别保持原有的监管模式。银行类子公司继续按历史沿革，由之前提到的不同监管者监管。从联邦监管层来看，国民银行由货币监理署、美联储、联邦存款保险公司监管；州立银行中的联储会员银行由美联储和联邦存款保险公司监管，非成员银行由州银行监管办和联邦存款保险公司监管。非银行类子公司，根据所从事业务的性质不同由证券交易委员会、州保险监管署和商品期货交易委员会分别监管证券、保险和期货子公司，这些非银行子公司的监管者统称为功能监管者。如果把这种金融控股公司的监管框架看作"伞形"监管的话，那么美联储位居伞顶，包括银行监管人在内的各功能监管者居于伞骨。居于伞顶的美联储主要对金融控股公司的风险管理和金融业的稳健运营进行全面的评价。

53. 英国金融监管体系是什么？

英国的混业经营采用了金融控股集团模式。英国金融控股集团的母公司多为经营性的控股公司，且一般经营商业银行业务，而证券、保险等业务则通过子公司来经营。同时，英国的金融控股集团内部有较严格的防火墙制度，以防止各业务的风险在集团内部扩散。1998年，英国整合了所有的金融监管机构，建立了金融服务监管局，由其统一实施对金融机构的监管。2000年，英国金融服务管理局（FSA）又依照《2000年金融服务和市场法》规定，正式行使其对金融业的监管权力和职责，直接负责对银行业、保险业和证券业的监管。FSA也获得了一些其前任监管机构所没有的监管权力，如关于消除市场扭曲或滥用、促进社会公众对金融系统的理解和减少金融犯罪等。

54. 德国金融监管体系是什么？

德国实行的是全能银行制度，即商业银行不仅可以从事包括银行、证券、基金、保险等在内的所有金融业务，而且可以向产业、商业大量投资，成为企业的大股东，具有业务多样化和一站式服务的特点。德国的全能银行能够渗透到金融、产业、商业等各个领域，在国民经济中起着主导作用。德国虽然实行全能银行制度,但仍实行分业监管。德国的联邦金融监管部门下设银行、证券、保险三个监管局,独立运作,分业监管。德国银行监管的法律基础是《联邦银行法》和《信用制度法》。根据规定,德国的金融监管主要来自两个方面,即联邦金融监管局和德国联邦银行。联邦金融监管局是德国联邦金融业监督的主要机构。德国联邦银行是德国的中央银行。由于联邦金融监管局没有次级机构,具体的金融监管工作由联邦银行的分支机构代为执行,执行效果反馈给联邦金融监管局。联邦金融监管局和联邦银行的职能界定为:主管权属于联邦金融监管局;在制定重大的规定和决策时,联邦金融监管当局必须和联邦银行协商并取得一致;联邦银行和金融监管局相互共享信息。

55. 日本金融监管体系是什么?

日本的金融监管体制一直是行政指导型的管制。大藏省负责全国的财政与金融事务,下设银行局、证券局和国际金融局。银行局对日本银行、其他政府金融机构及各类民间金融机构实施行政管理和监督。证券局对证券企业财务进行审查和监督。国际金融局负责有关国际资本交易事务及利用外资的政策制定与实施。这种监管体制的行政色彩十分浓厚,大藏省在监管中经常运用行政手段,对金融机构进行干预。1997年,日本政府进行了金融改革,取消了原来对银行、证券、信托子公司的业务限制,允许设立金融控股公司进行混业经营。同年6月,日本颁布了《金融监督厅设置法》,成立了金融监督厅,专司金融监管职能,证券委也从大藏省划归金融监督厅管辖。1998年末,又成立了金融再生委员会,与大藏省平级,金融监督厅直属于金融再生委,大藏省的监管权力被大大削弱。2000年,金融监督厅更名为金融厅,拥有原大藏省检查、监督和审批备案的全部职能。2001年,大藏省改名为财务省,金融行政管理和金融监管的职能也分别归属给财务省和金融厅。金融厅成为单一的金融监管机构,从而形成了日本单一化的混业金融监管体制。

56. 什么是分业监管？什么是混业监管？

分业监管是根据金融业内不同的机构主体及其业务范围的划分而分别进行监管的体制。各国的分业监管体制通常由多个金融监管机构共同承担监管责任。混业监管是指由一家监管机构对所有金融机构的全部金融业务进行全面监管。各国依据自身情况采取了不同的制度，例如德国采取分业监管，而英国、日本采取混业监管。

中国实行的是"一行三会"的分业监管模式，一般银行业由中国人民银行和中国银行业监督委员会负责监管；证券业由中国证券监督管理委员会负责监管；保险业由中国保险监督管理委员会负责监管，各监管机构既分工负责，又协调配合，共同组成国家金融监管组织体制。

57. 什么是金融脱媒？

金融脱媒是指随着直接融资（即依托股票、债券、基金等金融工具的融资）的发展，资金的供给通过一些新的机构或新的手段绕开商业银行这个媒介体系，输送到需求单位，也称为资金的体外循环。从存款的角度看，资金绕开低收益的中介商业银行，直接流向资金的需求方。从贷款的角度讲，资金的需求方也脱离中介，不再向商业银行借款，可能直接发债、发股票或者短期的商业票据。实际上就是资金融通的去中介化，包括存款的去中介化和贷款的去中介化。

"金融脱媒"这个词最早于20世纪60年代出现在具备完善的金融体制和发达资本市场的美国。这个现象直接取决于美国Q条例的限制，不对活期存款支付利息。一些机构提供类似于存款的工具，以规避Q条例的监管。20世纪90年代后，西方国家债券筹资大都超过信贷筹资。在证券化过程中，商业票据的发行部分取代了银行对公司的短期信贷，同时居民也越来越倾向于购买比储蓄收益更大的基金或保险等。传统的商业银行业务受到资金供给和需求的双重影响相对萎缩，出现了金融脱媒现象。

58. 什么是金融机构的法人治理结构？

金融机构的法人治理结构指在一定的产权制度下，一组联结并规范所有者、经营者、使用者相互权力和利益关系的制度的安排，以解决机构内部不同产权主体之间的监督、激励和风险分配等问题。以银行为例，作为经营货币的特殊企业，银行法人治理结构完善与否，不但关系到资产能否安全运营和不良资产能否从机制上避免和减少，而且关系到广大债权人、投资者的利益和社会稳定。其治理结构至少应该包括以下三个方面：一是以股东利益最大化为目标，以股东大会、董事会、经营管理层组成的组织结构；二是建立在这种组织结构之上的治理机制；三是较好地处理治理结构、治理机制与风险控制的关系。

从国际银行业主流治理结构来看，由于资本市场发展状况、商业银行股权结构、控制权的转移、董事会的作用、业绩与收入的相关性、信息披露程度等方面的差异，当前商业银行的治理结构主要分为英美模式和日德模式两种模式。中国商业银行正在向以英美模式为主的治理结构方向发展，主要包括：保持商业银行经营的可竞争性以实施外部治理；合理配置和行使商业银行的控制权，使剩余索取权与控制权相对称；董事会、经营管理层权责分明，并且有良好的评价考评和激励约束机制；清晰的信息披露和分析机制。

第4章

商业银行

59. 什么是商业银行？它是怎样产生的？

商业银行是以利润最大化为经营目标，以吸收存款、发放贷款、转账结算和汇兑为主要业务，以多种金融资产为其经营对象，能利用负债进行信用创造，并向客户提供多功能、综合性服务的金融企业。

英语中的银行"bank"一词，源于古法语中的"banque"和"banca"，意指"长凳"或"货币交易桌"。这些说法与第一批银行家的出现有关，他们生活在两千多年前，通常坐在桌子旁和商业区的小商店里进行钱币的兑换活动，或者从事票据贴现，为商人提供营运资金，并从中收取手续费。第一批银行家最初使用自己的资金完成经营活动，以后，从富人处获取临时的担保贷款成为其重要的资金来源，并且冒着极大的风险，以6%~48%的利率向商人、货主、地主提供贷款。这些最早期的银行主要由希腊人经营。后来，银行业逐渐从文明古国希腊和罗马向外转到西欧与北欧。随着15~17世纪陆上贸易的发展和航海能力的提高，世界商业中心从地中海地区转移到欧洲和大不列颠群岛，在那里，银行业成为核心产业。1694年，英国政府决定成立一家股份制银行，即英格兰银行，并规定其向工商企业发放低利率贷款以支持工商业发展。它的出现标志着现代银行制度的形成以及商业银行的产生。

中国的银行出现较晚，尽管早在几百年前的钱庄、票号及当铺等就有类似银行的业务，但真正意义的银行是鸦片战争后纷纷进入中国的外国银行，其中最早的一家可追溯到1845年英国丽如银行在广州开设的分行。1897年，清政府为了摆脱外国银行的支配，在上海成立了中国通商银行，从而标志着中国现代银行的产生。

中国主要商业银行成立的时间如下表：

名称	成立时间	名称	成立时间
工商银行	1984 年	中信银行	1987 年
农业银行	1951 年	光大银行	1992 年
中国银行	1912 年	民生银行	1996 年
建设银行	1954 年	浦东发展银行	1993 年
交通银行	1987 年	渤海银行	1996 年
中国邮政储蓄银行	2007 年	深圳发展银行	1987 年
招商银行	1987 年	广东发展银行	1988 年
兴业银行	1988 年	浙商银行	2004 年
华夏银行	1992 年	恒丰银行	1987 年

60. 商业银行和投资银行有什么区别？

投资银行是主要从事证券发行、承销、交易、企业重组、兼并与收购、投资分析、风险投资、项目融资等业务的银行金融机构，是资本市场上的主要金融中介。在中国，投资银行的主要代表有中国国际金融有限公司、中信证券等。一般的投资银行主要从事证券市场业务，不经营传统的商业银行业务，也不直接面向居民个人开展业务。

商业银行和投资银行的主要区别如下表：

项目	商业银行	投资银行
本源业务	存贷款	证券承销
功能	间接融资，并侧重短期融资	直接融资，并侧重长期融资
业务概貌	表内与表外业务	无法用资产负债表反映
主要利润来源	存贷款利差	佣金
经营方针与原则	追求收益性、安全性、流动性三者结合，坚持稳健原则	在控制风险前提下更注重开拓
监管部门	中央银行	主要是证券管理机构
风险特征	一般情况下，存款人面临的风险较小，商业银行风险较大	一般情况下，投资人面临的风险

61. 中国的商业银行有哪些主要类型？国有大型商业银行和中小商业银行有什么特点？

中国现有的商业银行体系主要包括国有大型商业银行、中小商业银行、农村金融机构、中国邮政储蓄银行。其中农村金融机构包括农村信用社、农村商业银行、农村合作银行、村镇银行和农村资金互助社、贷款公司。

（1）国有大型商业银行。

主要包括中国工商银行、中国农业银行、中国银行、中国建设银行和交通银行。其中，1986年7月24日，作为金融改革试点，国务院批准重新组建交通银行。1987年4月1日，重新组建后的交通银行正式对外营业，成为中国第一家全国性的国有股份制商业银行。这些商业银行实行分支行制的组织结构模式，具体又分为两种情况：一是中国银行实行总行制，总行除负有指挥管理各分支行的职责外，还和各分支机构一样经营具体业务；二是中国工商银行、中国农业银行、中国建设银行和交通银行实行分层次的总管理处制，这四家银行的总行不直接经营各项业务活动，只在业务和内部管理方面对基层行加以控制和指导，而在总管理处所在地另设对外营业的分行或营业部。

（2）中小商业银行。

中小商业银行包括股份制商业银行和城市商业银行两大类：

股份制商业银行伴随着国民经济快速发展历经了从无到有、从小到大的成长过程。中国在1987年重新组建交通银行后，陆续成立了中国光大银行、招商银行、华夏银行、兴业银行、中国民生银行、中信银行等一批股份制商业银行。它们按经济区划和业务发展需要设立分支机构，实行分支行制。

城市商业银行是在原城市信用合作社的基础上组建起来的。1995年，经国务院批准，在一些城市信用社基础上组建了140多家城市商业银行。最初，城市商业银行基本上采用属地城市制，地方财政占控股地位，经过长期的发展已经成为中国商业银行体系的重要组成部分。

国有大型商业银行具备的特点如下：所有的资本都是由国家投资的，是国有金融企业，是中国银行体系的主体。无论在人员、机构网点数量，还是资产规模及市场占有份额上，国有大型商业银行都处于垄断地位，对中国经济金融的发展起着举足轻重的作用。

中小商业银行的特点在于：分支机构较少，有的甚至不设分行；经营地区范围狭小，经营业务也不具有全面性、综合性特点，主要为特定客户群提供服务。中小银行不能像大银行那样发行债券取得低成本资金，主要依靠当地居民与企业存款作为资金来源，同时也主要通过弥补大银行服务的空白领域，为当地居民和企业提供金融服务从而获得稳定的客户基础。

62. 什么是邮政储蓄银行？它的设立条件及其作用有哪些？

中国邮政储蓄银行于 2007 年 3 月 20 日正式挂牌成立，是在改革邮政储蓄管理体制的基础上组建的商业银行。中国邮政储蓄银行承继原国家邮政局、中国邮政集团公司经营的邮政金融业务及因此而形成的资产和负债。2012 年 2 月 27 日，中国邮政储蓄银行发布公告称，经国务院同意，中国邮政储蓄银行有限责任公司于 2012 年 1 月 21 日依法整体变更为中国邮政储蓄银行股份有限公司。

中国邮政储蓄银行的作用主要体现在其将进一步拓展业务范围，向城乡居民提供小额信贷、消费信贷、信用卡、投资理财、企业结算等更丰富的金融服务。它坚持服务"三农"、服务中小企业、服务城乡居民的大型零售商业银行定位，发挥邮政网络优势，强化内部控制，合规稳健经营，为广大城乡居民及企业提供优质金融服务，实现股东价值最大化，支持国民经济发展和社会进步。

63. 什么是农村信用社？

农村信用社是经中国银行业监督管理委员会批准设立，由社员入股组成，实行社员民主管理，主要为社区社员提供金融服务的农村合作金融机构。农村信用社按照"明晰产权关系、强化约束机制、增强服务功能、国家适当扶持、省级地方政府负责"的改革方案在全国铺开，并先后在各省市成立了省级农村信用社联合社，负责全省市农村信用社的"管理、指导、协调、服务"。改革后的农村信用社主要有以下 3 种模式：农村信用社、农村商业银行和农村合作银行。

64. 什么是农村商业银行？什么是农村合作银行？

农村商业银行是由辖内农民、农村工商户、企业法人和其他经济组织共同入股组成的股份制的地方性金融机构。

农村合作银行是由辖内农民、农村工商户、企业法人和其他经济组织入股，在合作制的基础上，吸收股份制运作机制组成的股份合作制的社区性地方金融机构。

2001 年 11 月 29 日全国第一家农村商业银行——张家港市农村商业银行正式成立。2003 年 4 月 8 日中国第一家农村合作银行宁波鄞州农村合作银行正式挂牌成立。

65. 什么是村镇银行？

村镇银行就是指为当地农户或企业提供金融服务的银行机构。区别于银行的分支机构，村镇银行属一级法人机构。

2007 年，国家放宽农村地区银行业金融机构准入政策的试点，允许设立村镇银行，并发布了《关于加强村镇银行监管的意见》，要求村镇银行牢固树立服务县域、服务"三农"的宗旨，禁止村镇银行跨县（市）发放贷款和吸收存款。村镇银行的设立标志着一类崭新的农村银行业金融机构在中国农村地区正式诞生，进一步丰富了中国商业银行体系。

66. 商业银行的资本构成是怎样的？

商业银行资本是银行从事经营活动必须注入的资金。是金融管理部门实施控制的工具。银行面临的风险越大,资产增长越快,所需的资本量就越多。商业银行的资本构成可分为核心资本和附属资本两个大类。

(1) 核心资本:包括实收资本、资本公积、盈余公积、未分配利润。

实收资本,按照投入主体不同,分为:国家资本金、法人资本金、个人资本金和外商资本金。资本公积,包括股票溢价、法定资产重估增值部分和接受捐赠的财产等形式所增加的资本。它可以按照法定程序转增资本金。盈余公积是商业银行按照规定从税后利润中提取的,是商业银行自我发展的一种积累,包括法定盈余公积金(达到注册资本金的50%)和任意盈余公积金。未分配利润是商业银行实现的利润中尚未分配的部分,在其未分配前与实收资本和公积金具有同样的作用。

(2) 附属资本:商业银行的贷款呆账准备金、坏账准备金、投资风险准备金、5年及5年期以上的长期债券。

贷款呆账准备金是商业银行在从事放款业务过程中,按规定以贷款余额的一定比例提取的,用于补偿可能发生的贷款呆账随时的准备金。坏账准备金是按照年末应收账款余额的3‰提取,用于核销商业银行的坏账款损失。投资风险准备金则根据规定按上年末投资余额的3‰提取,如达到上年末投资余额的1%时可实行差额提取。5年及5年以上的长期债券属于金融债券的一种,是由商业银行发行并还本付息的资本性债券,用来弥补商业银行的资本金不足。

67. 什么是商业银行的资产负债管理?它遵循哪些原则?

资产负债管理是指商业银行在业务经营过程中,对各类资产和负债进行预测、组织、调节和监督的一种经营管理方式,以实现资产负债总量上平衡、结构上合理,从而达到最大盈利的目的。其内涵如下:一是风险限额下的一种协调式管理,如承担多大风险及风险计量,利率结构、期限结构、币种选择等。二是前瞻性的策略选择管理,如科学测算成本和收益,将风险量化为成本,提出资本分配的解决方案。在具体管理过程中,主要遵循以下原则:

(1) 总量平衡原则:要求银行的资产规模和负债规模相互对称,

统一平衡。

（2）结构对称原则：指资产与负债在以资金为表现形式的运动中要保持对称状态，如期限、种类、利率等结构合理。

（3）目标相互替代原则：指在安全性、流动性、盈利性三个经营目标之间进行合理组合，相互替代，而使银行总效用不变。

（4）资产分散化原则：指在进行资金分配时，应当尽量将证券和贷款的种类分散，避免资金集中于某种证券或贷款上。

68. 什么是商业银行的"骆驼"（CAMELS）原则？

20世纪70年代初，美国的金融监管当局在审查银行资本适度性时，主要考虑银行的以下因素：（1）经营管理质量；（2）资产流动性；（3）以往的收益状况及收益保留额；（4）银行股东的特点和资信；（5）营业费用的数量；（6）存款结构的潜在变化；（7）经营活动的效率；（8）当地市场行情。后来，这些因素的大部分被归纳为著名的"银行骆驼评级制度"（即CAMELS原则），其中：C（capital）代表资本。商业银行最主要的资本形式因产权组织形式不同而有所差异。股份制商业银行资本的主要形式是股本。A（asset）代表资产。商业银行资产的品质是政府监管部门关注的一个问题。监管人员通过检查资产规模、结构和银行的工作程序等，获得对该银行的总体评价。M（management）代表管理。用以评价银行管理人员包括董事会成员的品质和业绩。在相同条件下经营的银行，其成功或失败在很大程度上取决于管理者的管理能力。E（earning）代表收益。银行的盈利能力主要由银行的资产收益率和资本收益率来衡量。重要的是这两个指标要进行同行的比较才有意义。L（liquidity）代表清偿能力。用来衡量银行满足提款和借款需求又不必出售其资产的能力。政府监管主要是评价银行当前的清偿能力以及未来的变化趋势。S（sensitivity to market risk）代表银行对市场风险的敏感程度。用来衡量银行管理利率风险、外汇风险等市场风险的能力。

69. 商业银行的资金头寸和资金头寸调度分别是什么含义？

商业银行的资金头寸是指商业银行能够运用的资金。它包括时点头寸和时期头寸两种。时点头寸是指银行在某一时点上的可用资金；时期头寸是指银行在某一时期的可用资金，由基础头寸和可用头寸所构成。

所谓基础头寸是指商业银行的库存现金与在中央银行的超额准备金之和；可用头寸是指商业银行一定时期可以动用的全部资金，它包括基础头寸和银行存放同业的存款。银行的可用头寸实际上包含两个方面的内容：一是可用于应付客户提存和满足债权债务清偿需要的头寸；二是可贷头寸。

资金头寸调度指在正确预测资金头寸变化趋势的基础上，及时灵活地调节头寸余缺，以保证在资金短缺时，能以最低的成本和最快的速度调入所需的资金；反之，在资金头寸多余时，能及时调出头寸，并保证调出资金的收入能高于筹资成本，从而获得较高的收益。

70. 什么是商业银行的同业拆借？它与商业银行的同业存款有什么区别？

同业拆借是指银行之间的短期资金融通。主要用于支持日常性的资金周转，它是商业银行为解决短期资金余缺，调剂法定准备金头寸而融通资金的重要渠道。同业拆借的实现一般是通过商业银行在中央银行的存款账户进行的，实际上是超额准备金的调剂，因此又称中央银行基金，在美国则称之为联邦基金。同业拆借的利率一般是以高于存款利率、低于短期贷款利率为限。但拆借利率应略低于中央银行的再贴现率，这样能迫使商业银行更多地面向市场借款，有利于央行控制基础货币的供应。中国对同业拆借的资金用途有着严格的规定，拆入的资金只能用于解决临时性的资金困难，而不能将其用于弥补信贷缺口，长期占用，更不能把拆借资金用于固定资产投资。拆出的资金以不影响存款的正常提取和转账为限。商业银行拆借额度的确定必须立足于自身的承受能力。拆借资金余额与各项存款相比不得超过 4%，拆出资金与各项存款余额相比不得超过 8%。

同业存款是指本行存放在其他银行的短期资金。银行之间开展代理业务，需要花费一定的成本，商业银行在其代理行保持一定数量的活期存款，主要目的就是为了支付代理行代办业务的手续费。而手续费的支付，直接来源于同业存款的投资收益。

71. 存款有哪几种分类？分别是什么含义？

按照存款的期限长短不同可以分为活期存款和定期存款。活期存款是指可由存户随时存取和转让的存款，它没有确切的期限规定，银行也无权要求客户取款时做事先的书面通知。定期存款是客户和银行预先约定存款期限的存款。存款期限在美国最短为 7 天，在中国通常为 3 个月、6 个月和 1 年不等，期限长的则可达 5 年。利率视期限长短而高低不等，但都要高于活期存款。

按照存款的对象不同可以分为对公存款和对私存款。对公存款是指银行面向企业、机关、团体、学校等单位设立的存款账户。银行对以上单位提供的对公存款按照支付方式不同，又可以分为定期存款、活期存款和其他存款。对私存款主要是银行面向居民个人所提供的储蓄存款。储蓄存款一般是个人为积蓄货币和获得利息而开立的存款账户。它也有定期和活期之分。其中，定期储蓄存款通常由银行发给储户存折或存单，以此作为存款和提取的凭证。活期储蓄存款可以不用存折，直接通过银行卡进行存取，形式更加方便灵活。

72. 商业银行的票据贴现和转贴现分别有什么含义？

票据贴现是贷款的一种特殊方式。它是指银行应客户的要求，以现款或活期存款买进客户持有的未到期商业票据的方式发放的贷款。票据贴现实行预扣利息，票据到期后，银行可向票据载明的付款人收取票款。如果票据合格，且有信誉良好的承兑人承兑，这种贷款的安全性和流动性就较好。

票据转贴现是指银行为了取得资金，将未到期的已贴现商业汇票再以卖断方式向另一金融机构转让的票据行为，是金融机构之间融通资金的一种方式。

按出票人不同，票据贴现业务又可分为银行承兑汇票贴现和商业承兑汇票贴现。前者是指由承兑申请人签发并向开户银行申请，经银行审查同意承兑的商业汇票。商业承兑汇票是指经银行审核有商票承诺贴现专项授信额度的客户承兑的、在指定日期无条件支付确定金额给收款人或持票人的商业汇票。

73. 商业银行的流动资金贷款指什么？

流动资金贷款是指银行向借款人发放的用于正常生产经营周转或临时性资金需要的本外币贷款，主要用于满足借款人正常生产经营过程中为耗用或销售而储存的各类存货、季节性物资储备等生产经营周转性或临时性资金需要。

按期限可分为：临时贷款、短期贷款和中期贷款。

（1）临时贷款是指期限在3个月（含）以内，主要用于企业一次性进货的临时性资金需要和弥补其他支付性资金不足。

（2）短期贷款是指期限3个月至1年（不含3个月，含1年），主要用于企业正常生产经营中周期性、季节性资金的需要。

（3）中期贷款是指期限1~3年（不含1年，含3年），主要用于企业正常生产经营中经常占用的、长期流动性资金需要。

按向客户提供贷款的形式可分为整贷整偿、整贷零偿、循环贷款和法人账户透支四种形式。

（1）整贷整偿是指客户一次性提取全部贷款，贷款到期时一次还清全部贷款本息。这种贷款是流动资金贷款中最常见的形式。

（2）整贷零偿是指客户一次性提取全部贷款，但分期偿还贷款的本金和利息。

（3）循环贷款是指银行与借款人一次性签订贷款合同，在合同规定的有效期内，允许借款人多次提取、逐笔归还、循环使用。

（4）法人账户透支是指根据客户申请，核定账户透支额度，允许其在结算账户存款不足以支付时，在核定的透支额度内直接透支取得信贷资金的一种借贷方式。

2010年，银监会发布并施行了《流动资金贷款管理暂行办法》《个人贷款管理暂行办法》《固定资产贷款管理暂行办法》《项目融资业务指引》（并称"三个办法一个指引"），初步构建和完善了中国银行业金融机构的贷款业务法规框架。"三个办法一个指引"的实施将商业银行贷款管理流程从原先的贷前、贷时、贷后三个管理环节转变为贷款受理、调查、风险评价、贷款审批、签约、发放、支付、后管理和资产处置九大环节，根据企业提供的真实完善的合同，采用实贷实付和受托支付的原则，控制贷款资金流向，严格贷后管理，推动银行业全流程管理的贷款管理模式的转变。

74. 什么是个人循环贷款？

个人循环贷款是指对最高额抵（质）押担保方式下的个人贷款赋予循环功能，借款人在循环借款合同约定的循环额度及其使用期限内，可多次提款、循环使用。目前个人房屋抵押贷款、个人经营贷款及个人质押贷款均可在单一品种下申请循环使用功能。

个人循环贷款将借记卡与个人循环贷款相联结，以借记卡作为支付介质，在卡贷通业务最高循环额度及使用有效期内，通过商户POS、电子银行渠道、自助设备及银行柜面办理消费、转账时，若卡内基本账户余额不足，系统实时触发贷款功能，将用款差额部分发放至卡内基本账户，连同自有资金一并支付，实现贷款额度的循环使用。

75. 什么是个人留学质押贷款？

个人留学贷款是指贷款银行向出国留学人员或其直系亲属或其配偶

发放的，用于支付出国留学人员学费、基本生活费等必须费用的个人贷款。

贷款对象仅限于留学人员在国（境）内的父母、配偶。个人留学贷款的贷款期限一般在6个月到5年，最长不超过6年；同时需提供贷款银行认可的财产抵押、质押或第三人保证方式作为贷款担保条件；贷款利率按照中国人民银行规定的同期同档次贷款利率执行，一般没有利率优惠。

贷款流程：提出贷款申请→银行审查同意→签订借款合同→办妥放款手续→银行发放贷款→借款人按约还款。

76. 什么是网络联保贷款？

网络联保贷款就是指通过阿里巴巴的电子商务平台进行电子商务交易的三家或者是三家以上网络信用良好的注册企业会员组成一个共同的联保群，通过内部协商一致，群内所有企业承担贷款偿还的连带责任，以阿里巴巴为中介，一起向银行申请贷款，银行以企业的网上交易记录网络信用向企业发放无抵押信用贷款。网络联保贷款的联保群是一个利益共享责任共担的团体，企业不再需要抵押质押自己的资产，只要缔结联保群协议，承诺在成员企业无法还贷时，联保群中的其他企业必须共同代为还贷，就能豁免抵押之苦。为了能让中小企业发展得更快更好，阿里巴巴一直努力为中小企业解决资金困难的问题，银行也希望通过和阿里巴巴的合作，以网络联保贷款这种创新的贷款模式，帮助和扶持更多诚信有发展前途的中小企业。

根据协议，"网络银行"的贷款对象为通过阿里巴巴网络平台贸易的中小企业，它将网络信用作为客户评价授信的重要依据，产品包括"电子商务联贷联保""电子商务大买家供应商融资""电子商务速贷通"三类产品。上述三家公司将各出资2000万元共同组建风险池，对网络银行业务项下的信贷业务进行风险补偿，从而在合理平衡风险收益基础上缓释网络银行信贷业务风险。

77. 什么是银团贷款？

银团贷款又称为辛迪加贷款，是指由获准经营贷款业务的一家或数家银行牵头，多家银行与非银行金融机构参加而组成的银行集团采用同一贷款协议，按商定的期限和条件向同一借款人提供融资的贷款方式。国际银团是由不同国家的多家银行组成的银行集团。服务贷款的对象多为有巨额资金需求的大中型企业、企业集团和国家重点建设项目。

78. 什么是贸易融资？

贸易融资作为银行的业务之一，是指银行对进口商或出口商提供的与进出口贸易结算相关的短期融资或信用便利。境外贸易融资业务，是指在办理进口开证业务时，利用国外代理行提供的融资额度和融资条件，延长信用证项下付款期限的融资方式。

79. 什么是资金池业务？

资金池也称现金总库，最早是由跨国公司的财务公司与国际银行联手开发的资金管理模式，以统一调拨集团的全球资金，最大限度地降低集团持有的净头寸。用于企业间资金管理的自动调拨工具，其主要功能是实现资金的集中控制，也是将多个账户余额通过转账机制，使资金在账户间进行实质性转移和集中安排。

资金池业务主要有两种基本类型：资金合流或资金归集和名义利息合计。资金合流指的是零余额机制或目标余额机制，所有参与公司现金余额盈余部分被上划至集团公司，集团公司将归集后的资金弥补现金余额赤字的参与公司。名义利息合计指的是各参与公司的银行账户不发生资金划拨，将参与公司现金余额盈余的部分来抵补那些现金余额赤字的参与公司，银行按抵补后的综合余额支付利息或计付存款利息。

在资金池框架内，集团公司和其子公司是委托借款人和借款人。子公司在池里透支是贷款，要付息；相反，在池里存款是放款要收取利息。所以，现金池使集团与商业银行形成了紧密的战略联盟关系，具有独特的管理功效。即使通过结算中心或财务公司来进行资金管理的集团，也应该再导入现金池模式，使集团资金管理制度和流程更具效率。

80. 什么是个人网贷通？

个人网贷通是指客户通过网上银行、柜面等渠道提交贷款申请，经审批通过并与银行签订个人借款最高额担保合同及个人网络循环借款合同后，通过网银渠道自助循环提款的个人贷款。个人网贷通的特点是一次抵押、循环授信、自助申请、自助提款、自助还款、渠道方便。个人网贷通的贷款循环额度最高不超过抵押房产价值的70%。循环额度使用期限最长不得超过2年，且循环额度使用期限到期日须在最高额担保合同约定的债权确定期间之内。其贷款利率按照中国人民银行及总分行相关规定执行。个人网贷通在循环额度使用期限内，借款人可通过网上银行在循环额度内自助提取贷款。单笔提款时，需准确录入与贷款用途相匹配的收款人户名及账号，并可划入本人或第三人工行本地个人或对公账户。单笔提款额度超过30万元的，贷款资金不得划入借款人本人及其配偶的个人账户。单笔提款金额和期限按对应贷款品种的规定执行。个人网贷通借款人可通过网上银行渠道自助办理提前还款。若通过网上银行发起提前还款申请的，应确保在申请当时还款账户中已足额存入还款资金。

81. 什么是商业银行的抵押贷款？对抵押物的规定有哪些？

抵押贷款是指银行凭借款人（债务人）或第三方提供的财产抵押而向借款人发放的贷款。债务人或者第三人为抵押人，债权人为抵押权人，提供担保的财产为抵押财产。

依据《中华人民共和国物权法》（2007年10月1日起施行），债务人或者第三人有权处分的下列财产可以抵押：（1）建筑物和其他土地附着物；（2）建设用地使用权；（3）以招标、拍卖、公开协商等方式取得的荒地等土地承包经营权；（4）生产设备、原材料、半成品、产品；（5）正在建造的建筑物、船舶、航空器；（6）交通运输工具；（7）法律、行政法规未禁止抵押的其他财产。

下列财产不得抵押：（1）土地所有权；（2）耕地、宅基地、自留地、自留山等集体所有的土地使用权，但法律规定可以抵押的除外；（3）学校、幼儿园、医院等以公益为目的的事业单位、社会团体的教育设施、医疗卫生设施和其他社会公益设施；（4）所有权、使用权不明或者有争议的财产；（5）依法被查封、扣押、监管的财产；（6）法律、行政法规规定不得抵押的其他财产。

82. 什么是商业银行的质押贷款？对质押权的相关规定有哪些？

质押贷款是指借款人（债务人）或者第三人将其动产或权利凭证移交贷款行占有或对权利进行有效登记，贷款行以上述动产或权利作为贷款的担保而向借款人发放的贷款。包括动产质押和权利质押。债务人或者第三人为出质人，债权人为质权人，交付的动产为质押财产。

债务人或者第三人有权处分的下列权利可以出质：（1）汇票、支票、本票；（2）债券、存款单；（3）仓单、提单；（4）可以转让的基金份额、股权；（5）可以转让的注册商标专用权、专利权、著作权等知识产权中的财产权；（6）应收账款；（7）法律、行政法规规定可以出质的其他财产权利。

对质押权的相关规定主要来自于《物权法》和《担保法》。

83. 什么是中长期贷款？什么是短期贷款？

中长期贷款又可称为项目贷款，是指商业银行发放的，用于借款人新建、扩建、改造、开发、购置等固定资产投资项目的贷款，房地产贷款也属于项目贷款范畴，但所执行的政策不同于项目贷款。

短期贷款是指中国银行或其他金融机构向企业发放贷款的一种形式,期限在1年以下(含1年)。中国目前的短期借款按照目的和用途分为流动资金借款、临时借款、结算借款等;按照借款方式的不同,还可以分为保证借款、抵押借款、质押借款、信用借款。

84. 什么是商业银行的消费贷款?

消费贷款是指银行为满足个人在购买汽车、耐用消费品、教育、医疗等方面的消费而发放的贷款。它的贷款对象是个人,而个人的收入是未来偿还贷款的保障。相比较而言,银行对个人未来财务状况的可控性比不上对借款企业的可控性。因此,银行需严格按照操作程序,按规定的条件发放个人消费贷款,重点要对借款人的资信状况进行审查,同时,对其中的一些消费贷款,要求提供抵押品或保证人。

85. 住房按揭贷款是怎么回事?

住房按揭贷款是指贷款人向借款人发放的用于购买自用普通住房的贷款。贷款人在发放该项贷款时,借款人必须已交付规定比例的首期购房款,并以所购住房作抵押,在所购住房房地产权证未颁发且办妥住房抵押登记之前,由售房商提供连带责任保证,并承担回购义务的一种贷款方式。由于期限较长,在贷款期内,银行难以预料利率的变化,因此通常采用浮动利率方式计算。目前,中国出台了《中国人民银行住房贷款管理办法》,规定个人住房贷款最长期限为20年,贷款利率按照贷款期限的不同在同期存款利率的基础上加上人民银行规定的点数,期限越长,贷款的利率越高。同时,中国还规定,贷款最高金额不得超过住房全部价值的80%,一般来说,借款人首付款的比例至少应不低于30%。

86. 什么是商业银行的贷款出售?它与贷款证券化有什么区别?

贷款出售是指商业银行在贷款形成之后,将贷款债权出售给第三

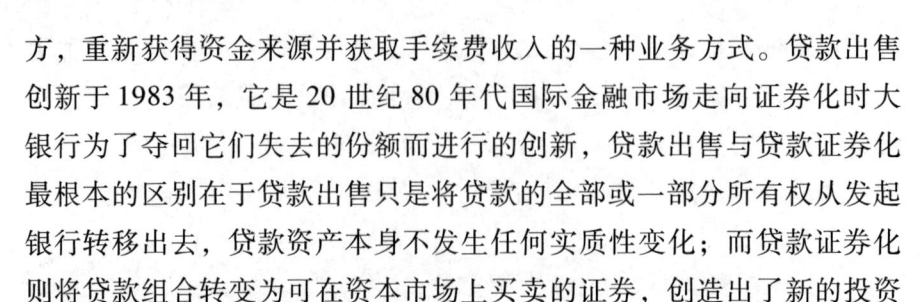

方，重新获得资金来源并获取手续费收入的一种业务方式。贷款出售创新于 1983 年，它是 20 世纪 80 年代国际金融市场走向证券化时大银行为了夺回它们失去的份额而进行的创新，贷款出售与贷款证券化最根本的区别在于贷款出售只是将贷款的全部或一部分所有权从发起银行转移出去，贷款资产本身不发生任何实质性变化；而贷款证券化则将贷款组合转变为可在资本市场上买卖的证券，创造出了新的投资工具，资产性质发生了变化。

87. 什么是商业银行的贷款五级分类？

1998 年 5 月，中国人民银行参照国际惯例，结合中国国情，制定了《贷款分类指导原则》，要求商业银行依据借款人的实际还款能力进行贷款质量的五级分类，即按风险程度将贷款划分为五类：正常、关注、次级、可疑、损失，后三种为不良贷款。

（1）正常贷款：借款人能够履行合同且一直能正常还本付息，不存在任何影响贷款本息及时全额偿还的消极因素，银行对借款人按时足额偿还贷款本息有充分把握，贷款损失的概率为零。

（2）关注贷款：尽管借款人目前有能力偿还贷款本息，但存在一些可能对偿还产生不利影响的因素，如这些因素继续下去，借款人的偿还能力受到影响，贷款损失的概率不会超过 5%。

（3）次级贷款：借款人的还款能力出现明显问题，完全依靠其正常营业收入无法足额偿还贷款本息，需要通过处分资产或对外融资乃至执行抵押担保来还款付息。贷款损失的概率在 30%～50%。

（4）可疑贷款：借款人无法足额偿还贷款本息，即使执行抵押或担保，也肯定要造成一部分损失，只是因为存在借款人重组、兼并、合并、抵押物处理和未决诉讼等待定因素，损失金额的多少还不能确定，贷款损失的概率在 50%～75%。

（5）损失贷款：指借款人已无偿还本息的可能，无论采取什么措施和履行什么程序，贷款都注定要损失了，或者虽然能收回极少部分，但其价值也是微乎其微，从银行的角度看，也没有意义和必要再将其作为银行资产在账目上保留下来,对于这类贷款在履行了必要的法律程序之后应立即予以注销,其贷款损失的概率在75%~100%。

88. 什么是商业银行的不良贷款率和不良资产率?

不良贷款率指金融机构不良贷款占总贷款余额的比重。不良贷款是指在评估银行贷款质量时,把贷款按风险基础分为正常、关注、次级、可疑和损失五类,其中后三类合称为不良贷款。因此,不良贷款率计算公式如下:不良贷款率=(次级类贷款+可疑类贷款+损失类贷款)÷各项贷款×100%。不良贷款率高,说明金融机构收回贷款的风险大;不良贷款率低,说明金融机构收回贷款的风险小。

不良资产比率=年末不良资产总额/年末资产总额×100%
其中,年末不良资产总额是指企业资产中存在问题、难以参加正常生产经营运转的部分,主要包括三年以上应收账款、其他应收款及预付账款,积压的存货、闲置的固定资产和不良投资等的账面余额,待处理流动资产及固定资产净损失,以及潜亏挂账和经营亏损挂账等。数据取值于"基本情况表"。年末资产总额指企业资产总额的年末数。

89. 什么是商业银行的流动性比率?

资产流动性比率(流动性资产与流动性负债的比率)是银监会对商业银行进行风险监管的第一个指标和商业银行进行风险等级评定的重要组成部分,也是反映商业银行资产流动性强弱的指标,对监督和评价商业银行的资产流动状况,考核银行是否具备足够的资金储备以防范市场风险具有重要意义。在监管范围(流动性比率≥25%)内,该比率越高,表明资产的流动性越好。

90. 存贷比率指什么?

存贷款比率是指将银行的贷款总额与存款总额进行对比。从银行盈利的角度讲,存贷比越高越好,因为存款是要付息的,即所谓的资金成本,如果一家银行的存款很多,贷款很少,就意味着它成本高,收入少,而银行的盈利能力就较差。从银行抵抗风险的角度讲,存贷比例不宜过高,因为银行还要应付广大客户日常现金支取和日常结算,需要银行留有一定的库存现金存款准备金(就是银行在央行或商业银行的存款),如存贷比过高,这部分资金就会不足,会导致银行的支付危机。如银行因支付危机而倒闭,也会损害存款人的利益。

91. 什么是商业银行的中间业务？它主要包括哪些内容？

随着中国市场经济和金融体制改革的深入发展,商业银行以经济资本为核心的风险与效益约束机制,以及以利润为最佳实现目标的综合经营发展模式正在逐步形成。巨额的存贷利差一直是中国商业银行盈利的基础。然而,随着中国利率市场化进程的逐步推进,银行业竞争愈益激烈,商业银行仅靠获得传统的存贷利差收入很难保持长期竞争力,因此需要大力发展中间业务。中间业务收入稳定,风险度低,它和负债业务、资产业务一起构成商业银行业务的三大支柱。

中间业务是指商业银行在资产业务和负债业务的基础上,不运用或少运用银行的资产,以中间人或者代理人的身份为客户办理代理、委托、担保和信息咨询等委托事项,提供各类金融服务并从中收取手续费或者佣金的业务。由于商业银行在办理这些业务的过程中,不直接作为信用活动的一方出现,不涉及自己的资产与负债运用,业务的发生一般不在资产负债表中反映,商业银行的资产、负债总额不受影响,所以称为中间业务。

按照中国人民银行的分类方法,商业银行中间业务可以分为以下九大类：

(1)支付结算类中间业务。支付结算类中间业务,指由商业银行为客户办理因债权债务关系引起的与货币支付、资金划拨有关的收费业务,如支票结算、进口押汇、承兑汇票等。

(2)银行卡业务。银行卡业务,是由经授权的金融机构向社会发行的具有消费信用、转账结算、存取现金等全部或部分功能的信用支付工具。银行卡业务如卡转账、卡消费等。

（3）代理类中间业务。代理类中间业务，指商业银行接受客户委托、代为办理客户指定的经济事务、提供金融服务并收取一定费用的业务，包括代理政策性银行业务、代收代付款业务、代理证券业务、代理保险业务、代理银行卡收单业务等。

（4）担保类中间业务。担保类中间业务，指商业银行为客户债务清偿能力提供担保，承担客户违约风险的业务。包括银行承兑汇票、备用信用证、各类保函等。

（5）承诺类中间业务。承诺类中间业务，是指商业银行在未来某一日期按照事前约定的条件向客户提供约定信用的业务，包括贷款承诺、透支额度等可撤销承诺和备用信用额度、回购协议、票据发行便利等不可撤销承诺两种。

（6）交易类中间业务。交易类中间业务，指商业银行为满足客户保值或自身风险管理的需要，利用各种金融工具进行的资金交易活动，主要包括金融衍生业务，如远期合同、金融期货、金融期权、互换业务等。

（7）基金托管业务。基金托管业务，是指有托管资格的商业银行接受基金管理公司委托，安全保管所托管的基金的全部资产，为所托管的基金办理基金资金清算款项划拨、会计核算、基金估值、监督管理人投资运作。包括封闭式证券投资基金托管业务、开放式证券投资基金托管业务和其他基金的托管业务。

（8）咨询顾问类业务。咨询顾问类业务，是商业银行依靠自身在信息和人才等方面的优势，收集和整理有关信息，结合银行和客户资金运动的特点，形成系统的方案提供给客户，以满足其经营管理需要的服务活动，主要包括财务顾问和现金管理业务等。

（9）其他中间业务。包括保管箱业务以及其他不能归入以上八类的业务。

92. 什么是商业银行的表外业务？它分为哪些种类？

表外业务是指商业银行所从事的，按照通行的会计准则不列入资产负债表内，不影响其资产负债总额，但能影响银行当期损益，改变银行资产报酬率的经营活动。表外业务有狭义和广义之分。

（1）狭义的表外业务指那些未列入资产负债表，但同表内资产业务和负债业务关系密切，并在一定条件下会转为表内资产业务和负债业务的经营活动。通常把这些经营活动称为或有资产和或有负债，它们是有风险的经营活动，应当在会计报表的附注中予以揭示。

（2）广义的表外业务除了包括狭义的表外业务，还包括结算、代理、咨询等无风险的经营活动，所以广义的表外业务是指商业银行从事的所有不在资产负债表内反映的业务。

按照巴塞尔委员会提出的要求，广义的表外业务可分为两大类：一是或有债权（债务），即狭义的表外业务，包括：①贷款承诺，即商业银行在未来某一日期按照事先约定的条件向客户提供约定的信用业务，包括贷款承诺等。这种承诺又可分为可撤销承诺和不可撤销承诺两种。②担保，指商业银行接受客户的委托对第三方承担责任的业务，包括担保（保函）、备用信用证、跟单信用证、承兑等。③金融衍生交易类业务，指商业银行为满足客户保值或自身头寸管理等需要而进行的货币（包括外汇）和利率的远期、掉期、期权等衍生交易业务。④投资银行业务，包括证券代理、证券包销和分销、黄金交易等。二是金融服务类业务，包括：①信托与咨询服务；②支付与结算；③代理人服务；④与贷款有关的服务，如贷款组织、贷款审批、辛迪加贷款代理等；⑤进出口服务，如代理行服务、贸易报单、出口保险业务等。

通常我们所说的表外业务主要指的是狭义的表外业务。

93. 商业银行的农村业务有哪些？

商业银行的农村业务主要是零售业务，包括储蓄存款、按揭贷款、个人消费贷款、借记卡、保管箱等。

商业银行在农村的个人业务始终以服务"三农"、服务县域为己任,能有效满足城乡居民的各类贷款需求,拥有如农户小额信用贷款、农户联保贷款、林权抵押贷款、家电下乡贷款、出国劳务贷款等业务。

商业银行的农村对公业务主要是提供小企业"便捷贷"贷款、小企业"发展贷"贷款、中小企业合同鉴证贷款、中小企业出口退税质押贷款、银行承兑汇票、应收账款质押贷款、固定资产贷款等。

94. 商业银行的国际业务有哪些?

商业银行的国际业务指所有涉及外币或外国客户的活动,包括银行在国外的业务活动,以及在国内所从事的有关国际业务。主要包括以下几类:

(1) 国际结算业务。

①汇款结算业务。汇款是付款人把应付款项交给自己的往来银行,请求银行代替自己通过邮寄的方法,把款项支付给收款人的一种结算方式。银行接到付款人的请求后,收下款项,然后以某种方式通知收款人所在地的代理行,请它向收款人支付相同金额的款项。最后两个银行通过事先的办法,结清两者之间的债权债务。

汇款结算方式一般涉及四个当事人,即汇款人、收款人、汇出行和汇入行。国际汇款结算业务基本上分为三大类,即电汇、信汇和票汇。

②托收结算业务。托收是债权人为向国外债务人收取款项而向其开发汇票,委托银行代收的一种结算方式。

一笔托收结算业务通常有四个当事人,即委托人、托收银行、代收银行和付款人。西方商业银行办理的国际托收结算业务为两大类,一类为光票托收;另一类为跟单托收。

③信用证结算业务。信用证结算方式是指进出口双方签订买卖合同后,进口商主动请示进口地银行向出口商开立信用证,对自己的付款责任作出保证。当出口商按照信用证的条款履行了自己的责任后,

进口商将货款通过银行交付给出口商。

一笔信用证结算业务所涉及的基本当事人有三个，即开证申请人、受益人和开证银行。

（2）担保业务。

在国际结算过程中，银行还经常以本身的信誉为进出口商提供担保，以促进结算过程的顺利进行。目前为进出口结算提供的担保主要有两种形式，即银行保证书和备用信用证。

①银行保证书。银行保证书又称保函，是银行应委托人的请求，向受益人开出的担保被保证人履行职责的一种文件。

②备用信用证。备用信用证是一种银行保证书性质的凭证。它是开证行对受益人开出的担保文件。保证开证申请人履行自己的职责，否则银行负责清偿所欠收益的款项。

（3）国际信贷与投资。

国际信贷与投资是商业银行国际业务中的资产业务。国际信贷与投资与国内资产业务有所不同。这种业务的对象绝大部分是国外借款者。

（4）进出口融资。

商业银行国际信贷活动的一个重要方面，是为国际贸易提供资金融通。这种资金融通的对象，包括本国和外国的进出口商人。

商业银行为进出口贸易提供资金融通的形式很多，主要有几种：进口押汇是指进出口双方签订买卖合同后，进口方请求进口地的某个银行（一般为自己的往来银行），向出口方开立保证付款文件，大多为信用证。然后，开证行将此文件寄送给出口商，出口商见证后，将货物发运给进口商。出口押汇是出口商根据买卖合同的规定向进口商发出货物后，取得了各种单据，同时，根据有关条款，向进口商开发汇票。另外，提供资金融通的方式还有打包放款，票据承兑，出口贷款等。

（5）国际放款。

国际放款由于超越了国界，在放款的对象、放款的风险、放款的方式等方面，都与国内放款具有不同之处。

商业银行国际放款的类型，可以从不同的角度进行划分：①根据放款对象的不同，可以划分为个人放款、企业放款、银行间放款及对外国政府和中央银行的放款。②根据放款期限的不同，可以划分为短期放款、中期放款和长期放款，这种期限的划分与国内放款形式大致相同。③根据放款银行的不同，可以划分为单一银行放款和多银行放款。单一银行放款是指放款资金仅由一个银行提供。

一般来说，单一银行放款一般数额较小，期限较短。多银行放款是指一笔放款由几家银行共同提供，这种放款主要有两种类型：第一，参与制放款；第二，辛迪加放款。

(6) 外汇交易业务。

商业银行的国际业务中，外汇交易业务也是很重要的一部分，它包括：外汇头寸、即期外汇买卖、远期外汇买卖、期权交易、套汇与套利，以及投机等。

95. 什么是商业银行的理财业务？按照管理运作方式可分为哪些种类？

商业银行理财业务是指银行运用各种金融知识、专业技术以及广泛的资金信用等专业优势，根据客户的财务状况和具体要求，向客户提供全方位的、量身定造的个性化金融服务。商业银行除提供一般性信息咨询外，还综合运用各种理财工具如储蓄、银行卡、个人支票、保险箱、外汇、债券等，提出适合的理财方案指导客户如何安排家庭理财，实现家庭财产的最优配置。

理财业务按照管理运作方式不同，分为理财顾问服务和综合理财服务。理财顾问服务，是指商业银行向客户提供的财务分析与规划、投资建议、个人投资产品推介等专业化服务。在理财顾问服务活动中，客户根据商业银行提供的理财顾问服务管理和运用资金，并承担由此产生的收益和风险。综合理财服务，是指商业银行在向客户提供理财顾问服务的基础上，接受客户的委托和授权，按照与客户事先约定的投资计划和方式进行投资和资产管理的业务活动。在综合理财服务活动中，客户授权银行代表客户按照合同约定的投资方向和方式，进行投资和资产管理，投资收益与风险由客户或客户与银行按照约定方式承担。

综合理财服务又分为私人银行业务和理财计划两类：

私人银行业务是指向富裕阶层提供的理财业务，它并不限于为客户提供投资理财产品，还包括利用信托、保险、基金等一切金融工具为客户进行个人理财，维护客户资产在收益、风险和流动性之间的平衡，同时还包括与个人理财相关的一系列法律、财务、税务、财产继承等专业顾问服务。部分国内私人银行业务开户的最低标准为100万元人民币，也有部分银行的最低标准为50万元人民币。

理财计划是指商业银行在对潜在目标客户群分析研究的基础上，针对特定目标客户群开发设计并销售的资金投资和管理计划。理财计划的产品组合中，可以包括储蓄存款产品和结构性存款产品。按照客户获得收益方式的不同，理财计划可以分为保证收益理财计划和非保证收益理财计划。

96. 什么是商业银行的大额可转让定期存单？它是怎样产生的？

大额可转让定期存单亦称大额可转让存款证，是银行印发的一种定期存款凭证，凭证上印有一定的票面金额、存入和到期日以及利率，到期后可按票面金额和规定利率提取全部本利，逾期存款不计息。大额可转让定期存单可流通转让，自由买卖。因此，大额可转让定期存单是一种固定面额、固定期限、可以转让的大额存款凭证。

可转让大额定期存单最早产生于美国。美国的"Q条例"（所谓"Q条例"，即第Q项条例。美联储按照字母顺序排出了一系列条例，如第一项为A项条例。对存款利率进行管制的规则正好是Q项。该条例规定，银行对于活期存款不得公开支付利息，并对储蓄存款和定期存款的利率设定最高限度。后来，"Q条例"变成对存款利率进行管制的代名词。）规定商业银行对活期存款不能支付利息，定期存款不能突破一定限额。20世纪60年代，美国市场利率上涨，高于Q条例规定的上限，资金从商业银行流入金融市场。为了吸引客户，商业银行推出可转让大额定期存单，购买存单的客户随时可以将存单在市场上变现出售。这样，客户实际上以短期存款取得了按长期存款利率计算的利息收入。

97. 什么是商业银行的票据发行便利？它有什么意义？

票据发行便利是指银团承诺在一定期间内（5～7年）对借款人提供一个可循环使用的信用额度，在此限额内，借款人根据本身对资金的需求情况，以自身名义连续地循环地发行一系列短期（如半年期）票券，由银团协助将这些短期票券卖给投资者，取得所需资金，未售出而有剩余的部分则由银团承购，或以贷款方式补足借款人所需资金。

对比其他融资创新而言，由于其所发行的是短期票据，比直接的中期信贷的筹资成本要低；借款人可以较自由地选择提款方式、取用时间、期限和额度等，比中期信贷具有更大的灵活性；短期票据都有发达的二级市场，变现能力强；由于安排票据发行便利的机构或承包银行在正常情况下并不贷出足额货币，只是在借款人需要资金时提供机制把借款人发行的短期票据转售给其他投资者，保证借款人在约定时期内连续获得短期循环资金，这样就分散了风险，投资人或票据持有人只承担短期风险，而承购银行则承担中长期风险，这样就把原由一家机构承担的风险转变为多家机构共同分担，对借款人、承包银行、票据持有人都有好处。

98. 借记卡与信用卡有何不同？

借记卡也叫储蓄卡，"借记"意味着扣除，持卡人消费的付款从自己的银行账户中扣除，持卡人花的是自己账户中的钱，不存在信贷消费。而贷记卡也叫信用卡，"信用"意味着未来支付，持卡人可用自己的信誉获得发卡行一定期限的循环信贷，持卡人借发卡行的钱花，每月付一次账单。信用卡与储蓄卡最本质的区别就在于"信用"与"借记"的差别。

信用卡是否向发卡银行交存备用金分为贷记卡、准贷记卡两类。准贷记卡是指持卡人须先按发卡银行要求交存一定金额的备用金，当备用金余额不足支付时，可在发卡银行规定的信用额度内透支的信用卡，利息从透支之日起算。贷记卡持卡人可在银行给予持卡人的信用额度内消费后还款，使用这种卡时不要求交备用金。准贷记卡账户的存款计利息，贷记卡账户的存款不计利息。

信用卡正面一般有激光防伪标志，借记卡没有；信用卡一定有有效期，借记卡不一定；目前国内的信用卡卡号均为凸印的，借记卡卡号有平面印刷，也有凸印的。

99. 什么是本票、支票和汇票？三者之间有什么联系和区别？

所谓汇票是指出票人签发的，委托付款人在见票时或者在指定日期无条件支付确定的金额给收款人或者持票人的票据。汇票分为银行汇票和商业汇票，而商业汇票中按其承兑人不同，又分为银行承兑汇票和商业承兑汇票。根据《票据法》的规定，汇票的概念一般包括五个方面的内容：(1) 汇票是由出票人签发的；(2) 委托他人进行的一定金额支付的；(3) 票面金额的支付应当是无条件的；(4) 金额的支付应有确定的日期；(5) 票面金额是向收款人或持票人支付。汇票的基本当事人有三个：(1) 出票人，即签发票据的人；(2) 付款人，即接受出票人委托而无条件支付票据金额的人；(3) 收款人，即持有汇票而向付款人请求付款的人。汇款的基本当事人，是指在汇票签发时就已经存在的当事人，他们是汇票关系中必不可少的。

所谓本票，是指由出票人签发的，这里所说的"本票"仅指银行本票。本票和汇票在基本内容上有很多相同之处，即都是以货币表示的；金额是确定的；都必须是无条件支付票面金额的；付款期也是确定的等。本票与汇票最重要的区别是，本票出票人自己担任付款，也就是说，本票的基本当事人只有两个：一个是出票人，也是付款人；另一个是收款人。

所谓支票，是指由出票人签发的，委托办理支票存款业务的银行或者其他金融机构在见票时无条件支付确定的金额给收款人或者持票人的票据。支票与汇票相比较，二者的区别主要体现在两个方面：(1) 支票的出票人必须是银行的存户，而且出票时账户上有足额存款，签发空头支票的，要受到行政处罚，严重的要追究刑事责任，其付款人必须是银行等法定金融机构；(2) 支票的付款方式仅限于见票即付，不规定定期的付款日期，因此，支票的基本当事人有三个：一是出票人，即在开户银行有相应存款的签发票据的人；二是付款人，即银行等法定金融机构；三是收款人，即接受付款的人。

100. 什么是中小企业集合票据？

中小企业集合票据是指2家（含）以上、10家（含）以下具有法人资格的企业，在银行间债券市场以统一产品设计、统一券种冠名、统一信用增进、统一发行注册方式共同发行的，约定在一定期限还本付息的债务融资工具。这里的中小企业，是指国家相关法律法规及政策界定为中小企业非金融企业。

中小企业集合票据的融资要求包括：(1) 规模要求：单个企业拟发行规模2000万元以上，2亿元以下（净资产规模达到5000万元以上）；(2) 盈利要求：发券前，连续两年盈利；(3) 评级要求：企业主体信用评级为BBB级及以上（部分地区的地方性规定），评级结果与发行利率具有相关性；(4) 行业要求：可获得当地政府明确支持（如财政贴息、项目补助优先支持、税收优惠、政府背景担保公司提供担保等）。

101. 什么是企业票据池业务？

企业票据池业务集票据托管、票据质押等功能于一体，帮助企业盘活票据资产。票据池指银行为客户提供商业汇票鉴别、查询、保管、托收等一揽子服务，并可以根据客户的需要，随时提供商业汇票的提取、贴现、质押开票等融资保证企业经营需要的一种综合性票据增值服务。如果说现金管理是银行管理客户资金的高级状态，那么票据池就是银行管理客户票据资源的最高明的手段，客户将其庞大的票据资源"存入"银行，随时可以办理票据的提取、质押及到期的托收等。银行将根据客户为银行创造的综合收益确定是否向客户收费及收费金额。如果办理贴现，银行将提供较为优惠的贴现利率。银行为客户详细记录每个票据信息，建立独立的账册，详细记录票据的状态，便于客户了解该票据的信息，方便银行与客户及时进行核对。

102. 什么是企业网银电子商业汇票？

电子商业汇票是经中国人民银行批准建立的，依托网络和计算机技术，接收、存储、发送电子商业汇票数据电文，提供与电子商业汇票货币给付、资金清算行为等相关服务的业务处理平台。电子商业汇票是指出票人依托电子商业汇票系统，以数据电文形式制作的，委托付款人在指定日期无条件支付确定的金额给收款人或者持票人的票据。

企业网银电子商业汇票业务是指与传统的方式不同，从商业银行的签发承兑、背书流转到托收入账均实现了全程电子化操作、资金实时清算以及业务信息实时查询。

103. 什么是电子商业汇票转贴现？

电子商业汇票转贴现业务是指持有电子商业汇票的金融机构在票据到期日前，通过人行电子商业汇票系统，将票据权利转让给其他金融机构，由其扣除一定的利息后将约定金额支付给持票人的票据行为，是金融机构间融通资金的一种方式，并分为转入和转出两种交易方式。金融机构可灵活调节资产规模，调整信贷结构，提高资产使用效益，降低资产风险。适用于有票据业务经营资质的各级金融机构，包括商业银行、邮政储蓄、其他金融机构等。

104. 什么是第三方支付？

第三方支付是具备一定实力和信誉保障的独立机构，采用与各大银行签约的方式，提供与银行支付结算系统接口的交易支持平台的网络支付模式。在"第三方支付"模式中，买方选购商品后，使用第三方平台提供的账户进行货款支付，并由第三方通知卖家货款到账、要求发货；买方收到货物，并检验商品进行确认后，就可以通知第三方付款给卖家，第三方再将款项转至卖家账户上。第三方支付作为目前主要的网络交易手段和信用中介，最重要的是起到了在网上商家和银行之间建立起连接，实现第三方监管和技术保障的作用。第三方支付平台的出现，从理论上讲，杜绝了电子交易中的欺诈行为。

中国最早的第三方支付企业是成立于 1999 年的北京首信股份公司和上海环迅电子商务有限公司。他们主要为 B2C 网站服务，通过搭建一个公用平台，将成千上万的小商家们和银行连接起来，为商家、银行、消费者提供服务，从中收取手续费。

目前，国内的第三方支付业务模式主要有两类，一类是以支付宝、财付通、盛付通为首的互联网型支付企业，它们以在线支付为主，捆绑大型电子商务网站，迅速做大做强；另一类是以银联电子支付、快钱、汇付天下为首的金融型支付企业，侧重行业需求和开拓行业应用。

在缺乏有效信用体系的网络交易环境中，第三方支付模式的推出，在一定程度上解决了网上银行支付方式不能对交易双方进行约束和监督，支付方式比较单一；以及在整个交易过程中，货物质量、交易诚信、退换要求等方面无法得到可靠的保证；交易欺诈广泛存在等问题。其优势体现在以下几方面：

首先，对商家而言，通过第三方支付平台可以规避无法收到客户货款的风险，同时能够为客户提供多样化的支付工具。尤其为无法与银行网关建立接口的中小企业提供了便捷的支付平台。

其次，对客户而言，不但可以规避无法收到货物的风险，而且货物质量在一定程度上也有了保障，增强客户网上交易的信心。

最后，对银行而言，通过第三方平台银行可以扩展业务范畴，同时也节省了为大量中小企业提供网关接口的开发和维护费用。

第5章
证券期货经营机构与证券交易市场

105. 什么是证券交易所？它的职能有哪些？

证券交易所是有组织的证券交易市场，又称"场内交易所"，是指在一定的场所、一定的时间，按一定的规则集中买卖已发行证券而形成的市场。在中国，根据《证券法》的规定，证券交易所是为证券集中交易提供场所和设施，组织和监督证券交易，实行自律管理的法人。证券交易所的设立和解散，由国务院决定。证券交易所作为进行证券交易的场所，其本身不持有证券，也不进行证券的买卖，更不能决定证券交易的价格。证券交易所应当创造公开、公平、公正的市场环境，保证证券市场的正常运行，为此，中国的《证券交易所管理办法》中具体的规定了证券交易所的职能和不得从事的事项。

最早的证券交易所是1613年成立的荷兰阿姆斯特丹证券交易所。中国最早的是1905年设立的"上海众业公所"。

在证券交易中，证券交易所承担着重要的职能，总的来说，证券交易所的主要功能有：(1) 提供证券交易场所。由于这一市场的存在，证券买卖双方有集中的交易场所，可以随时把所持有的证券转移变现，保证证券流通的持续不断进行。(2) 形成与公告价格。在交易所内完成的证券交易形成了各种证券的价格，由于证券的买卖是集中、公开进行的。采用双边竞价的方式达成交易，其价格在理论水平上是近似公平与合理的，这种价格及时向社会公告，并被作为各种相关经济活动的重要依据。(3) 集中各类社会资金参与投资。随着交易所上市股票的日趋增多，成交数量日益增大，可以将极为广泛的资金吸引到股票投资上来，为企业发展提供所需资金。(4) 引导投资的合理流向。交易所为资金的自由流动提供了方便，并通过每天公布的行情和上市公司信息，反映证券发行公司的获利能力与发展情况。使社会资金向最需要和最有利的方向流动。(5)制定交易规则。有规矩才能成方圆，公平的交易规则才能达成公平的交易结果。交易规则主要包括上市退市规则、报价竞价规则、信息披露规则以及交割结算规则等。不同交易所的主要区别关键在于交易规则的差异，同一交易所也可能采用多种交易规则，从而形成细分市场，如纳斯达克按照不同的上市条件细分为全球精选市场、全球市场和资本市场。(6)维护交易秩序。任何交易规则都不可能十分完善，并且交易规则也不一定能得到有效执行，因此，交易所的一大核心功能便是监管各种违反公平原则及交易规则的行为，使交易公平有序地进行。(7)提供交易信息。证券交易依靠的是信息，包括上市公司的信息和证券交易信息。交易所对上市公司信息的提供负有督促和适当审查的责任，对交易行情负即时公布的义务。(8)降低交易成本，促进股票的流动性。如果不存在任何正式的经济组织或者有组织的证券集中交易市场，投资者之间就必须相互接触以确定交易价格和交易数量，以完成证券交易。这样的交易方式由于需要寻找交易对象，并且由于存在信息不对称、交易违约等因素会增加交易的成本，降低交易的速度。因此，集中交易市场的存在可以增加交易机会、提高交易速度、降低信息不对称、增强信用，从而可以有效地降低交易成本。

目前，在中国大陆存在两大证券交易所：上海证券交易所和深圳证券交易所。上海证券交易所创立于1990年11月26日，同年12月19日开始正式营业。深圳证券交易所成立于1990年12月1日，于1991年7月3日正式营业。

106. 世界上主要的证券交易所有哪些？

(1)纽约证券交易所。纽约证券交易所为现今全美最大的证券交易所，也是世界上最大的证券交易所之一，主要交易对象为政府公债、公司债券和公司股票。

(2)东京证券交易所。日本东京证券交易所是当今日本最大，也是世界上最大的证券交易所之一,它集中了日本90%的股票交易,可谓日本证券交易中心之中心。

(3)伦敦证券交易所。伦敦证券交易所是英国最大,也是世界上最大的证券交易中心之一,按上市公司的排列居于首位,按交易额和市价总额排列位于纽约和东京之后,列第三位。

107. 什么是投资银行?投行业务有哪些?

投资银行是主要从事证券发行、承销、交易、企业重组、兼并与收购、投资分析、风险投资、项目融资等业务的非银行金融机构,是资本市场上的主要金融中介。在中国,投资银行的主要代表有中国国际金融有限公司、中信证券等。

经过最近一百年的发展,现代投资银行已经突破了证券发行与承销、证券交易经纪、证券私募发行等传统业务框架,企业并购、项目融资、公司理财、投资咨询、资产及基金管理等都已成为投资银行的核心业务组成。

(1)证券承销。证券承销是投资银行最本源、最基础的业务活动。投资银行承销的职权范围很广,包括该国中央政府、地方政府、政府机构发行的债券、企业发行的股票和债券、外国政府和公司在该国和世界发行的证券、国际金融机构发行的证券等。

(2)证券经纪交易。投资银行在二级市场中扮演着做市商、经纪商和交易商三重角色。作为做市商,在证券承销结束之后,投资银行有义务为该证券创造一个流动性较强的二级市场,并维持市场价格的稳定。作为经纪商,投资银行代表买方或卖方,按照客户提出的价格代理进行交易。作为交易商,投资银行有自营买卖证券的需要,这是因为投资银行接受客户的委托,管理着大量的资产,必须要保证这些资产的保值与增值。此外,投资银行还在二级市场上进行无风险套利和风险套利等活动。

(3)证券私募发行。证券的发行方式分作公募发行和私募发行两种。私募发行不受公开发行的规章限制,除能节约发行时间和发行成本外，又能够比在公开市场上交易相同结构的证券给投资银行和投资者带来更高的收益率，因此近年来私募发行的规模在扩大。但私募发行也有流动性差、发行面窄、难以公开上市扩大企业知名度等缺点。

（4）兼并与收购。企业兼并与收购已经成为现代投资银行除证券承销与经纪业务外最重要的业务组成部分。投资银行可以多种方式参与企业的并购活动，如寻找兼并与收购的对象、向猎手公司和猎物公司提供有关买卖价格或非价格条款的咨询、帮助猎手公司制定并购计划或帮助猎物公司针对恶意的收购制定反收购计划、帮助安排资金融通和过桥贷款等。此外，并购中往往还包括"垃圾债券"的发行、公司改组和资产结构重组等活动。

（5）项目融资。投资银行在项目融资中起着非常关键的作用，它将与项目有关的政府机关、金融机构、投资者与项目发起人等紧密联系在一起，协调律师、会计师、工程师等一起进行项目可行性研究，进而通过发行债券、基金、股票或拆借、拍卖、抵押贷款等形式组织项目投资所需的资金融通。投资银行在项目融资中的主要工作是项目评估、融资方案设计、有关法律文件的起草、有关的信用评级、证券价格确定和承销等。

（6）公司理财。公司理财实际上是投资银行作为客户的金融顾问或经营管理顾问而提供咨询、策划或操作。它分为两类：第一类是根据公司、个人或政府的要求，对某个行业、某种市场、某种产品或证券进行深入的研究与分析，提供较为全面的、长期的决策分析资料；第二类是在企业经营遇到困难时，帮助企业出谋划策，提出应变措施，诸如制定发展战略、重建财务制度、出售转让子公司等。

（7）基金管理。投资银行与基金有着密切的联系。首先，投资银行可以作为基金的发起人，发起和建立基金；其次，投资银行可作为基金管理者管理基金；最后，投资银行可以作为基金的承销人，帮助基金发行人向投资者发售受益凭证。

（8）财务顾问与投资咨询。投资银行的财务顾问业务是投资银行所承担的对公司尤其是上市公司的一系列证券市场业务的策划和咨询业务的总称，主要指投资银行在公司的股份制改造、上市、在二级市场再筹资以及发生兼并收购、出售资产等重大交易活动时提供的专业性财务意见。投资银行的投资咨询业务是连结一级和二级市场、沟通证券市场投资者、经营者和证券发行者的纽带与桥梁。

108. 什么是证券公司？它的设立条件、组织形式、业务范围是什么？

在中国，证券公司是指依照《中华人民共和国公司法》规定和经国务院证券监督管理机构审查批准的、经营证券业务的有限责任公司或者股份有限公司。

《证券法》规定设立证券公司应当具备以下条件：有符合法律、行政法规规定的公司章程；主要股东具有持续盈利能力，信誉良好，最近3年无重大违法违规记录，净资产不低于人民币2亿元；有符合本法规定的注册资本；董事、监事、高级管理人员具备任职资格，从业人员具有证券从业资格；有完善的风险管理与内部控制制度；有合格的经营场所和业务设施；法律、行政法规规定的和经国务院批准的国务院证券监督管理机构规定的其他条件。《证券法》按照不同的证券业务类型，规定了不同的最低注册资本金额。证券公司从事证券经纪业务、证券投资咨询业务和财务顾问业务，注册资本最低限额为人民币5000万元。从事证券承销与保荐业务、证券自营、证券资产管理及其他证券业务之一的，注册资本最低限额为人民币1亿元；从事其中两项以上业务，注册资本最低限额为人民币5亿元。《证券法》还授权中国证监会根据审慎原则和各项业务的风险程度，可以调整注册资本最低限额，但是不得少于法定的最低限额。

证券公司的组织形式必须是有限责任公司或者股份有限公司，不得采取合伙人及其他非法人组织形式。根据《公司法》的规定，有限责任公司或者股份有限公司可以下设子公司。证券公司可以根据自身的经营发展战略，在符合监管规定的前提下，经过批准可以设立从事某一类证券业务的专业子公司，组建证券控股公司，实现集团化发展。经国务院证券监督管理机构批准，证券公司可以经营下列部分或者全部业务：证券经纪；证券投资咨询；与证券交易、证券投资活动有关的财务顾问；证券承销与保荐；证券自营；证券资产管理；其他证券业务。

  证券公司可根据不同的分类标准分成不同的类别，从公司的功能分，证券公司可分为：（1）证券经纪商，即证券经纪公司。代理买卖证券的证券机构，接受投资人委托、代为买卖证券，并收取一定手续费即佣金，如东吴证券苏州营业部、江海证券经纪公司。（2）证券自营商，即综合型证券公司，除了证券经纪公司的权限外，还可以自行买卖证券的证券机构，它们资金雄厚，可直接进入交易所为自己买卖股票，如国泰君安证券。（3）证券承销商，即以包销或代销形式帮助发行人发售证券的机构。实际上，许多证券公司是兼营这3种业务的。按照各国现行的做法，证券交易所的会员公司均可在交易市场进行自营买卖，但专门以自营买卖为主的证券公司为数极少。另外，一些经过认证的创新型证券公司，还具有创设权证的权限，如中信证券。

109. 中国证券公司是如何发展的？

  证券公司的产生和发展与证券市场的产生和发展密不可分。在中国证券公司和证券市场都是改革开放的产物。自1987年以来，中国证券公司经历了从无到有、由地方到全国迅速壮大的发展过程：（1）前交易所时期（1987~1991年）。1987年深圳特区证券公司成立，这是中国第一家专业性证券公司。此后，为了配合国债交易和发展证券交易市场，人民银行陆续牵头组建了43家证券公司，同时批准部分信托投资公司、综合性银行开展证券业务，初步形成了证券专营和兼营机构并存的格局。1990年，人民银行颁布了《证券公司管理暂行办法》等规章，初步确定了证券公司的监管制度。（2）快速发展阶段（1992~1998年）。1991年年底，上海、深圳证券交易所成立后，中国证券公司开始进入快速发展阶段。1992年，国务院证券委员会（以下简称国务院证券委）和中国证券监督管理委员会（以下简称中国证监会）成立后，人民银行继续对证券经营机构的主体进行管理，国务院证券委和中国证监会对证券经营机构的业务进行监管。1992年,经中国人民银行批准,设立了以银行为背景的华夏、国泰、南方三大全国性证券公司。证券公司开始全面发展证券承销、经纪和自营业务,证券营业网点逐步由地方走进全国。此时一些证券公司介入实业投资、房地产投资和违规融资(如代理发售柜台债、国债回购等)活动,产生了大量的不良资产和违规负债。这些违规行为给证券公司的发展留下了隐患。为此,中国人民银行、国务院证券委和中国证监会联手加强对证券经营机构的监管。1996年中国人民银行发布《关于人民银行各级分行与所办证券公司脱钩的通知》,推动银行、证券和保险的分业经营。国务院证券委和中国证监会先后发布了有关股票承自营、经纪、投资咨询等业务的管理办法,这一时期证券经营机构的数量达到90家。(3)规范发展时期(1998~2003年)。1998年年底《证券法》出台,依据《证券法》的规定,国务院证券监督管理机构依法对全国证券市场实行集中统一的监督管理。证券业和银行业、信托业、保险业分业经营、分业管理,证券公司与银行、信托、保险业务机构分别设立。这一年,国务院决定由中国证监会集中统一监督管理全国证券市场,证券经营机构的监管职责全部移交中国证监会。为贯彻分业经营、分业管理的原则,证券经营机构与银行、信托、财政脱钩。在进行银证、信证分业的同时,证券公司实行分类管理,分为综合类证券公司和经纪类证券公司。2001年,中国证监会发布了《证券公司管理办法》、《证券公司检查办法》和《客户交易结算资金管理办法》,对证券公司的监管作出了明确规定。为了解决历史上形成的证券公司挪用客户资金等问题,2003年中国证监会发布了"三条铁律":严禁挪用客户交易结算资金、严禁挪用客户委托管理的资产、严禁挪用客户托管的债券。随着行业秩序的规范,证券公司资产的总规模和收入水平都迈上了新台阶。(4)综合治理时期(2004年至今)。2004年,《国务院关于推进资本市场改革开放和稳定发展的若干意见》明确指出,大力发展资本市场是一项重要的战略任务,对于中国实现21世纪头20年国民经济翻两番的战略目标具有重要意义。提出要把证券公司建设成为具有竞争力的现代金融企业。但是应当看到,中国资本市场是伴随着经济体制改革的进程发展起来的。由于建设初期改革不配套和制度设计上的局限，资本市场还存在一些深层次的问题和结构性矛盾。随着市场的结构性调整，证券公司存在的问题充分显现，必须采取综合治理的措施从根本上解决。通过摸清证券公司风险底数，加大基础性制度改革，强化对证券公司高管人员和股东的监管，实施证券公司分类监管，推进行业资源的优化整合，行业内出现了一批具有竞争力、自主创新能力和行业影响力的证券公司。同时，及时稳妥处置高风险证券公司，在减轻市场震荡和维护社会稳定的前提下，关闭了风险显露、自救无望或者严重违规的高风险公司，严肃了行业纪律，净化了行业环境。经过近二十年的发展，截至2011年年底，中国共有证券公司99家，证券营业网点数5000多个。

110. 什么是期货公司？它的设立条件、职能和作用有哪些？

期货（经纪）公司是指依法设立的、接受客户委托、按照客户的指令、以自己的名义为客户进行期货交易并收取交易手续费的中介组织，其交易结果由客户承担。期货交易者是期货市场的主体，正是因为期货交易者具有套期保值或投机盈利的需求，才促进了期货市场的产生和发展。尽管每一个交易者都希望直接进入期货市场进行交易，但是由于期货交易的高风险性，决定了期货交易所必须制定严格的会员交易制度。

根据国务院有关规定，中国对期货经纪公司实行许可证制度，凡从事期货代理的机构必须经中国证监会严格审核并领取《期货经纪业务许可证》。申请设立期货公司，应当符合《中华人民共和国公司法》的规定，并具备下列条件：注册资本最低额为人民币3000万元；董事、监事、高级管理人员具备任职资格，从业人员具有期货从业资格；有符合法律、行政法规规定的公司章程；主要股东以及实际控制人具有持续盈利能力，信誉良好，最近3年无重大违法违规记录；有合格的经营场所和业务设施；有健全的风险管理和内部控制制度；国务院期货监管机构规定的其他条件。

期货公司业务包括：根据客户指令代理买卖期货合约、办理结算和交割手续；对客户账户进行管理，控制客户交易风险；为客户提供期货市场信息，进行期货交易咨询，充当客户的交易顾问等。期货公司的作用主要表现在促进信息交换和提升交易效率两个方面。首先，期货公司通过接受客户委托代理期货交易，拓展市场参与者的范围，扩大市场的规模，节约交易成本，提高交易效率，增强期货市场竞争的充分性，帮助形成权威、有效的期货价格；其次，期货公司有专门从事信息搜集及行情分析的人员为客户提供咨询服务，有助于提高客户交易的决策效率和决策的准确性。除此之外，期货公司还具有管理和分配风险的作用。期货交易是期货交易品种和资金在时间和空间上的交换，同时也是风险的交换，特别是高杠杆交易方式大大增强了期货交易的风险，期货公司在协助期货市场投资者完成期货交易的同时，也是在协助对风险进行分配和管理，进而完成资源的优化配置。

111. 什么是结算所？什么是交割库？

结算所又称清算公司，是负责对期货交易所内进行的期货合同进行交割、对冲和结算的独立机构。通过结算所，期货合同的转让、买卖及实际交割可以随时进行而不用通知交易对方，这就是清算所特殊的"取代功能"。结算所是随期货交易的发展以及标准化期货合同的出现而出现的。结算所的创立，完善了期货交易制度，保障了期货交易能在期货交易所内顺利进行，因此成为期货市场运行机制的核心。结算所的一切行为之所以能得以顺利实现，是因为它财力雄厚，并且实行了保证金制度。

交割库是指经交易所指定的为期货合约履行实物交割的交割地点。

112. 世界上主要的期货交易所有哪些？

现代有组织的商品期货交易，以美国芝加哥期货交易所（CBOT）和英国伦敦金属交易所（LME）之成立为开端。除了这两家交易所外，在世界上影响较大的期货交易所还有芝加哥商业交易所（CME）、伦敦国际金融期货期权交易所（LIFFE）等。

芝加哥期货交易所是当前世界上交易规模最大、最具代表性的农产品交易所。19世纪初期，芝加哥是美国最大的谷物集散地，随着谷物交易的不断集中和远期交易方式的发展，1848年由82位谷物交易商发起组建了芝加哥期货交易所。该交易所成立后，对交易规则不断加以完善，于1865年用标准的期货合约取代了远期合同，并实行了保证金制度。芝加哥期货交易所除了提供玉米、大豆、小麦等农产品期货交易外，还为中、长期美国政府债券、股票指数、市政债券指数、黄金和白银等商品提供期货交易市场，并提供农产品、金融及金属的期权交易。芝加哥期货交易所的玉米、大豆、小麦等品种的期货价格，不仅成为美国农业生产、贸易的重要参考价格，而且成为国际农产品贸易中的权威价格。

伦敦金属交易所是世界上最大的有色金属交易所，伦敦金属交易所的价格和库存对世界范围的有色金属生产和销售有着重要的影响。在19世纪中期，英国曾是世界上最大的锡和铜的生产国，随着时间的推移，工业需求不断增长，英国又迫切地需要从国外的矿山大量进口工业原料。在当时的条件下，由于穿越大洋运送矿砂的货轮抵达时间没有规律，所以金属的价格起伏波动很大，金属商人和消费者要面对巨大的风险。1877年，一些金属交易商人成立了伦敦金属交易所并建立了规范化的交易方式。从本世纪初起，伦敦金属交易所开始公开发布其成交价格并被广泛作为世界金属贸易的标准价格。世界上全部铜生产量的70%是按照伦敦金属交易所公布的正式牌价为基准进行贸易的。

芝加哥商业交易所前身为农产品交易所，由一批农产品经销商于1874年创建。当时在该交易所上市的主要商品为黄油、鸡蛋、家禽和其他非耐储藏农产品，1898年，黄油和鸡蛋经销进入农产品交易所，组建了芝加哥黄油和鸡蛋交易所、重新调整机构并扩大上市商品范围，后于1919年将黄油和鸡蛋交易所易名为芝加哥商业交易所。1972年，该交易所为进行外汇期货交易而组建了国际货币市场部（IMM），推出世界上第一张金融期货合约。此后，在外汇期货基础上又增加了90天短期美国国库券期货，和3个月期欧洲美元定期存款期货合约交易。该交易所的指数和期权市场部分成立于1982年，主要进行股票指数期货和期权交易。该部分最有名的指数合约为标准普尔500种股票指数（S&P500）期货及期权合约。1984年，芝加哥商业交易所与新加坡国际金融交易所率先在世界上进行了交易所之间的联网交易、交易者可在两个交易所之间进行欧洲美元、日元、英镑和德国马克的跨交易所期货交易。

伦敦国际金融期货期权交易所成立于1982年，1992年与伦敦期权交易市场合并，1996年收购伦敦商品交易所。交易品种主要有英镑、德国马克、美元、日元、瑞士法郎、欧洲货币单位、意大利里拉的期货和期权合约，70种英国股票期权、金融时报100种股票指数期货和期权以及金融时报250种股票指数期货合约等。该交易所虽然成立时间较晚，但发展速度较快。

113. 什么是证券登记结算机构？其设立的目的、设立条件和主要职能有哪些？

证券登记结算机构是指为证券的发行和交易活动办理证券登记、存管、结算业务的中介服务机构。证券登记结算机构为证券交易提供集中的登记、托管与结算服务，是不以盈利为目的的法人。设立证券登记结算机构必须经国务院证券监督管理机构批准。证券登记结算机构是一个在证券交易中为买卖双方履行交易责任提供服务的机构，它自己不参加交易，不是交易的任何一方当事人，既不是证券的买入者，也不是卖出者，而是同时为买卖双方的交易提供服务，并且这种服务是连续的，贯穿于交易的整个过程，通过这种服务来保证证券交易顺利地、有秩序地完成。根据《证券登记结算管理办法》中国的证券登记结算机构实行行业自律管理。

从根本上说，设立证券登记结算机构的目的，在于提高证券交易效率，降低证券市场交易风险。证券交易风险来自多种因素，它可能来自于证券市场的正常价格波动，也可能来自国家政治和经济政策的变动以及金融市场环境的变化，证券交易结算规则对证券市场风险同样具有重大影响。证券交易的直接后果，是实现证券与货币的互换或交割，即货币持有人改持证券，证券持有人改持货币。保证货币持有人安全、快捷地改持证券，保证证券持有人快捷退出证券市场，显然是证券交易制度必须实现的重要基本目标。建立安全、高效和快捷的证券登记结算机构和体系是确保证券交易安全、有效的重要条件。

在中国证券登记结算机构的设立需要具备严格的条件：（1）自有资金不少于人民币2亿元。这是由于提供证券登记结算服务需要设置服务场所和购置设施，以及日常的资金周转。（2）具有证券登记、托管和结算服务所必需的场所和设施。因为提供这三个方面的服务都要求有与之相适应的场所和设施，也就是要有必备的物质条件，没有这种必备的条件就不能设立这种服务机构。（3）主要管理人员和业务人员必须具有证券从业资格。在一个提供特定服务的机构中，管理人员和从业人员的条件尤其重要，因此本条规定必须具有证券从业资格，这个资格的认定是由国务院证券监督管理机构制定办法并监督实施的。按照现行的规定有基本条件和必备条件两方面的要求。（4）国务院证券监督管理机构规定的其他条件。

在现实的经济金融活动中，证券登记结算机构承担着诸多职能，概括来说，有如下几点：（1）证券账户和结算账户的设立。这是专门为投资者买卖证券而设立的，证券账户用于记录投资者的买卖证券情况，结算账户的作用在于证券交易中为买卖双方清算交收服务。证券公司在证券登记结算机构设立账户，实际上就是证券公司与证券登记结算机构建立了一种服务的关系，登记结算机构为证券公司提供证券交易的有关服务。（2）证券的托管和过户。托管就是证券持有人将其所持有的证券委托证券登记结算机构保管，这样便于交易结算，也比较安全；过户就是根据证券交易清算交收的结果，将证券持有人持有证券的事实记录下来；所用的形式是将一个所有者账户上的证券转移到另一个所有者账户上，这种转移是股权、债权的一种转移，它由证券登记结算机构经办。（3）证券持有人名册登记。这是由证券登记结算机构进行股权、债权的登记，它是根据证券交易中结算、交收、过户的结果进行的，这种登记是确定了投资者的权利，并形成了证券持有人名册。（4）证券交易所上市证券交易的清算和交收：这就是在实际履行交易双方的责任，完成一方交付证券，另一方支付价款的过程，这样证券交易才能完成，下一步的交易才能开始并继续。（5）受发行人的委托派发证券权益。一般来说，证券在发行后并上市交易，在投资者之间流动，发行人再难以掌握哪些人持有证券，但是要向股东派发权益，或者向债权人支付利息，那最好的办法就是委托证券登记结算机构依据证券持有人登记名册派发，可以做到准确、便捷，有利于保护投资者利益。（6）办理与上述业务有关的查询：它是相关业务的延伸，这是又一项法定的职能。（7）国务院证券监督管理机构批准的其他业务：除了上述六项业务外，还有一些证券登记结算机构可以提供的服务，但它需要经过国务院证券监督管理机构的批准。

2001年3月30日，中国证券登记结算有限责任公司成立，原上海证券交易所和深圳证券交易所所属的证券登记结算公司重组为中国证券登记结算有限责任公司的上海分公司和深圳分公司，这标志着建立全国集中、统一的证券登记结算体制的组织构架已经基本形成。

114. 什么是证券服务机构？它的业务有哪些？

证券服务机构是指依法设立的，从事证券服务业务的法人机构。主要包括证券投资咨询公司、信用评级机构、会计师事务所、资产评估机构、律师事务所、证券信息公司等。证券服务机构的设立需要按照工商管理法规的要求办理注册，从事证券服务业务必须得到证监会和有关主管部门的批准。证券服务业务包括：证券投资咨询；证券发行及交易的咨询、策划、财务顾问、法律顾问及其他配套服务；证券资信评估服务；证券集中保管；证券清算交割服务；证券登记过户服务；证券融资；经证券管理部门认定的其他业务。另外，投资咨询机构、财务顾问机构、资信评级机构从事证券服务业务的人员必须具备证券专业知识和从事证券业务或者证券服务业务两年以上的经验。

《证券法》规定证券服务机构为证券的发行、上市、交易等证券业务出具审计报告、资产评估报告、财务顾问报告、资信评级报告或者法律意见书等文件时，应当勤勉尽责，保证文件资料内容的真实性、准确性和完整性。证券服务机构制作和出具的证券服务性文件有虚假记载、误导性陈述或者重大遗漏，给他人造成损失，应当与证券发行人、上市公司共同承担连带赔偿责任。

115. 什么是证券投资咨询机构？其业务有哪些？

证券投资咨询机构是指为证券投资者提供证券投资分析、预测或者建议等的专业咨询机构，在西方国家称为投资顾问。证券投资咨询机构的最大特点，就是根据客户要求，收集大量基础信息资料，进行系统的研究分析、向客户提供分析报告和操作建议，帮助客户建立投资策略，确定投资方向。此类机构的咨询业务主要包括：（1）接受证券投资者的委托，提供证券投资、市场法规等方面的业务咨询。（2）接受公司委托，策划公司证券的发行与上市方案。（3）接受证券经营机构的委托，策划有关的证券事务方案，担任顾问。（4）接受政府、证券管理机关和有关业务部门的委托，提供宏观经济及证券市场方面的研究分析报告和对策咨询。（5）编辑出版证券市场方面的资料、刊物和书籍等。（6）举办有关证券投资咨询的讲座、报告会、分析会等。（7）发表证券投资咨询的文章、评论、报告，以及通过公共传播媒体和电信设备系统提供证券投资咨询服务。《证券法》第169条规定，投资咨询机构"从事证券服务业务，必须经国务院证券监督管理机构和有关主管部门的批准"，审批管理办法由国务院证券监督管理机构和有关主管部门制定。

116. 什么是证券信息公司？它的业务范围及其功能有哪些？

证券信息公司是依法设立的，对证券信息进行搜集、加工、整理、存储、分析、传递，以及信息产品、信息技术的开发，为客户提供各类证券信息服务的专业性中介机构。总体来说，证券信息公司的业务有四个方面的内容：（1）证券信息资源建设，主要指对各类证券信息进行搜集、整理、加工、存储。信息资源一般包括国家宏观经济政策、相关法律法规、上市公司基础资料（包括年度及中期报告、重大信息披露等）、证券经营机构基础资料、证券交易行情信息以及其他与证券市场相关的各类信息资料。证券信息公司通过搜集整理大量的基础证券信息资料，建立一套完整的处理、考核和市场反馈体系，对基础信息进行分析、加工并形成可供客户使用的最终信息产品。证券信息资源建设是证券信息公司从事信息服务的基础工作。（2）证券信息产品开发，指对原始信息资源提炼加工、分析研究、形成客户所需的最终信息产品。信息产品主要有书面文字资料和电子数据资料两种形式。目前常见的证券信息产品有证券信息电脑查询系统、声讯台信息系统、图文电视信息系统、实时行情无线接收系统和各类证券报刊杂志出版物等。单纯的信息产品往往与信息传播技术和信息应用软件技术相互结合，形成综合性的信息服务产品。（3）证券信息传播服务，由于证券市场具有风险高、变化快、专业性强等特点，人们对证券信息的准确性、及时性和专业性的要求也日益提高。目前，证券信息传播方式主要有电子数据传播和书面文字数据传播两种方式。随着计算机和通信技术的迅猛发展，电子数据传播方式已成为证券信息传播最主要的方式。证券信息公司可以利用现有的通信网络，准确及时地将信息传递到客户手中。常见的通信网络主要有国际互联网、卫星通信网络、电脑局域网络、图文电视及无线发射接收系统等。通信技术的革命，极大地开拓了证券信息传播渠道的广度和深度。（4）证券信息技术的开发、应用、推广。证券信息技术，主要指证券信息处理技术、信息传播技术和信息应用技术。路透社和道·琼斯德利财经是全球最大的两家综合性财经新闻信息传播机构，它们开发的信息产品路透财经资讯系统和德利财经资讯系统在全球范围内享有盛誉，用户几乎遍及全世界各个角落。目前，中国的证券信息服务行业才刚刚起步，但发展较快。

证券信息公司的功能主要体现在为证券市场参与者提供准确、及时的证券信息服务，包括四个方面：（1）满足了投资者对及时、准确、全面、系统的证券信息的各种需求，客观上帮助投资者树立理性的投资理念，控制和降低投资风险；（2）使证券经营机构和上市公司从繁杂的资料整理工作中解脱出来，且可直接迅速获得高质量的信息产品，有利于提高管理者的决策质量；（3）准确、及时的证券信息服务，有利于证券管理机构提高对市场的把握和监管；（4）满足新闻机构、研究机构对证券信息服务广泛和迫切的需求。

为加强证券期货市场信息传播管理，1997年12月12日，中国证监会、新闻出版署、邮电部、广电部、工商局、公安部联合下发了《关于加强证券期货信息传播管理的若干规定》，有力地促进了证券信息传播市场的规范化和稳定发展。

117. 什么是文化交易所？什么是艺术品交易所？

文化交易所是进行各类文化艺术品权益拆分和类证券化运作的场所，其涵盖的艺术品门类包括：名人字画、绘画雕塑、工艺美术品、陶瓷玉器、金属器、青铜器、珠宝钻翠、古代家具、综合艺术品及其他艺术品和非物质文化产品等。同时，文化交易所还提供文化股权、物权、债权及智慧财产权（影视作品、数位产品、工业设计、文学作品等著作权）的转让或授权交易，文化创意专案投资受益权、文化产品权益交易，文化产业投资基金和文化产权交易指数等产品交易，以及资本与文化对接的投融资综合配套服务。

艺术品交易所是艺术品证券化交易的场所，交易所是将艺术品作为标的物划分为特定股份，供投资者进行投资、交易。以天津文化艺术品交易所为例，该交易所是经天津市政府批准发起成立，进行文化艺术品的份额化交易。招商银行作为该交易所的唯一银行合作机构，为交易所及客户在交易所提供的平台上开展交易提供资金汇划服务和资金管理服务，相当于股票投资中的"第三方存管"的角色。参与该交易所的交易必须在招商银行开立一张金卡，金卡的资金起点要求是5万元。艺术品按照份额交易，原始价格是一份1元，申购的最低交易量为一手1000份。假如某只产品的现价是2.9元，那么客户的最低投资金额是2900元。

118. 什么是环境交易所？什么是碳排放权交易所？

环境交易所是经人民政府批准设立的特许经营实体，是集各类环境权益交易服务为一体的专业化市场平台。环交所是由环境保护部对外合作中心、产权交易所等机构发起的公司制环境权益公开、集中交易机构。环交所是利用经济手段解决环境问题的公共平台；是技术先进、结构合理的国家级环境交易中心市场；是国际环境合作的市场化平台；是重要的环境金融衍生品市场。

碳排放权交易的概念源于 20 世纪 90 年代经济学家提出的排污权交易概念。排污权交易是市场经济国家重要的环境经济政策，美国国家环保局首先将其运用于大气污染和河流污染的管理。此后，德国、澳大利亚、英国等也相继实施了排污权交易的政策措施。排污权交易的一般做法是：政府机构评估出一定区域内满足环境容量的污染物最大排放量，并将其分成若干排放份额，每个份额为一份排污权。政府在排污权一级市场上，采取招标、拍卖等方式将排污权有偿出让给排污者，排污者购买到排污权后，可在二级市场上进行排污权买入或卖出。

全球碳排放市场诞生的时间应为 2004 年，其交易方式是按照《京都议定书》的规定，协议国家承诺在一定时期内实现一定的碳排放减排目标，各国再将自己的减排目标分配给国内不同的企业。当某国不能按期实现减排目标时，可以从拥有超额配额或排放许可证的国家主要是发展中国家购买一定数量的配额或排放许可证以完成自己的减排目标。同样的，在一国内部，不能按期实现减排目标的企业也可以从拥有超额配额或排放许可证的企业那里购买一定数量的配额或排放许可证以完成自己的减排目标，排放权交易市场由此而形成。

目前，在推动排放权交易方面，欧盟走在世界前列。欧盟已经制定了在欧盟地区适用的欧盟气体排放交易方案，通过对特定领域的万套装置的温室气体排放量进行认定，允许减排补贴进入市场，从而实现减少温室气体排放的目标。欧盟碳排放市场开始交易以来，交易量和成交金额稳步上升。

119. 什么是产权交易所？

产权交易所是固定地、有组织地进行产权转让的场所，是依法设立的、不以盈利为目的的法人组织。产权交易所作为产权交易的中介服务机构，它本身并不参与产权交易，只是为产权交易双方提供必要的场所与设施及交易规则，保证产权交易过程顺利进行。产权交易所的职能一般包括：(1) 为产权交易提供场所和设施；(2) 组织产权交易活动；(3) 审查产权交易出让方和受让方的资格及转让行为的合法性；(4) 为产权交易双方提供信息等中介服务；(5) 根据国家的有关规定对产权交易活动进行监管。

120. 什么是大宗农产品电子交易市场？

大宗农产品电子交易市场是国家为了扶持农业，促进农产品的流通而推出的，它是以电子现货仓单为交易单位，采用计算机网络组织的同货异地交易，市场统一结算的交易方式。

第6章

保险机构与市场

121. 什么是保险？

广义上来讲，保险集合众多的经济单位为被保险人。对于风险事故发生后所造成的经济损失，如果由单个经济单位自行补偿，或由政府救济，均不属保险制度。保险是同舟共济、互相扶助的经济形式，具有社会经济互助的特性，即集合众多的经济单位成为被保险群体，通过分散风险、分摊损失的方式，以代替自身单独承受的一种经济保障制度。

狭义上来说保险是以风险转移损失分担为本质内容的一种经济保障制度。保险双方通过经济合同形式，以科学精算为基础，由投保人缴付确定的保险费，汇成保险基金，换取保险人对不确定风险损失的经济补偿或经济给付。保险是以特定风险作为可保风险和责任范围，保险公司（保险人）并不能做到有险必保，有损必赔，从社会效益、企业效益和经营技术角度考虑，保险公司只能有选择地承保风险，即承保特定的灾害事故或意外事件。商业保险可以承保的风险就是可保风险，反之就是不可保风险。判断一种风险是不是可保风险主要看它是不是满足可保风险的五个条件：

（1）可保风险具有偶然性和意外性。风险的偶然性是指对于个体标的而言风险发生应具有不确定性。风险的意外性是指风险的发生或损害后果的扩展都不是投保方的故意行为所致，即对与投保人或被保险人的道德风险，任何一种保险都将其列为除外责任。

（2）可保风险具有现实的可测性。风险的发生虽具有偶然性，但可保风险总体上应具有可测性特征，可以运用概率论与数理统计方法来测定各种风险在一定时期和一定范围内的损失率。风险的可测性是掌握其损失率进而厘定保险费率的基础和必要条件。

（3）拥有大量、同质且相互独立的风险单位，并只有少数风险单位受损。保险经营的数理基础是大数法则，而大数法则的运用，须以风险单位（保险标的）大量、同质且相互独立为前提。"大量"是指保险标的的数量要足够多；"同质"是指保险标的在种类、品质、性能、金额等方面相近，这也是保险产品分门别类的依据；"相互独立"要求各个保险标的之间的风险损失无相关性或相关性应足够低。同时，在众多的风险单位当中，只能有少数风险单位受损，保险才具有经济上的可行性，否则，过高的费率将会抑制保险需求。

（4）风险是纯粹风险而非投机风险。保险以损失补偿为目的。纯粹风险由于只有损失机会而无获利可能，对其损失进行补偿符合保险的宗旨。但投机风险不能成为可保风险。其一，若承保这类风险，则无论损失是否发生，被保险人都将可能因此而获利，这有违保险的损失补偿原则；其二，投机风险多为人们有意识行为所致，不具有意外事故性质，而且其影响因素复杂，难以适用大数法则。

（5）可保风险损失的幅度和频率比较适当。从保险经营角度讲，损失幅度过大，频率过高，将超过保险公司财务承受能力，影响保险经营的稳定性，而且投保人也缺乏保费负担能力。反之，损失幅度和频率过小的风险也缺乏保险意义。

以上有些条件只是相对而言的，并不是绝对的，可保风险的条件是不断发展变化的，在良好的可保风险和绝对的不可保风险之间，有许多介于中间的情况。

122. 近现代保险是怎样形成和发展的？

中国最早的保险业源自帝国主义对中国通商贸易和经济侵略势力，1805年英商在广州开设的谏当保险行是中国的第一家保险企业。此后美商、日商等各外国洋行在中国的势力不断扩张，并将保险业从母体中分离出来，成为独立的保险企业，其中英商在各口岸建立的保险机构成为中国保险市场的主体。由于其垄断地位，对当时的中国航运业百般刁难，但与此同时客观上将其先进的保险思想传入了中国，为中国保险业的创建做了一定的理论准备。魏源在《海国图志》中系统地对西方的保险理论进行了介绍，成为介绍西方近代保险的第一人。

基于上述背景，1875年2月，洋务派为求自强，李鸿章确定由轮船招商局总会办发起集股15万两创设"保险招商局"。此后又相继创立"仁和水险公司""济和水火险公司"。随后，华商保险公司相继诞生，但经营情况并不理想，当时的再保险均依赖洋商，英商公裕太阳保险公司包揽了整个再保险业务。自第一家保险公司创办后，经过数十年艰难跋涉，到20世纪30年代前后，各类性质的保险行业应运而生。从资金性质来看，既有官僚资本的，也有民族资本合股筹建的，还有中外合办的保险企业。这就形成了三足鼎立的格局，其业务则涉及工商、财产、人寿、运输等险种。民国时期各类保险行业公司，都已具相当规模，其开办的险种已具备中国现代保险的各主要险种。尤其是由国民党政府直接控制下的官僚资本开办的保险公司，自成体系，分支机构遍及大江南北，具有垄断性。为了规范当时的保险市场，1929年12月30日，国民党政府公布了中国保险史上第一部专门法律——"中华民国保险法"，界定了各种财产保险、人身保险、复保险、再保险等契约签订、存续、中止、恢复、失效等方面的有关规定，以及保险双方的权利与义务关系。

由于外商保险公司长期垄断中国保险市场，加之华商保险公司资金短缺，实力微薄，中国民族保险公司的再保险问题一直都依赖外商保险公司，主要是英商、美商及瑞士再保险公司。太平洋战争爆发后，华商保险公司对英美等国的分保渠道被迫中断。上海的华商保险公司乃自谋出路，组建华商分保集团。

1949年5月27日，上海解放。根据上海市军管会发布的训令，包括太平保险公司在内的64家华商保险公司和42家外商保险公司获准恢复营业。解放之初，大部分保险公司资金薄弱，承保能力有限。为缓解华商保险公司的分保问题，在军管会的领导和中国保险公司的支持下，1949年7月20日，47家华商私营保险公司联合组成民联分保交换处，太平保险公司协理丁雪农被公推为主任委员，民联的办事机构也设在太平保险公司内。民联分保交换处是新中国成立后上海工商业中最早成立的一个联营机构，它的创办，改变了华商保险公司依赖外商的心理，大大增强了华商保险业的信心，同时为私营保险公司的进一步联营奠定了基础。

1949年10月20日，中国人民保险公司在北京成立，宣告了新中国第一家全国性大型综合国有保险公司的诞生。1950年1月4日《中国人民保险公司组织条例》正式公布。此后，中国保险业各保险机构不断诞生、演变和发展，也经历过整顿，相关法律法规不断完善，并于1979年成立中国保险学会。之后，保险公司的数量、业务范围和专业化程度不断提升，外国保险机构也开始进驻中国市场。现如今，再保险机构的发展态势也较为良好。

123. 中国保险业的发展情况如何？

保险在中国已经有近200年的历史。早在19世纪初，英国东印度公司就在广州开办了中国第一家保险机构，主要为鸦片贸易服务。随后，越来越多的外资保险公司在广州、上海等贸易口岸设立了保险机构。多年雄踞全球保险业霸主地位的美国国际集团（AIG），其前身是美亚财产保险公司和友邦人寿保险公司，就诞生于1920年前后的上海滩。

新中国成立以来，中国保险业经历了一段不平凡的发展历程。新中国成立，中国对保险业进行了改造、整顿，逐步确立了国营保险公司的领导地位。到1958年，受计划经济体制和"左"的思想路线影响，国内的保险业务基本停办。1979年4月，国务院同意恢复保险业务。由此，中国保险业在20多年的沉寂之后，重新开始焕发蓬勃生机。

随着保险业的迅速发展，保险市场体系也在逐步完善。改革开放初期，保险市场由中国人保公司独家经营。党的十六大以来，相继成立和引进了一批保险公司。保险公司数量从2002年的42家增加到目前的146家，已开展营业131家。其中：保险集团和控股公司8家，非寿险公司53家，寿险公司61家，再保险公司9家。另有保险资产管理公司9家。从保险公司资本国别属性看，中资保险公司77家，外资保险公司 54 家。此外，还相继成立了经营健康险、农业险、汽车险和责任险等专业保险机构。中国保险市场已经形成了多种组织形式、多种所有制并存，公平竞争、共同发展的市场格局。

2003 年，中国人保、中国人寿相继实现海外上市。其中，中国人寿创造了当年国际资本市场上市融资额的纪录。2004 年，中国平安成为中国第一家以集团形式境外上市的金融企业。目前，共有中国人保、中国人寿、平安集团、中国太平、太平洋保险集团 5 家保险公司在境内外上市。通过改制上市，保险公司资本实力大大增强，经营理念明显转变，为长远健康发展奠定了良好基础。

124. 保险的职能与作用是什么？

保险的作用主要表现在以下八个方面：

（1）保障企业生产和国民经济的持续稳定发展。当保险事故发生造成企业损失时，保险的经济补偿可以帮助企业迅速恢复生产经营秩序，财务收支基本保持稳定，也保证了国民经济计划的实现和按比例协调发展，这无论是对微观经济还是宏观经济都发挥着不可低估的积极作用。

（2）促进财政与信贷收支平衡。在有保险保障的前提下，保险公司对受灾的被保险单位及个人支付赔款，相对的可以减少财政拨款和救济，减少财政支出；企业恢复生产后按期如数向国家纳税，保证了财政收入，从而促进财政收支的基本稳定。从银行信贷方面看，保险公司有必要将保险费的一定比例存入银行，成为银行稳定的信贷资金重要来源之一，同时借款人通过保险使其财产获得经济保障，也是银行信贷资金的按期归还有了保障，有利于信贷资金的收支平衡。

（3）稳定货币流通与市场，抑制通货膨胀。通货膨胀时期，发展保险特别是寿险可使一部分国民收入转化为保险基金，推迟社会购买力，减轻市场压力，起到回笼货币、促进市场供求平衡、稳定货币流通、抑制通货膨胀的积极作用。

（4）融通资金，扩大社会再生产规模。充分发挥保险的投资理财功能，可以使保险基金转化为积累资金。扩大社会再生产规模，支持国家经济建设；而且，保险投资对于增加保险公司的盈利和增强其偿付能力、保障被保险人的利益以及适当降低费率，都有着不可低估的重要作用。

（5）保障对外贸易和经济合作，平衡国际收支。涉外保险业务一方面为国际贸易和运输以及国际经济交往的正常进行提供经济保障；另一方面也为国家赚取了大量无形贸易外汇收入，以平衡国际收支。

（6）促进科学技术的推广应用。保险为开辟新的生产领域，采用新技术、新工艺、新材料及试制新产品提供经济保障，从而促进科学技术的推广应用。

（7）促进防灾防损，减少社会财富损失。通过履行保险的风险控制职能，有利于减少社会财富损失和人员伤亡，维护被保险人的安全和利益，同时也有利于提高保险企业的经济效益和社会效益。

（8）安定人民生活，增进社会福利。随着国民经济的持续发展和城乡居民收入的持续增长，人们的生活水平不断提高，随之而来的是对保险的需求也逐步增长。公民通过投保家庭财产险、汽车保险、医疗、教育等人身保险，在遭遇天灾人祸和意外风险时，保险公司及时给予经济补偿和经济给付，可以帮助人们重建家园，安定生活，维护自身合法权益。而且，新型人寿保险产品使被保险人既可以获得经济补偿，又可以从保险公司获得投资收益，使保险还具有增进人民福利的作用。

125. 保险与赌博、储蓄和救济的区别是什么？

对于保险的概念，可以从几个角度来理解：从法律角度看，保险是一种合同行为。投保人向保险人缴纳保费，保险人在被保险人发生合同规定的损失时给予补偿，或者当被保险人死亡、伤残、疾病或者达到合同约定的年龄、期限时承担给付保险金的责任。从经济学角度看，保险是对客观存在的未来风险进行转移，把不确定性损失转变为确定性成本（保费），是风险管理的有效手段之一。而且，保险提供的补偿以损失发生为前提，补偿金额以损失价值为上限，所以不存在通过保险获利的可能。从社会学角度看，保险体现了人们的互助精神，把原来不稳定的风险转化为稳定的因素，从而保障社会健康发展。究其本质，保险是一种社会化安排，是面临风险的人们通过保险人组织起来，从而使个人风险得以转移、分散，由保险人组织保险基金，集中承担。若被保险人发生损失，则可以从保险基金中获得补偿。换句话说，一人损失，大家分摊，即"人人为我，我为人人"。可见，保险本质上是一种互助行为。

从表面上看，保险与赌博存在许多相似之处，但事实上，二者存在本质的区别。在赌博的场合，风险是由交易本身创造出来的。而在保险的场合，风险是客观存在的，不论你投保与否。赌博所面临的风险是投机风险，而保险所面临的风险是纯粹风险。也就是说，赌博具有损失和额外获利的双重可能。而在保险的场合，投保者只有损失的可能而无额外获利的机会。

在现实生活中，很多人将人身保险比作一种储蓄。从表面形态上看，保险和储蓄都是人们应付未来风险的一种管理手段，目的都在于保障未来正常的生产和生活。所不同的是，储蓄是将风险留给自己，依靠个人积累来应对未来风险。它无须付出任何代价，但也可能陷入保障不足的窘境。而保险是将所面临的风险用转移的方法，靠集体的财力为风险带来的损失提供足够的保障。但同时，保险须付出一定的代价，即保费；而银行储蓄无须支出，到期获得本金和利息。可见，保险与储蓄各有其特点。现在，随着保险业的发展，出现了许多具有储蓄性质的险种，如两全寿险，无论被保险人于保险期内死亡，或生存至保险期满，保险人都将给付保险金。

保险这种机制和救济比较相似，但也存在一定的差别。救济，包括政府主导的社会救济和慈善机构实施的救济，都是一种人道主义行为，救济者和被救济者之间不存在任何权利和义务的关系。而保险则是一种合同行为，投保人和保险公司的权利及义务受到各种法律的制约。例如，投保人负有缴纳保费的义务，被保险人享有获得补偿的权利；保险公司享有收取保费的权利，承担合同履行和赔付的义务等。另外，救济对被救济方经济困难的大小一般是有一定条件规定的，只有在经济困难达到一定的程度时，救济才会施行，救济的数额也视救济机构的充裕程度而定。对于一般的经济困难，只能依靠自身解决。而被保险人是否能够得到赔付，完全取决于保险合同事先的约定。相对来说，保险补偿是及时的、充分的。从资金来源看，救济资金来源于政府拨款或其他国内外个人和组织的捐助。而保险赔付的资金则来源于广大投保人缴纳的保费。

126. 保险的种类有哪些？

保险分类标准很多，常见的分类标准是按保险性质、保险标的、业务保障对象和实施方式进行分类。

按保险性质不同，可将保险划分为社会保险、商业保险和政策性保险。社会保险是由政府机构经办并通过国家立法强制实施，为本国（地区）的劳动者或公民在暂时或永久丧失劳动能力及发生其他生活困难时提供物质保障的各种制度的总称，包括养老保险、医疗保险、失业保险、工伤保险、生育保险等。社会保险是一国社会保障制度的主要部分。商业保险由保险公司按照商品经济的原则经营的保险，其本质特征是通过开展保险业务而获取利润。政策性保险是政府为了某种政策上的目的，运用商业保险原理并给予扶持政策而开办的保险。政策性保险包括社会政策保险和经济政策保险两大类型，即广义的政策性保险。社会政策保险即社会保险。狭义的政策性保险即经济政策保险，包括出口信用保险、农业保险、存款保险等。政策性保险一般具有非营利性、政府提供补贴与免税以及立法保护等特征。

按保险标的不同可将保险划分为财产保险和人身保险。财产保险是指以财产及其相关利益为保险标的的保险，包括财产损失保险、责任保险、信用保险、保证保险、农业保险等。它是以有形或无形财产及其相关利益为保险标的的一类补偿性保险。人身保险是以人的寿命和身体为保险标的的保险。当人们遭受不幸事故或因疾病、年老以致丧失工作能力、伤残、死亡或年老退休时，根据保险合同的约定，保险人对被保险人或受益人给付保险金或年金。

按业务保障对象分为原保险和再保险。原保险简称保险，是由保险人与投保人最初达成的保险，其保障对象是被保险人。在原保险关系中，保险需求者将其风险转嫁给保险人，当保险标的遭受保险责任范围内的损失时，保险人直接对被保险人承担赔付责任。再保险又称分保，是保险人为减轻自身承担的保险责任而将其不愿意承担或超过自己承保能力以外的部分保险责任转嫁给其他保险人或保险集团承保的行为，其保障对象是原保险人。因这种办理保险业务的方法有再一次进行保险的性质，故称再保险。

按实施方式的不同分为自愿保险和强制保险。自愿保险是由投保人和保险人按照平等、自愿、互利的原则，在协商一致的基础上，以签订合同方式形成的保险关系。自愿保险的特点为：保险双方互有选择权。投保人可以自主决定是否参加保险，自由选择投保险种和决定保险金额，除法律或合同另有约定外，投保人或被保险人也可以中途退保，保险人或政府部门不得强迫或变相干预投保人的选择。同样，保险人也有权决定承保或拒保以及商定保险金额。强制保险又称法定保险，是以国家颁布法律法规的方式强制实施的保险。某些特殊的群体或行业，不管当事人愿意与否，都必须参加的保险。比如，世界各国一般都将机动车第三者责任保险规定为强制保险的险种。强制保险的特点有：具有强制性和全面性；保险金额、保险期限及费率由法律规定统一标准；保险责任自动产生。

127. 财产保险的种类有哪些？

（1）财产险。保险人承保因火灾和其他自然灾害及意外事故引起的直接经济损失。险种主要有企业财产保险、家庭财产保险、家庭财产两全保险（只以所交费用的利息作保险费，保险期满退还全部本金的险种）、涉外财产保险、其他保险公司认为适合开设的财产险种。

（2）货物运输保险。指保险人承保货物运输过程中自然灾害和意外事故引起的财产损失。险种主要有国内货物运输保险、国内航空运输保险、涉外（海、陆、空）货物运输保险、邮包保险、各种附加险和特约保险。

(3) 运输工具保险。指保险人承保运输工具因遭受自然灾害和意外事故造成运输工具本身的损失和第三者责任。险种主要有汽车、机动车辆保险、船舶保险、飞机保险、其他运输工具保险。

(4) 农业保险。指保险人承保种植业、养殖业、饲养业、捕捞业在生产过程中因自然灾害或意外事故而造成的损失。

(5) 工程保险。指保险人承保中外合资企业、引进技术项目及与外贸有关的各专业工程的综合性危险所致损失,以及国内建筑和安装工程项目,险种主要有建筑工程一切险、安装工程一切险、机器损害保险、国内建筑、安装工程保险、船舶建造险,以及保险公司承保的其他工程险。

(6) 责任保险。指保险人承保被保险人的民事损害赔偿责任的险种,主要有公众责任保险、第三者责任险、产品责任保险、雇主责任保险、职业责任保险等险种。

(7) 保证保险。指保险人承保的信用保险,被保证人根据权利人的要求投保自己信用的保险是保证保险;权利人要求被保证人信用的保险是信用保险。包括合同保证保险、忠实保证保险、产品保证保险、商业信用保证保险、出口信用保险、投资(政治风险)保险。

128. 人身保险的种类有哪些?

按照保险责任可以将人身保险分为人寿保险、意外伤害保险和健康保险三类。

人寿保险是以人的生命为保险标的的保险,保险人对被保险人的死亡或生存承担保险责任,承包的风险既可以是人的生存,也可以是人的死亡,也可以同时承包生存和死亡,所以,人寿保险包括生存保险、死亡保险和生死保险(两全保险)。人寿保险是人身保险的主要的和基本的种类,占全部人身保险业务的绝大部分。

意外伤害保险是以人的生命和身体为保险标的,保险人对被保险人遭受意外伤害事故造成的死亡或伤残承担保险责任。

健康保险是以人的身体为保险标的,保险人对被保险人发生疾病、生育或意外事故支出的医疗费用和收入损失承担保险责任。健康保险一般分为医疗保险和失能所得保险。

129. 人身保险与财产保险的区别是什么？

人身保险与财产保险作为保险的两大分类，它们的区别具体表现在以下几个方面：

保险金额的确定方式不同。人身保险和财产保险在保险金额的确定方式上有所不同：由于人的身体和生命无法用金钱衡量，所以保险人在承保时，是以投保人自报的金额为基础，参照投保人的经济状况、工作性质等因素来确定保险金额。财产保险是补偿性保险，保险金额依照投保标的的实际价值确定。

保险期限不同。除意外伤害保险和短期健康保险外，大多数人身保险险种的保险期限都在1年以上，保险期限较长。因此，长期性寿险要求在计算保费和保单所积累的资金时要考虑利率因素，不仅考虑当前的利率水平，还要考虑利率未来的走势。财产保险除工程保险和长期出口信用险外，多为短期（1年及1年以内）。财产保险计算保费时一般不考虑利率因素。

储蓄性质不同。长期寿险所缴纳的纯保费中，大部分被用于提存责任准备金，将来给付给被保险人，因此具有储蓄性。责任准备金是保险人的一项负债。保单在经过一定的时间后，具有现金价值，投保人或被保险人享有保单抵押贷款等一系列权利，而这是一般财产保险所不具有的。

代位求偿权不同。代位求偿是指当损失由第三方造成时，保险人在履行赔偿义务后，可以向第三方责任人追偿损失，被保险人不能再向第三方责任人索赔。在人身保险中，投保人或被保险人在遭受保险事故受到伤害后，既能从保险公司获得保险金，又可从致害人那里获得赔偿，而保险人除了给付保险金之外，没有从肇事者处索取赔偿的权利。

103

130. 什么是责任保险?

责任保险是以被保险人依法对他人应负的民事损害赔偿责任作为保险标的的保险。凡是企业、团体、家庭或个人在进行各项生产经营、业务活动或日常生活中，由于自身疏忽、过失等行为造成他人的财产损失或人身伤害，根据法律或合同规定应对受害方承担经济赔偿责任的，在投保了有关责任保险后，其经济赔偿责任由保险人承担。按业务内容可分为公众责任保险、产品责任保险、雇主责任保险、职业责任保险和第三者责任保险五类业务。

（1）公众责任保险。被保险人及其雇员在各固定场所或地点、运输途中进行生产、经营或其他活动时，因意外事故造成他人人身伤亡或财产损失，依法应由被保险人承担的经济赔偿责任。由于被保险人的行为可能损害公众利益，这种责任保险被称为公众责任保险。

（2）产品责任保险。制造商、销售商、修理商因其制造、销售或修理的产品有缺陷，造成用户、消费者或其他人（不包括本企业职工）的人身伤害或财产损失，依法应由被保险人承担的经济赔偿责任。产品责任保险主要承保直接与人体健康有关的产品，如食品、药品、饮料、化妆品，以及日用、家电、轻纺、机械、石油、化工、电子、飞机、成套设备、卫星等多种产品。

（3）雇主责任保险承保雇主对雇员在受雇期间从事企业有关工作时，因意外事故或职业病导致的人身伤害，根据劳工法、雇主责任法或雇用合同应承担的经济赔偿责任。

（4）职业责任保险承保各种专业技术人员在从事职业技术工作时因疏忽或过失造成合同对方或服务对象的人身伤害或财产损失应承担的经济赔偿责任。目前国外办理较为普遍的有医生、药剂师、美容师、会计师、律师、建筑设计师、工程师、经纪人、代理人、董事等专业技术人员或高级职员的职业责任保险。

（5）第三者责任保险指被保险人或其允许的驾驶人员在使用保险车辆过程中发生意外事故，致使第三者遭受人身伤亡或财产直接损毁，依法应当由被保险人承担的经济责任，保险公司负责赔偿。同时，若经保险公司书面同意，被保险人因此发生仲裁或诉讼费用的，保险公司在责任限额以外赔偿，但最高不超过责任限额的30%。绝大多数的地方政府将第三者责任险列为强制保险险种，不买这个保险，机动车便上不了牌也不能年检。

在中国，责任保险开始于20世纪50年代的汽车公众安全责任保险，但不久就因利润不好而较其他国内保险业务提前四年停办。1979年恢复国内保险业务以来，各地先后开办了责任保险业务，各家保险公司目前虽然都经营责任险，但主要限于产品责任险和雇主责任险等老品种上。中国的责任险种单一，产品开发速度相对较慢，创新力度不够，在险种开发和创新方面后劲不足。

131. 什么是农业保险？

农业保险是以种植业中的植物和养殖业中的动物作为保险标的，承保其在生长发育过程中所面临的自然灾害和意外事故风险的一类特殊的财产保险。农业保险按农业种类不同分为种植业保险、养殖业保险和林木保险；按危险性质分为自然灾害损失保险、疾病死亡保险、意外事故损失保险；按保险责任范围不同，可分为基本责任险、综合责任险和一切险。中国开办的农业保险主要险种有：农产品保险，生猪保险，牲畜保险，奶牛保险，耕牛保险，山羊保险，养鱼保险，养鹿、养鸭、养鸡等保险，对虾、蚌珍珠等保险，家禽综合保险，水稻、蔬菜保险，稻麦场、森林火灾保险，烤烟种植、西瓜雹灾、香梨收获、小麦冻害、棉花种植、棉田地膜覆盖雹灾等保险，苹果、鸭梨、烤烟保险，等等。

132. 什么是重复保险、共同保险及超额保险？

重复保险是指投保人对同一保险标的、同一保险利益、同一保险事故分别与两个及以上保险人订立保险合同，且保险金额总和超过保险价值的保险。例如，一座厂房价值100万元，房主在A保险公司投保了保险金额为 60 万元的财产基本险；在 B 保险公司又投保了保险金额为 70 万元的财产基本险，则属于重复投保。

共同保险简称"共保"，是指投保人和两个以上的保险人之间，就同一可保利益、同一风险共同缔结保险合同的一种保险。在保险损失发生时，各保险人按各自承保的保险金额比例分摊损失。共同保险是对可保风险的横向转移，但仍是第一次转移，这是它与再保险的主要区别。重复保险与共同保险都存在多个保险人，但共同保险只签订一份保险合同，保险金额不高于保险价值，而重复保险则签订数份保险合同，保险金额超出保险价值。

超额保险简单来讲就是保险金额超过了保险标的的实际价值。例如，一辆汽车的实际价值是 10 万元，如果其车损险的保险金额是 15 万元，则就属于超额投保。

中国《保险法（修订草案）》对重复保险和超额保险的后续处理方式进行了规定。分别是"保险金额不得超过保险价值；超过保险价值的，超过的部分无效，保险人应当退还相应的保险费；重复保险的投保人可以就保险金额总和超过保险价值的部分，请求各保险人按比例返还保险费"。

133. 什么是银行保险？

银行保险，即银行代理销售保单，是一种新兴的保险销售方式，这种方式首先兴起于法国，在中国市场才刚刚起步。与传统的保险销售方式相比，它最大的特点是能够实现客户、银行和保险公司的"三赢"。对银行来说，可以通过代理销售多样化的产品，提高客户满意度和忠诚度。对保险公司来说，利用银行密集的网点可以提高销售并且降低成本，从而可以以更低的价格为客户提供更好的产品；利用银行的客户资源和信誉，再配合以保险公司的优质服务，可以树立良好的品牌形象，开拓更多的客户源。对客户来说，在银行买保险，价格更便宜，回报更高；银行网点多，在家门口就可以买到保险，减少了交通费用和时间、精力等的支出；可以同时在银行办理银行业务和买保险，满足了"一次购足"的心理；银行值得信赖，也就可以放心买保险；产品简单易懂，可以当场决定是否购买；投保手续更加简捷，不用体检，十分方便。

134. 什么是巨灾保险？巨灾风险的可保性如何？

巨灾保险是指对因发生地震、飓风、海啸、洪水等自然灾害，可能造成巨大财产损失和严重人员伤亡的风险，通过巨灾保险制度分散风险。

巨灾的显著特点是发生的频率很低，但一旦发生，其影响范围之广、损失程度之大，一般超出人们的预期，由此累计造成的损失往往超过了承受主体的实际承受能力，并极可能最终演变成承受主体的灭顶之灾。巨灾是指对人民生命财产造成特别巨大的破坏损失，对区域或国家经济社会产生严重影响的自然灾害事件。这里的自然灾害主要包括：地震与海啸、特大洪水、特大风暴潮。

巨灾风险由于其风险损失的幅度巨大，在过去是不可保的，因为一旦发生，仅凭一家保险公司的财力无法偿还。再保险的出现巨灾风险也变得可保了，将巨大的风险分散给多家保险公司，可大大降低各保险公司可能支付的赔款额，各保险公司并可以根据自身财务状况等选择适当的承保比例。

中国商业保险公司没有专门针对自然灾害损失设立险种，只是在部分险种，如家庭财产综合险、企业财产综合险、机动车辆险等中对由于雷击、暴风、暴雨、洪水、海啸、地陷、泥石流等自然灾害所引起的保险标的损失进行赔付，其余险种则将自然灾害引起的损失作为除外责任。地震则几乎被所有险种列为免赔范围，只在少量险种中作为附加险而存在。

中国是世界上受到灾害影响最大的国家之一，除了火山爆发之外，几乎面临所有的自然巨灾风险，灾害发生的频率相当高。面对巨大的经济损失，具有社会"减震器"作用的保险公司承担巨灾保险的平均赔付率不到每年总损失的2%左右。可见，中国对巨灾保险需求巨大，但巨灾保险供给不足，巨灾保险的覆盖面很低，巨灾保险体系承担的保险保障和稳定社会的功能还未能充分发挥。

中国当前的巨灾风险管理主要采用的是一种以中央政府为主导、地方政府紧密配合，以国家财政救济和社会捐助为主的模式，并没有设立专门的巨灾保险体系。中国虽然尚未建立相应的巨灾保险制度，但一直在尝试。2006年6月，国务院颁发了《关于保险业改革发展的若干意见》，其中明确表示要建立国家财政支持的巨灾风险保险体系。

135. 什么是再保险？

再保险也称分保，是保险人在原保险合同的基础上，通过签订分保合同，将其所承保的部分风险和责任向其他保险人进行再次保险的行为。转让业务的是原保险人，接受分保任务的是再保险人。这种风险转嫁方式是保险人对原始风险的纵向转嫁，即第二次风险转嫁。

136. 保险公司的类型有哪些？

保险公司按照所承担的类型不同，可分为人寿与健康保险公司、财产与责任保险公司；根据被保险人的不同，可分为原保险公司、再保险公司。

人寿与健康保险公司为广大消费者提供各种保险商品，如定期寿险、终身寿险、万能寿险、变额万能寿险、年金保险、团体人寿保险和健康保险与退休计划。这些保险产品的功能主要体现在几个方面：一是为了保护客户免受经济损失，这是人寿与健康产品最重要的功能；二是帮助客户为未来进行储蓄；三是帮助人们投资。

财产与责任保险公司主要为消费者提供海上保险、货物运输保险、火灾保险、运输工具保险、工程保险、农业保险、各类责任保险等产品。上述产品的主要功能是帮助投资人转移风险、减少损失。

再保险公司是经营再保险业务的商业组织机构。再保险是与原保险相对应的概念。原保险是保险人对所承保的保险事故在其发生时对被保险人或受益人进行赔偿或给付的行为。再保险是指原保险人为避免或减轻其在原保险中所承担的保险责任，将其所承包的风险的一部分再转移给其他保险人的一种行为。

137．什么是保险市场？其构成要素有哪些？

保险市场从传统意义上讲是以保险中介人为媒介的具有固定交易场所和固定交易行为模式的保险业务经营场所。现代意义上的保险市场，是促进保险交易实现的整个运行机制，是由市场交易主体和交易客体两大要素构成的。

保险市场的交易主体是指保险市场的参与者，包括保险市场的供给方和需求方及保险中介方。保险市场的供给方即为保险人，是提供各类保险商品来承担、分散和转移风险，并求得各类经济收益的各类保险人。保险需求方即为各类有保险需求的投保人。保险中介人既包括活动于保险人与投保人之间，充当保险供需双方媒介，把保险人和投保人联系起来并建立保险合同关系的人，也包括独立于保险人与投保人之外，以第三方身份处理保险合同当事人委托办理的有关保险业务的公证、鉴定、理算、精算等事项的人。具体包括保险代理人、保险经纪人、保险公估人、保险律师、保险精算师等。

保险市场的客体是指保险市场上供求双方具体交易的对象，即为保险商品，保险市场的客体就是保险商品及其价格。保险商品是由保险人或保险管理机关开发设计的各类保险险种。保险价格就是保险费，包括纯保费和附加保费。纯保费是由保险公司用于支付保单预期赔付的费用，即等于预期赔付保险金的现值，通常为保险金额乘以保险费率。附加保费是在纯保费基础上加收的费用，用以支付保险公司营业所需费用。

138．什么是保险中介人？

保险中介人是介于保险人与投保人之间，促进双方达成保险合同或者协助履行保险合同的人。保险中介人主要分为保险代理人、保险经纪人和保险公估人。

中国《保险法》第117条规定:"保险代理人是指根据保险人的委托、向保险人收取手续费,并在保险人授权的范围内代为办理保险业务的机构或者个人。"代理人分为专业代理人、兼业代理人和个人代理人三种。其中,专业保险代理人是指专门从事保险代理业务的保险代理公司,根据中国《保险代理机构管理规定》,保险代理机构可以以合伙企业、有限责任公司或股份有限公司形式设立。兼业保险代理人是指受保险人委托,在从事自身业务的同时,指定专用设备专人为保险人代办保险业务的单位。在中国,典型的兼业代理机构有银行、邮政等行业。个人代理人是指根据保险人的委托,在保险人授权的范围内代办保险业务并向保险人收取代理手续费的个人。根据中国《保险代理人管理规定(试行)》,个人代理不得办理企业财产保险业务和团体人身保险业务;不得签发保险单;任何个人不得兼职从事个人保险代理行业。

中国《保险法》第118条规定:"保险经纪人是基于投保人的利益,为投保人与保险人订立保险合同提供中介服务,并依法收取佣金的机构。"保险经纪人必须具备一定的保险专业知识和技能,通晓保险市场规则、构成和行情,为投保人设计保险方案,代表投保人与保险公司商议达成保险协议。经纪人在办理保险业务中是投保人的代理人,但经纪人的活动客观上为保险公司招揽业务,故其佣金由保险公司按保费的一定比例支付。

保险公估人又称保险公证人,是指依照法律规定设立,受保险公司、投保人或被保险人委托办理保险标的的查勘、鉴定、估损以及赔款的理算,并向委托人收取酬金的公司。公估人的主要职能是按照委托人的委托要求,对保险标的进行检验、鉴定和理算,并出具保险公估报告,其地位超然,不代表任何一方的利益,使保险赔付趋于公平、合理,有利于调停保险当事人之间关于保险理赔方面的矛盾。保险公估人提供的公证书不具备强制性,但它是有关部门处理保险争议的权威性依据。

保险代理人与保险经纪人都是代理办理保险业务,但二者有着本质的区别。保险代理人是保险公司的代表,派出机构在实质上就是保险公司的派出机构,他们接受的业务就是保险公司接受的业务。法律上将保险公司与其代理人视同一体,代理行为所产生的权利义务后果由被代理人——保险人承担。而保险经纪人是客户的参谋,被视为被保险人的代理人,处于保险人或保险代理人的相对地位,其代理活动基于投保人或被保险人的利益。保险经纪人只能以自己的名义进行保险中介活动,这是保险经纪人与保险代理人的一个根本区别。从本质上看,保险经纪人既非投保人的代理人,又非保险人的代理人,只是为保险合同的订立提供中介服务的人。保险经纪人不代理投保人订立保险合同,除非双方特别约定。保险代理人一般代理投保人订立保险合同。因保险经纪人过失或疏忽而使被保险人的利益受到损害,保险经纪人要负民事法律责任,给予被保险人经济补偿。代理行为所产生的权利义务后果则由保险人承担。

139. 中国保险经纪业是如何发展的?

中国保险经纪业的发展主要经历了三个阶段:

第一阶段从20世纪90年代初到90年代末,为中国保险经纪业的起步发展阶段。这一阶段的显著特征是,保险经纪、保险顾问与风险管理顾问的概念逐渐被引入中国保险市场,保险经纪人的监管问题则逐渐被纳入管理者的视野。1993年3月3日,华泰保险经纪公司的前身——华泰保险咨询服务公司成立,这是国内第一家从事保险经纪业务的中资公司;1993年12月15日,塞奇维克保险与风险管理咨询(中国)有限公司在北京被批准成立,这是第一家进入中国市场从事保险与风险管理咨询业务的外资公司,后被达信公司收购。

第二阶段从2000~2002年,为中国保险经纪行业的探索发展阶段。这一阶段的显著特点是对保险经纪公司实行较严格的市场准入控制。针对当时社会上申请设立保险经纪公司热情较高的状况,中国保监会采取分批次集中审批的方式发展保险经纪公司,同时逐步搭建起了保险经纪公司监管制度框架。2000年,江泰、长城、上海东大等三家经纪公司相继经批准开业,2001年批准设立4家,2002年批准设立6家。

第三阶段从2003年起到现在，为中国保险经纪业的市场化发展阶段。这一阶段的显著特点是确立了中国保险经纪业的市场化的发展道路。中国保监会坚持发挥市场机制对保险中介资源配置的基础作用，取消了一系列阻碍市场发展的不必要的限制，建立起优胜劣汰的市场化准入和退出机制，提高了监管透明度，实现了机构审批的规范化与常态化。2003年全国新设保险经纪公司67家；2004～2007年，每年新设经纪公司数量分别为116家、77家、56家和38家。中国保险市场共有保险经纪公司334家，资本来源分布广泛，包括电力、石化、教育、航空、体育、医疗卫生等许多重要行业和领域。

排名	机构名称	业务收入（万元）
1	英大长安保险经纪有限公司	31205.27
2	中怡保险经纪有限责任公司	13294.89
3	江泰保险经纪股份有限公司	12523.36
4	北京联合保险经纪有限公司	9518.45
5	韦莱保险经纪有限公司	9225.67
6	达信（北京）保险经纪有限公司	8358.66
7	竞盛保险经纪股份有限公司	7971.16
8	华泰保险经纪有限公司	6109.85
9	航联保险经纪有限公司	5480.15
10	中人保险经纪有限公司	4970.85
11	中盛国际保险经纪有限责任公司	4906.00
12	长城保险经纪有限公司	4430.55
13	广东泛华卡富斯保险经纪有限公司	4278.69
14	国电保险经纪（北京）有限公司	4127.21
15	华信保险经纪有限公司	3187.33
16	深圳美臣泰平保险经纪有限公司	3071.14
17	诚合保险经纪（北京）有限责任公司	2999.24
18	上海环亚保险经纪有限公司	2934.29
19	华润保险经纪有限公司	2739.97
20	五洲（北京）保险经纪有限公司	2539.60

资料来源：中国情报网。

140. 什么是保险合同？它包括哪些种类？保险合同规定了哪些内容？

保险合同也称保险契约，它是保险关系双方当事人之间订立的具有法律约束力的协议。根据这种协议，投保人向保险人交付一定数量的保险费，当保险标的遭受保险事故发生损失后，或者在约定的人身事件出现时，由保险人对被保险人承担经济补偿或者给付保险金的责任。保险合同按照不同的分类方式可以有不同的分类：

按合同性质分类分为补偿保险合同和给付保险合同。补偿保险合同是指保险人的责任以补偿被保险人的实际经济损失为限，并不得超过保险金额。各种财产保险合同均属于补偿性合同。给付保险合同在保险事故发生或人身事件出现时，保险人按合同约定的保险金额实行定额给付，不得增减。人身保险合同属于给付性合同。

按承保风险责任分为特定风险合同和一切险合同。特定风险合同是指承保约定风险的合同。它又分为单一风险合同和综合风险合同。合同中必须把承保的风险责任一一列举出来，即采用列举式。一切险合同在保险合同中除了列举的除外风险责任外，保险人承担其他一切自然灾害、意外事故及外来风险责任，即采用排除法。

按补偿价值确定方法分为定值保险合同和不定值保险合同，这种分类方法适用于财产保险。定值保险合同是在订立保险合同时，由保险双方当事人约定保险财产价值载明于保险合同中，按约定价值确定保额、计收保费和计算赔款。保险标的发生损失时，不论实际价值发生变化与否，以约定的保险价值为赔偿计算标准。定值保险合同主要适用于那些财产价值易变的保险标的。海洋运输货物保险按国际惯例采用定值保险合同。不定值保险合同是指保险双方在订立保险合同时并不约定保险价值，而是确定一个保险金额载明于保险合同中作为赔偿的最高限额。保险标的发生损失时，以保险事故发生时保险标的的实际价值为赔偿计算标准。大部分财产保险采用不定值保险合同。

按业务保障对象分为原保险合同和再保险合同。原保险合同是投保

113

人与保险人之间签订的合同，这种合同是直接承保业务的合同，其保险对象是被保险人。原保险合同又可以以承保人数量和责任承担方式为标准分为一般保险合同、共同保险合同、重复保险合同。再保险合同是在原保险人和再保险人之间签订的合同，这种合同是转嫁风险、分保业务的合同，其保障对象是原保险人。

保险合同的内容表现在保险条款和保单有关项目上，保险合同应当包括下列基本事项：保险人的名称和住所；投保人、被保险人的姓名或者名称、住所，以及人身保险的受益人的姓名或者名称、住所；保险标的，就是为什么东西保险，保险的对象既可以是财产，也可以是人的寿命和身体，它是确定保险金额的重要依据；保险责任与责任免除（除外责任），不是任何险都能保的，保险合同中通常明确了保险公司的赔付范围，只有在此范围以内，保险公司才承担赔偿责任；保险期间和保险责任开始时间，保险期间是指保险责任的有效期限，如果在这一期限发生保险事故，保险才会予以赔付；保险价值，就是保险标的的价值，它是确定保险金额和损失赔偿额的重要依据；保险金额，指保险公司最多赔付多少钱；保险费，保险金赔偿给付办法，保险合同中需要明确保险公司支付保险金的办法、标准和方式；违约责任和争议处理，当事人如果出现违约，应当承担什么样的法律责任，如果出现争议，应采用何种处理争议的方式，保险合同也对这两个问题提前作出了明确的规定。

141. 保险合同中的相关人有哪些？

保险合同中的当事人有保险人、投保人和被保险人，关系人中有保单所有人和受益人。

保险人又称承保人，一般指保险公司。为了保障被保险人的利益，维护社会经济秩序，各国法律都有关于保险人资格的严格规定，包括组织形式、机构设立审批程序、公司章程、注册资本金、业务范围等。

投保人又称要保人，是向保险人申请投保并负有支付保险费义务的另一方当事人，包括法人和自然人。投保人应具备一定的条件：一是具有完全的权利能力和行为能力。二是对保险标的必须具有可保利益。

被保险人是受保险合同保障，在保险事故或人身事件发生后有权按照保险合同约定向保险人索赔并获得保险金的人，包括法人和自然人。被保险人与投保人的关系有两种情况：第一，投保人为自己的利益订立保险合同时，投保人即为被保险人。第二，投保人为他人利益订立保险合同时，投保人与被保险人则分属二人。

保单所有人是指拥有保单各种权利的人。保单所有人是在投保人与保险人订立保险合同时产生的，他可以与投保人、受益人是同一人，也可以是其他任何人，如被保险人的法定继承人。在寿险合同中，保单所有人具有特别的意义。由于寿险合同具有储蓄性或投资性特征，保单具有现金价值，也是一种金融资产，所有人的意义就显得十分重要了。寿险保单所有人所拥有的权利有以下几种：变更受益人；领取退保金或保单红利；以保单作为抵押品向金融机构借款；以保单为质押品向寿险公司借款；放弃或出售保单的一项或多项权利；指定新的所有人。

受益人即保险金受领人，是人身保险合同中被指定的享有保险金请求权的人。对于那些含有死亡责任的人身保险合同，有必要指定受益人。受益人有两个构成要件：受益人是享有保险金请求权的人；受益人由被保险人、投保人或保单所有人指定并载入保险合同。受益权不同于继承权，受益人也区别于继承人。受益权来自保险合同的约定，是原始取得；而继承权是对遗产的分割，是继承取得。因此，受益人领取的保险金不属于被保险人的遗产，既不缴纳遗产税，也不用于清偿被保险人生前债务，而是受到法律保护。但是，中国新《保险法》第42条规定，被保险人死亡后，遇有下列情形之一的，保险金作为被保险人的遗产，由保险人依照中国《继承法》规定，向被保险人的法定继承人履行给付保险金的义务：没有指定受益人，或者受益人指定不明无法确定的；受益人先于被保险人死亡，没有其他受益人的；受益人依法丧失受益权或者放弃受益权，没有其他受益人的。另外，受益人与被保险人在同一事件中死亡，且不能确定死亡先后顺序的，推定受益人死亡在先。

142. 什么是保险单证？

保险单证是保险合同的书面表现形式。在保险实务中，书面形式的保险合同主要有投保单、保险单、暂保单、保险凭证及批单这五种单证。

投保单也称要保书，是投保人向保险人申请订立保险合同的凭证。投保单是由保险人准备的有统一格式的单证，投保人要按所列项目逐一填写。投保单项目因险种而异，如汽车保险投保单项目包括：投保单位、地址、车牌及号码、制造年份、用途、吨位或座位、行驶区域、停放地点、保险金额、保险费率、保险费、保险期限等。投保单是保险合同的重要组成部分，一般来说，投保单只要经过保险人签章承保后，保险合同即告成立。

保险单简称保单，是投保人与保险人之间保险合同行为的正式书面形式。保险单是保险合同的主要凭证，但是保险合同的成立可能在保险单签发之前。在保险合同业已成立且生效而正式保险单签发之前发生的保险事故损失，保险人仍应负赔偿责任，除非保险双方当事人在保险合同中约定以出立保险单为保险合同成立的条件时，保险人才不负赔偿责任。

暂保单又称临时保险单，它是正式的保险单发出前的临时凭证，证明保险人已经接受承保。暂保单的法律效力与正式保险单完全相同，但是有效期限较短，有效期由保险方具体规定，一般为30天，正式保险单签发后暂保单则自动失效。暂保单不是订立保险合同的必备单据，一般在特殊情况下使用暂保单。例如，保险人和投保人在洽谈或续订保险合同时，双方已就主要条款达成协议，但还有一些条件需要进一步协商，在没有完全谈妥之前，先出立暂保单作为保障证明。暂保单一般只适用于非寿险业务中，人寿保险不使用暂保单，因为人寿保险合同不可以由保险人随时取消。

保险凭证是一种简化了的保险单，它与保险单具有同样的法律效力。保险凭证也只在部分保险业务中使用。如在货物运输预约保险单下，对一定期限内的保险货物再分别向被保险人签发保险凭证。

批单是为了对保险合同某些事项进行修改、补充或增删内容，由保险人出立的一种变更保险合同的凭证，它也是保险合同的组成部分。

143. 什么是保险密度与保险深度？

保险密度是指按一定范围人口计算的年人均保费支出，它与一国保险业发展水平及普及程度成正相关。保险深度是指某国家（地区）当年保费收入占其国内生产总值（GDP）的比重，它反映了保险业对国内生产总值贡献的程度。保险密度大，反映了该国（地区）居民在满足了基本生活需要的同时，关注自身的安全保障；保险深度大，反映该国（地区）的保险业比较发达。

144. 什么是存款保险制度？

存款保险制度是指由符合条件的各类存款性金融机构集中建立一个保险机构，各存款机构作为投保人按照一定存款比例向其缴纳保险费，建立存款保险准备金，当成员机构发生经营危机或面临破产倒闭时，存款保险机构向其提供财务救助或直接向存款人支付部分或全部存款。

根据公开资料，到目前为止，全球范围内有三种形式的存款保险制度，强制保险（如英国、日本及加拿大）；自愿保险（如法国和德国）；强制与自愿相结合（如美国）。

存款保险制度可以提高金融系统稳定性，保护存款人的利益，促使银行适度竞争。但其本身也具有成本，并可能诱发道德风险，使得银行承受更多风险，还产生逆向选择问题。

145. 什么是网络保险？

网络保险是新兴的一种以互联网为媒介的保险营销模式，有别于传统的保险代理人营销模式。网络保险是指保险公司或新型第三方保险以互联网和电子商务技术为工具来支持保险销售的经营管理活动的经济行为。

网络保险的好处：（1）相比传统保险推销的方式，网络保险让客户能自主选择产品。客户可以在线比较多家保险公司的产品，保费透明，保障权益也清晰明了，这种方式可让传统保险销售的退保率大大降低。(2)服务方面更便捷。网上在线产品咨询、电子保单发送到邮箱等都可以通过轻点鼠标来完成。(3)理赔更轻松。互联网让投保更简单，信息流通更快，也让客户理赔不再像以前那样困难。(4)保险公司同样能从网络保险中获益多多。通过网络可以推进传统保险业的加速发展，使险种的选择、保险计划的设计和销售等方面的费用减少，有利于提高保险公司的经营效益。据有关数据统计，通过互联网向客户出售保单或提供服务要比传统营销方式节省58%～71%的费用。

第7章 信托机构与市场

146. 什么是信托？信托的基本特征有哪些？

信托是受人之托、代人理财。它是指委托人对受托人的信任，将其财产权委托给受托人，由受托人按照委托人的意愿以自己的名义，为受益人的利益或其他特定目的进行管理或处置的行为。

信托的基本特征如下：

（1）信托具有融通资金的性质。信托是按照"受人之托、代人理财"的基本特征来融通资金管理财产的，具有明显的融通资金的特点。信托与银行信用一样，也是一种独立的信用方式。

（2）信托以受托为主，多面服务。信托行为包括委托、受托和受益三方面，其中受托人的经营活动是其主要方面，它贯穿在执行信托契约的全过程。受托人经营的优良程度，关系到委托人信托目的能否圆满实现和受益人能否获利。信托业务是多方面为社会提供服务的。

（3）信托方式灵活，适应性强。信托可以灵活选择投资、贷款、直接或间接融资的运用方式，以适应社会需要。信托业务方式多样化，业务活动具有灵活性。

（4）信托财产具有独立性。信托财产是受托人替委托人代为管理和处理的财产。因此，不仅需要把信托财产与受托人的固有财产严格区分开来，而且也要将不同委托人委托的信托财产区分开来，分别核算，这样才能保证委托人和受益人的利益，促使受托人公正、合理地处置信托财产。

（5）受托人不承担损失风险。受托人是按照委托人的意图对其财产进行管理和处理。损失按实际的结果进行核算。若有收益，则获得的经营收益归受益人享受；若有亏损，也由委托人或受益人承担。受托人在自己没有过失的情况下，对信托业务产生的损失不承担任何责任，并依据信托协议，向委托人或受益人收取该项信托业务所发生的费用。

147. 信托在中国是如何发展的？

一些学者认为，中国自汉代以来便有信托这种模式存在。汉代一直有一种被称为牙行或牙栈的店铺，专门以自己的名义代客买卖物品并收取佣金，但此种店铺实为经纪行为，而非现代意义上的信托制度。应该说在20世纪之前，中国没有信托的理念，到了19世纪末20世纪初，一些熟悉西方文化、热衷于中国经济进步的人士建议"洋为中用"，改造传统信用制度，建立近代金融制度与体系，一些私营银行率先从英美导入了信托经营模式。1919年聚兴诚银行上海分行设立信托部从事信托业务，这是中国历史上的第一家信托部，也是中国真正开始引入信托制度及其运作机制，可以说是中国现代信托业的发端，此后私营银行纷纷开设信托部。1949年11月1日，中国人民银行上海分行信托部成立，其业务包括房地产、运输、仓库保管及其他代理业务；1951年6月，天津市投资公司成立，公私合营；1955年3月，广东省华侨投资公司成立，开办信托业务。此外，北京、武汉等地也曾成立过信托机构，办理信托业务，后来由于国家对原来的民营信托公司和银行信托部实行严格的管理整顿和改造，一部分资金不足、缺乏正常业务的机构率先被淘汰、停业，余下的被纳入金融系统，与银行钱庄一起走国家资本主义道路。但这种良好的开端并没有造就高度发达的信托体制。当时各信托机构的章程大都沿袭了英美有关信托的条款，实际开展的信托业务少之甚少，除了少量的商事信托外，民事信托和公益信托几乎没有。信托机构的经营范围也较为混乱，它们多侧重于经营房地产和证券业务，有的还兼营储蓄和保险业务。银行业和信托业的界限不清，信托法制也一片空白。

信托制度在中国曾一度中断，直至70年代末80年代初，才又被提到议事日程上。1979年10月，中国第一家具有里程碑与标志性意义的信托投资机构——中国国际信托投资公司成立，在其后极短的时间内，信托投资公司如雨后春笋般在各地涌现，但它们在运作上只有信托之名，而无信托之实。由于种种原因，中国信托业在其发展过程中的价值取向、业务空间、市场定位、法律规范等问题一直未能有效解决。自1982年以来，国家五次对信托业进行清理整顿，使信托业元气大伤。2001年4月《中华人民共和国信托法》颁布并于10月实施，这标志着20多年来中国信托业无法可依的混沌局面成为历史，这为信托业的优质发展奠定了坚实的法制基础。综观世界经济的发展历程，信托业的发展是伴随着各国市场经济的发展及金融体制的深化而进化的。1979年10月中国国际信托投资公司的宣告成立，标志着信托业在中国的兴起。在此后20多年的时间里，中国信托业在成长中历尽波折，五起五落。1995年10月，中银信托投资公司因资不抵债被强制收购，由广东发展银行接盘；1997年2月，中国农村发展信托投资公司因到期债务不能偿还被勒令关闭；1998年6月，中国新技术创业投资公司因资不抵债被清盘；1998年10月，号称中国信托业"二哥"的广东国际信托投资公司也因负债累累和支付危机被关闭，海内外震惊；2002年1月，中国人民银行发布公告，撤销中国光大国际信托；2002年6月，中国经济开发信托投资公司因严重违规经营，被宣布撤销。第五次清理整顿前的1998年年底，全国具有法人资格的信托投资公司已有239家，总资产合计6000多亿元。1998年广东国际信托投资公司的破产事件成为中国信托业发展的冰点。此后，在清理过程中，信托投资公司的总数减少到218家，后来进一步撤并重组，经重新登记现在为68家。

148. 信托的职能和作用体现在哪些方面？

信托的职能反映信托的本质，是其固有属性的具体体现。在现代市场经济条件下，信托在金融体系中占有特殊地位，对社会经济发展起到了积极的促进作用。信托的这些职能主要表现在以下四个方面：(1) 财务管理职能。这是信托的基本职能，是指受托人接受委托人的委托，为委托人处理各种财产事务的职能，即"受人之托，为人管业，代人理财"。(2) 融通资金职能。这是指委托人通过接受信托财产并对其进行管理运用，从而起到融通资金的作用。在货币信用经济下，个人财产的一部分会以货币资金的形态表现出来。因此，对这些货币形态的信托财产的管理和运用自然也就伴随着货币资金的流动。信托这一职能的发挥，受到社会融资体制和金融市场发展的制约，视各国对信托业务的认识和利用程度的高低而定。（3）中介服务职能。在现代经济条件下，各经济主体之间的交易关系日益复杂，特别是经济生活中固有的信息不完备和交易主体存在的机会主义倾向，使交易费用愈发昂贵。为降低交易成本，各经济主体在交易时就需要了解与经营有关的经济信息。由于信托可以建立多边的经济关系，是天然的横向经济联系的桥梁和纽带。通过信托业务的办理，特别是通过代理和咨询业务（如代理发行有价证券、代理收付款项、代理保管资财、信用签证、经济咨询、资信调查等），受托人以代理人、见证人、担保人、介绍人、监督人等身份为经营各方建立相互信任关系，为经营者提供可靠的经济信息，为委托人的财产寻找投资场所等，从而加强了横向经济联系和沟通，促进了地区之间的物资和资金交流，也推进了跨国经济、技术协作。（4）社会投资职能。这是指受托人按照信托契约将货币形式的信托财产运用于投资领域，参与社会投资行为所产生的职能。信托机构开办投资业务是世界上大部分国家的普遍做法。中国自1979年恢复信托业务起就开办了投资业务，投资业务已成为信托机构的主要业务之一。

信托业发挥的作用有：（1）促进市场经济的发展。由于交易成本和信息不对称的存在，市场机制配置资源的功能受到很大影响。信托是一种以信任为基础的财产管理制度，通过信托活动的开展与信托制度的完善可以大大降低社会交易成本，提高资源配置的效率。另外，信托业务活动可以将其他部门、企业的资金筹集起来，按照国家产业政策及搞活经济的需要积聚资金，支持社会再生产，促进中国市场经济的发展。（2）运用各种渠道，聚集社会闲散资金。随着市场经济的发展，货币流通量的扩大，沉淀间歇资金也越来越多，要会聚这部分资金，单纯地依靠银行是不够的，而利用信托灵活多样的经营方式，可以充分汇集社会的闲散资金。（3）充分发挥"代人理财"的特点，促进企业生产发展，加快商品流通。信托是以资财为核心、信用为基础、委托为方式的一种财产经济管理制度，它是委托人基于对受托人的信任，将自己的财产权转移给受托人，由受托人利用自身的优势和特长，实现委托人对财产管理运用的要求和目的，为委托人提供有效的服务，促进生产，加快商品流通，使受托资产保值增值。（4）大力发展代理业务，为社会提供全方位服务。代理业务是信托业务之一，由于信托业与各方面经济往来密切相关，经营技术娴熟，且有较高的信誉，因此信托机构开办代理业务，对方便客户、满足社会各方面的需要具有重大作用。（5）发展社会公益事业，健全社会保障制度。设立与发展各项公益信托，可以支持我国科技、教育、文化、卫生、慈善和环保等事业的发展。同时，社会保障基金的运用与管理，也可以交由专业信托机构负责，这样不仅可以拓宽基金资产的运用渠道，有助于其保值、增值并化解风险，还可以抵御通货膨胀的压力。此外，信托机构受托管理企业年金，通过信托机构的专家理财，有助于企业将员工的福利和保障落到实处，保证员工的合法利益。（6）信托业务有利于促进中国的对外开放。在中国改革开放不断深化的进程中，信托可以利用自己的优势为国内外各方面牵线搭桥，通过开展咨询、资信调查等业务，沟通并协助国内外双方达成协议，签订经济合同；接受外商委托，引进国外资金，经营其他代理业务，开展对外经济技术交流，促进中国的对外开放和市场经济的发展进程。（7）开辟新的融资渠道，促进中国金融市场的发展。现在对中国金融结构的改革要求积极发展直接融资，通过发行股票和债权的形式直接向社会筹集资金。信托机构通过代为发行股票、有价证券，帮助企业解决生产过程和流通过程的资金需要，同时通过代理证券的买卖，促进金融市场的发展。

149. 信托业务都有哪些种类？

信托的种类可根据形式和内容进行不同的划分。（1）按信托关系建立的方式可分为自由信托和法定信托。凡信托三方关系人依照信托法规，按自己的意愿自由协商而设立的信托称为自由信托。凡由司法机关依其权力指派信托关系人而建立的信托称为法定信托。（2）按委托人或受托人的性质不同分为法人信托和个人信托。法人信托是指具有法人资格的企业、事业和社团等法人组织以法人身份委托受托人办理信托业务的信托。个人信托是指以个人身份委托受托人办理信托业务的信托。(3) 按受益对象的目的不同分为私益信托和公益信托。私益信托即完全为委托人自己或其指定的受益人的利益而设定的信托。公益信托即为学校、技艺、慈善、宗教等事业以及其他社会公共利益而设立的信托。(4) 按受益对象是否是委托人分为自益信托和他益信托。自益信托是指委托人将自己指定为受益人而设立的信托。他益信托是指委托人指定他人作为受益人而设立的信托。(5) 按信托事项的性质不同可分为商事信托和民事信托。商事信托是指信托事项所涉及的法律依据在商法范围之内的信托。商事信托也称营业信托，一般由具有商业受托人身份的主体担任受托人，它是中国信托机构开展的主要业务。受托人通过经营信托业务，获得收益。民事信托是指信托事项所涉及的法律依据是在民事法律范围之内的信托。民事信托又称为非营业信托，业务涉及的是与个人财产有关的各种事务，如保管贵重物品、执行遗嘱、管理遗产等。(6) 按信托目的不同可分为担保信托、管理信托和处理信托。担保信托是指以确保信托财产的安全，保护受益人的合法权益为目的而设立的信托，它不在于对此种信托财产的管理和处理，而在于保证信托财产的确定与安全，保护受益人的合法权益。管理信托是指以保护受托财产的完整、保护信托财产的现状为目的而设立的信托。处理信托是指改变信托财产的性质、原状以实现财产增值的信托业务。(7) 按信托涉及的地域可分为国内信托和国际信托。国内信托即信托关系人在国内，信托行为也在国内进行。国际信托即信托关系人分属不同国家，信托行为也是跨国进行。(8) 按信托财产的不同可分为资金信托、动产信托、不动产信托、其他财产信托等。资金信托是指在设立信托时委托人转移给受托人的信托财产是资金的一种信托业务。动产信托是指以各种动产作为信托财产而设定的信托。不动产信托是指以土地及土地上定着物为信托财产的信托。其他信托是指除了资金信托、动产信托、不动产信托以外的财产信托。(9) 按委托人数量不同可分为单一资金信托和集合资金信托。单一资金信托，也称为个别资金信托，是指信托公司接受单个委托人的资金委托，依据委托人确定的管理方式（指定用途），或由信托公司代为确定的管理方式（非指定用途），单独管理和运用货币资金的信托。集合资金信托主要是指受托人把两个或两个以上委托人交付的信托财产（动产或不动产或知识产权等）加以集合，以受托人自己的名义对所接受委托的财产进行管理、运用或处分的方式。

150. 什么是信托机构？

信托机构是指以受托人身份从事信托业务的法人机构。严格意义上的信托公司是指依照《中华人民共和国公司法》和《信托公司管理办法》（中国银行业监督管理委员会令2007年第2号）设立的主要经营信托业务的金融机构。

151. 信托投资公司的业务范围有哪些？

信托公司业务范围的具体规定，主要体现在中国人民银行发布的《信托公司管理办法》和《信托公司集合资金信托计划管理办法》的有关条款中，主要包括以下几类：

（1）受托经营资金信托业务，即委托人将自己无法或者不能亲自管理的资金以及国家有关法规限制其亲自管理的资金，委托信托投资公司按照约定的条件和目的，进行管理、运用和处置。

（2）受托经营动产、不动产及其他财产的信托业务，即委托人将自己的动产、房产、地产，以及版权、知识产权等财产、财产权，委托信托投资公司按照约定的条件和目的，进行管理、运用和处置。

（3）受托经营国家有关法规允许从事的投资基金业务，作为基金管理公司发起人从事投资基金业务。

（4）经营企业财产的重组、购并及项目融资、公司理财、财务顾问等中介业务。

（5）受托经营国务院有关部门批准的国债、企业债券承销业务。

（6）代理财产的管理、运用与处分。

（7）代保管业务。

（8）信用见证、资信调查及经济咨询业务。

（9）以自用资产为他人提供担保。

（10）中国人民银行批准的其他业务。

信托公司还可以接受为下列公益目的而设立的公益信托：①救济贫困；②扶助残疾人；③发展教育、科技、体育、文化、艺术事业；④发展医疗卫生事业，保护生态环境；⑤发展其他有利于社会的公共事业。

此外，中国法律规定信托公司不得办理存款业务，不得发行债券，不得举借外债。

根据上述业务范围，可以将信托公司的经营业务归纳为两大类：一是信托主营业务，包括上述业务范围的前三项和公益信托；二是兼营业务，除上述信托业务之外的业务。兼营业务又可以分为三类：①投资银行业务包括企业资产重组、购并、项目融资、公司理财、财务顾问等中介业务，国债、企业债券的承销业务；②中间业务，包括代保管业务、信用见证、资信调查及经济咨询业务；③自由资金的投资、贷款及担保业务。

152. 中国当前的信托机构有哪些？

截至2011年，获得中国银监会批准，通过重新登记的信托公司已有66家。主要介绍以下几家：

（1）平安信托。平安信托投资有限责任公司成立于1996年4月9日，注册资本69.88亿元，是中国平安保险（集团）股份有限公司的主要成员之一。平安信托以优良的资产质量、积极的创新精神和优秀的管理水平被中国银行业监督管理委员会评为"A类/优秀"级别，成为全国最优秀的信托公司之一。

（2）爱建信托。上海爱建信托投资有限责任公司是由上海爱建股份有限公司投资组建，于1986年8月经中国人民银行及国家外汇管理局批准成立，是全国首家民营非银行金融机构，公司注册资本金10亿元。2012年6月，公司注册资本金增至人民币30亿元。

(3) 昆仑信托。昆仑信托（原金港信托）成立于1986年11月，原为中国工商银行下属信托投资公司。2008年，公司成功换发新的金融许可证。2009年6月，公司进行增资扩股并更名为昆仑信托，注册资本增至30亿元，中国石油天然气集团公司的全资子公司中油资产管理有限公司为昆仑信托的控股股东。

(4) 华润信托。华润信托成立于1982年8月24日，原名深圳市信托投资公司，注册资本人民币5813万元。1984年华润信托经中国人民银行批准更名为深圳国际信托投资总公司，注册资本人民币1亿元，正式成为非银行金融机构，并同时取得经营外汇金融业务的资格。1991年，其再次更名为深圳国际信托投资公司，注册资本人民币2.8亿元，其中外汇资本金1200万美元。2002年2月经中国人民银行批准重新登记，公司领取了《信托机构法人许可证》，注册资本人民币20亿元，其中外汇资本金5000万美元，公司同时更名为深圳国际信托投资有限责任公司。2005年3月14日，深圳市国有资产监督管理委员会成为公司的控股股东。2006年10月17日，华润股份有限公司成为公司控股股东，公司注册资本由人民币20亿元增加到人民币26.3亿元。2008年10月，经中国银行业监督管理委员会批准，公司更名为华润深国投信托有限公司，简称"华润信托"。

(5) 上海信托。上海国际信托有限公司是上海国际集团有限公司控股的非银行金融机构。1981年公司由上海市财政局出资发起成立，1983年取得"经营金融业务许可证"。1992年公司实行股权结构多元化改制，此后历经四次增资扩股，现有股东共计13家，注册资本金达到人民币25亿元。2007年7月，按照信托新规的要求，经中国银监会批准由上海国际信托投资有限公司更名为"上海国际信托有限公司"。

(6) 江苏信托。江苏省国际信托有限责任公司成立于1981年，是经江苏省人民政府和中国银行业监督管理委员会批准设立的非银行金融机构，注册资本24.8亿元，控股股东为江苏省国信资产管理集团有限公司。

(7) 重庆信托。公司的前身是重庆国际信托投资公司，于1984年10月经中国人民银行批准成立，注册资本金3500万元，为国有独资的非银行金融机构；2002年1月，公司引入战略投资者，进行增资改制，2004年底，公司进一步增资扩股。

（8）外贸信托。中国对外经济贸易信托投资有限公司（以下简称"外贸信托"）经中国人民银行批准，于1987年9月30日在北京成立，同年12月18日正式开业。1994年12月31日，国务院批准外贸信托加入中国化工进出口总公司（2003年11月更名为中国中化集团公司），与原中化财务公司合并。2002年9月，外贸信托经中国人民银行批准重新登记，并获颁"信托机构法人许可证"，成为受中国银行业监督管理委员会直接监管的信托投资公司。2009年7月24日，根据中国银行业监督管理委员会批复，公司股东为中国中化股份有限公司（持股比例为93.07%）和远东国际租赁有限公司（持股比例为6.93%）。

（9）华信信托。大连华信信托股份有限公司是经中国银监会批准开展营业性信托业务的非银行金融机构，是目前辽宁省唯一一家信托公司，注册资本金20.57亿元。在中国银监会组织的2007年、2008年度全国信托业监管评级中，华信信托获评最高等级，为北京、上海以外注册的唯一一家最高等级的信托公司，拥有全牌照经营和优先创新试点资格。

（10）华宝信托。华宝信托有限责任公司成立于1998年，是宝钢集团有限公司旗下的金融公司，注册资本金10亿元（含1500万美元）。2007年3月，华宝信托第一家正式向中国银监会申请重新登记，2007年4月3日获得中国银监会批准，成为首家获准换发金融牌照的信托公司。

（11）渤海信托。渤海国际信托有限公司，注册地石家庄市，前身为河北省国际信托投资公司，是河北省内唯一一家经营信托业务的非银行金融机构。公司成立于1982年10月，2004年经中国银监会批准获得重新登记，2006年经中国银监会批准进行股权重组，重组后控股股东为海航资本控股有限公司。公司2007年、2009年及2011年分别进行了增资扩股，目前注册资本金20亿元。

（12）交银信托。交银国际信托有限公司是交通银行控股的非银行金融机构之一，具有国有大型商业银行背景的独特竞争优势和卓越的品牌信誉。公司注册资本金12亿元，交通银行股份有限公司持有85%的股份，湖北省财政厅持有15%的股份。公司是国务院特批的第一家商业银行直接投资控股的信托公司，也是第一家按照新"一法两规"重组设立的信托公司。

除此之外，中国的其他信托公司还有：中融信托、中原信托、国元信托、中航信托、华融信托、北方信托、吉林信托、中铁信托、华能信托、新华信托、建信信托、江西信托、北京信托、长安信托、山东信托、粤财信托、中信信托、中海信托、中诚信托、英大信托、兴业信托、天津信托、新时代信托、百瑞信托、山西信托、国投信托、中投信托、厦门信托、湖南信托、中泰信托、苏州信托、国联信托、东莞信托、华宸信托、安信信托、金谷信托、杭州信托、西部信托、甘肃信托、华澳信托、云南信托、西藏信托、国民信托、五矿信托、紫金信托、方正信托、大业信托、海协信托、陕西国投、杭州信托、浙金信托、西藏信托、四川信托。

153. 中国信托机构的发展现状如何？

截至2010年末中国信托资产规模达到30404.6亿元，比2009年增长7.9%，稳步突破3万亿元大关，是2006年的8倍多。截至2011年末，中国信托资产规模达48114.38亿元，信托公司经营收入达到439.29亿元，利润总额达到298.57亿元。经过20多年的发展，中国信托资产规模不断增大，信托产品已在房地产、基础设施等领域开始发挥重要的作用，信托在中国金融制度创新方面的优势已经显现，已经成为中国金融系统的重要组成元素与创新工具，在促进国民经济发展等方面做出了突出的贡献。

但是，受政治、经济等多方面因素的制约，作为主要运用信托关系从事金融服务的信托公司在中国金融体系中"边缘化"的特征并未根本转变，在市场竞争中仍处于弱势地位。中国信托业发展过程中主要存在以下问题：（1）信托市场仍需进一步开发和培育。尽管近年来中国经济建设取得了举世瞩目的发展，但在经济环境和制度方面仍需要进一步完善，个人和企业经济实力与国际相比差距较大，信托文化和市场基础有待进一步开发和培育。特别是受信托业发展历史的影响，尽管现在的信托业务已经逐步规范，但要赢得投资者的普遍信赖仍需一个相当长的过程；（2）信托市场面临着其他金融机构的诸多竞争。尽管信托公司可以选择证券投资、信贷、拆借或项目投资等多种途径进行投资组合管理，但是由于信托业自身定位不够清晰，业务和市场的非专属性使得信托公司面临着来自商业银行、证券公司和基金公司等多方面的竞争。如银行的多方委托贷款业务、证券公司的集合理财业务等，都与信托公司的集合资金信托计划相类似，但却比信托公司更具有政策和市场优势；（3）信托监管架构体系及法律法规仍存在缺陷。信托业在监管架构上的缺陷依然存在。主要表现在：一是监管分割，金融机构的业务有时性质相同，但可能分属不同的部门和法律的监管；二是信托税制、信托财产登记、外汇信托、会计处理、行业标准等相关管理办法尚未完全出台，使得信托业务运作存在较大的风险；（4）信托业务拓展受政策的制约影响较严重。信托整顿相关条例规定，信托公司不得设立任何形式的分支机构，还有尚未明确的信托公司跨区域经营问题，也阻碍了信托公司的规模化发展。在信托受益权转让方面，缺乏一个有效的二级市场，这已经直接影响到一级市场的发行及其效率，对信托业的长远发展非常不利。

154. 信托与委托代理、债有何区别？

委托是指受托人以委托人的名义处理他所受托的事物，而受托人所做的代理活动的后果由委托人承担；代理是指代理人以被代理人的名义，在授权范围内与第三者进行的法律行为，这种行为的法律后果直接由被代理人承担。信托与委托代理的区别主要有以下情况。

第7章 信托机构与市场

区别	信托	委托代理
当事人	多方当事人，包括委托人、受托人、受益人。受益人可以是委托人本人，也可以是第三者	委托人（被代理人）和受托人（代理人）为双方当事人。受益者通常是被代理人本人
财产所有权	财产的所有权发生转移，要从委托人转给受托人，由受托人代为管理	财产的所有权始终由委托人或被代理人掌握，并不发生所有权转移
成立条件	有确定的信托财产	没有确定的财产，委托代理关系也可以成立。
对财产的控制程度	一般不受委托人和受益人的监督	受托人则要接受委托人的监督
涉及的权限	依据信托合同规定管理运用信托财产，享有广泛的权限和充分的自由，委托人则不干预	受托人权限较狭小，仅以委托人的授权为限，并且随时可向受托人发出指令，并必须服从
合同稳定性	信托行为一经成立，原则上信托合同不能解除	委托人（或被代理人）可随时解除委托代理关系

虽然信托业务里的金融信托业务和银行信贷都属于信用范畴，具有融通资金的特点；但两者在业务性质上具有本质区别，需要加以区分。信托与债的区别表现在下列方面。

区别	信托	债
财产运用	财产具有独立性，可以限定信托财产的适用范围	没有严格限制
财产追及	当受托人违背契约，委托人有追索权	只能要求偿还本息，不能针对某项财产追索
财产处理	信托财产不列入受托人的破产财产	债券所有人按照法律程序可要求财产破产清偿
收益分配	收益属于受益人	收益属于债务人
风险分担	尽职情况下不承担责任	债务人必须按期还本付息

155. 信托的构成要素有哪些？

信托具有五个构成要素：

（1）信托行为是指信托当事人在相互信任的基础上，以设定信托为目的，用订立书面合同的形式发生的一种法律行为，也就是合法设定信托的行为。

（2）信托主体是指信托行为的行为主体，即委托人、受托人、受益人。这三人必须具备一定的资格和条件，享有一定的权利，承担一定的义务，形成信托关系，才能使信托业务顺利进行。

（3）信托目的是委托人通过信托行为要达到的目标。信托目的由委托人提出，必须做到：一要合法；二要可能；三要为受益人所受。

（4）信托客体是指信托关系的标的物，即信托财产。信托财产是委托人通过委托行为转移给受托人并由受托人按照约定的信托目的进行管理或处理的财产，也包括信托成立后，经受托人管理或处理而获得的新的财产。

（5）信托的结束是指信托行为的终止。引起信托终止的原因一般有两点：已达到预定的信托目的或合同期满。由于有某种规定原因而不能达到预定的信托目的，在信托法规定的范围内，委托人或受益人准许接触或要求法院解除信托。

156. 一个完整的信托关系中，包含的信托当事人有哪些？

信托当事人又称信托关系人，是信托法律关系的主体。一般来讲，一个完整的信托关系，应当有委托人、受托人和受益人三方。

委托人是指为自己或者他人利益或者特定目的而将自己所有的财产委托或者转移给受托人管理或者处分、具有完全民事行为能力的自然人、法人或者依法成立的其他组织。一般而言，自然人、法人、其他组织均可作为委托人。但是自然人作为委托人时，应当具有完全民事行为能力。此处所讲依法成立的其他组织是指法人以外的合法成立的、有一定组织和财产，但又不具备法人资格的组织。委托人也可以是两人以上，如就共有财产设立信托时，所有共有人同时为委托人。

在信托关系中，委托人处于管理和处分财产的中心位置，受托人的素质和经营能力对于是否给受益人带来受益、实现信托目的，起着关键的作用。中国信托法则规定，受托人是指接受委托，管理和处分信托财产的具有完全民事行为能力的自然人和法人。受托人也可以是两个以上，称为共同受托人。共同受托人在处理信托事务时，除信托文件另有约定外，应当共同处理信托事务。共同受托人在共同处理信托事务时，意见不一致的，按照信托文件的规定处理；未规定的，由委托人、受益人或者利害关系人决定。

受益人是根据委托人指定（或者根据法律规定、法院指定）而享有信托利益的人。受益人可以是自然人、法人或者依法成立的其他组织。由于受益人是一种单纯享受利益的人，法律并不要求其在享受权利的同时，也必须履行相应的义务，所以只要是具备权利能力的民事主体都可以作为信托法上的受益人。

157. 信托设立的有效条件是什么？在什么情况下信托的法律关系可以终止？

信托的设立是指通过一定的方式在当事人之间建立信托关系。具体地说就是委托人基于对受托人的信任而将其财产委托给受托人进行管理或者处分的一种民事法律行为。狭义的信托设立仅指通过委托人的意思表示设立的信托，而广义的信托设立还包括依据法律规定直接设立的信托、依据法院推定而设立的推定信托。

信托的设立并不等于信托的成立。只有基于信托的合法设立，才能产生合法的信托关系。一个合法的信托关系，需要满足以下条件：（1）信托法律关系主体合法，即信托法律关系当事人应当符合信托法的有关规定。（2）信托目的的合法性和实现可能性。委托人设立信托，将自己的财产委托给受托人进行管理或者处分，其目的必须正当，符合法律的规定。委托人设立信托的目的是否具有合法性，直接关系到委托人取得和管理、处分信托财产的行为是否具有合法性的问题。（3）信托财产的确定性。信托财产在信托法律关系中居于核心地位，委托人设立信托，其核心内容也是将财产交付受托人进行管理或者处分。如果没有确定的信托财产，即使签订了信托合同，设立了信托，也会因为缺少法律关系成立的必要条件而使信托不能成立。（4）信托形式要合法。设立信托，在我国要采取书面形式，包括信托合同，遗嘱或者法律、行政法规规定的其他文件。另外，有关法律、法规规定的应当办理登记手续的，要办理信托登记。

信托法律关系的终止，就是对已经有效成立的信托，根据双方的约定或者法律的规定而失去法律拘束力的法律现象。根据中国信托法的规定，信托可以终止的情形有：（1）信托文件规定的终止事由发生。信托的设立采取意思自治原则，有关信托的内容，包括当事人的权利义务均可由当事人在信托文件中协商确定。同样，信托终止的事由也可以由当事人在信托文件中约定。一旦约定的事由发生，信托就可以终止。（2）信托的存续违反信托目的。信托目的是信托的必要条件之一，如果信托的存在违反信托目的，则违反了委托人设立信托的初衷，也不符合信托的基本要求，自然也就没有存在的必要。（3）信托目的已经实现或者不能实现。一切信托行为都应当围绕信托的目的进行。不管是信托目的已经实现或未能实现，信托都没有继续存在的必要。（4）信托当事人协商同意。信托的本质是一种民事法律行为，其设立、变更、终止都遵从当事人意思自治的原则，如果当事人之间通过协商终止信托关系，法律也应予以肯定。（5）信托被撤销。这里所讲的撤销，是指信托因存在法定情形而被人民法院依法予以撤销的行为。在信托被撤销的情况下，原来设立的信托自始无效。（6）信托被解除，包括法定解除和约定解除两种情况。原则上讲，信托一经成立，委托人不能够解除信托，但在法定情形和约定情形下，委托人可以解除信托。除委托人外，受益人也可以解除信托。

信托终止的，信托财产归属于信托文件规定的人；信托文件未规定的，按以下顺序确定归属：（1）受益人或者其继承人；（2）委托人或者其继承人。

158. 什么可以作为信托财产？信托财产有什么特性？

信托财产是委托人通过信托行为转移给受托人并由受托人按照一定的信托目的进行管理或处理的财产，也包括信托成立后，经受托人管理或处理而获得的新财产，如利息、红利和租金等。通常我们将前者称为信托财产，将后者称为信托受益。中国《信托法》对信托财产没有具体规定，只是说明"受托人因承诺信托而取得的财产属信托财产"。受托人因信托财产的管理运用、处分或者其他情形而取得的财产，也归入信托财产。法律、行政法规禁止流通的财产，不得作为信托财产。法律、行政法规限制流通的财产，依法经有关部门批准后，可以作为信托财产。

信托财产具有以下三种特性：一是转让性。信托的成立以信托财产的转移为前提条件，因此，信托财产的首要特征是转让性，即信托财产是委托人独立支配的可以转让的财产。二是独立性。独立性也称排他性，是指信托财产具有一种独立于其他财产之外的特性，主要表现在：（1）信托财产与受托人的固有财产相互独立。（2）不同委托人的信托财产或同一委托人的不同类别的信托财产相互独立。（3）同一委托人的信托财产和其他财产相互独立。三是有限性。信托财产只能在一定的时空上有限：（1）信托财产在空间上具有有限性，即其范围受法律限制；（2）信托财产在时间上具有有限性，即信托财产都有时效性（个别除外）。

159. 目前中国关于信托的法律、法规有哪些？如何对信托进行有效的监管？

2001年全国人民代表大会常务委员会通过了《中华人民共和国信托法》；2001年1月中国人民银行颁布了《信托投资公司管理办法》，2007年银监会又颁布了《信托公司管理办法》取代了《信托投资公司管理办法》；2002年银监会制定了《信托投资公司资金信托管理暂行办法》，2006年又通过了《信托公司集合资金信托计划管理办法》；2010年银监会通过了《信托公司净资本管理办法》；2007年银监会颁布了《信托公司治理指引》；此外银监会还出台了具体的法规对信托行业进行全面监管，如《信托投资公司信息披露管理暂行办法》《信托公司受托境外投资理财业务管理办法》《信托公司私人股权投资信托业务操作指引》《银行与信托公司业务合作指引》《信托公司证券投资业务操作指引》等。

　　为保障委托人的合法权益，保持信托业的公平竞争，弥补自行管理的不足，建立和维持一个公平、有序和有效的信托市场，信托的配套监管也应跟上行业的发展脚步。中国信托监管主要经历了三个阶段：第一，信托业监管的治理整顿阶段。从1981～1982年，各类型信托投资公司迅速膨胀，一些地方政府甚至鼓励地方管辖的国营、集体单位开设信托投资公司，严重冲击了国家对金融业务的计划管理和调控。为了规范信托业的发展，从1982年，中国金融管理部门对于信托业先后进行了五次整顿。第二，信托业监管制度的规范发展阶段。这一阶段政府完善了立法，通过法律法规的构建完善信托业发展的政策平台，明确监管主体，政府监督机构由中国人民银行移交给银监会，建立信托业协会。第三，信托业监管制度的逐渐成熟阶段。2007年1月23日，中国银监会颁布了《信托公司管理办法》对信托机构管理的内容做了补充完善，扩大了信托业务的范围。

　　信托业的监管分为信托法律监管、信托行政监管、信托业的自律三方面的内容。信托业的监管手段主要包括信息披露、最低资本金要求、外部监管、内部控制等。外部监管内容主要是批准、审查、备案、报告，以及对信托公司的准入、业务范围、退出机制的监管。内部控制主要是在组织管理、业务管理、财务管理方面进行内部的监督和管理，其中包括"好公司"标准：信托主业突出、依法合规经营，无违法违规违约记录、尽职管理，忠实履约；正常偿付到期信托本金和信托收益、创新能力强；善于在信托框架内推出新产品、公司治理规范；董事会、监事会、管理层各司其职、内部控制有效；有清晰的前后台分工，体现职责分离和监督制衡；信托事务管理、风险管理有章有法；五级分类、提足拨备、信息披露、非现场监管报表编报做得好；公司透明度强，关联方交易发生少，交易公开公平，按规定信息披露；较多采用信息技术等先进手段进行服务和管理等。

160. 什么是个人信托？个人信托业务有哪些特点？它有哪些分类？

个人信托是指委托人（指自然人）基于财产规划的目的，将其财产权移转予受托人（信托机构），使受托人依信托契约的本旨为受益人的利益或特定目的，管理或处分信托财产的行为。

个人信托的特点有以下五点：（1）专业的信托财产管理。由于受托人是专业的信托公司，可借助其专业人才的管理、经营能力，促使信托财产创造最大的效益。（2）目的多样性。由于服务对象是个人，需求是多样的，因此个人信托的内容、要求千差万别。（3）合法节税管理规划。以美国为例，其遗产税高达55%，经由信托财产规划，可实现合法节省赠与税及遗产税。（4）既要对人负责也要对物负责。以监护信托为例，其既要对被监护人的财产进行合理的管理和处分，还要对被监护人的身心健康负责。（5）财产妥善存续管理。信托可以使财产权于原所有人生命终止后，仍可依照其意旨去执行，让财产权的效益得以持续。

个人信托依设立时间可分为生前信托与遗嘱信托。生前信托是委托人在世时所设立，其信托目的包含财产的规划、财产增值及税负的考虑。遗嘱信托则是以遗嘱的方式设立，生效的日期是委托人发生继承事实的时候，其目的在于遗产的分配与管理。个人信托类业务主要包括四种，即财产处理信托业务、财产监护信托业务、人寿保险信托业务和特定赠与信托业务。财产处理信托业务是信托机构接受个人的委托对信托财产进行管理、运用的一种信托业务；财产监护信托业务是信托机构接受委托为无行为能力者的财产担任监护人或管理人的信托业务（这里指的无行为能力者主要是未成年人或限制民事行为能力人）；人寿保险（也称保险金）信托业务是人寿保险的投保人，在生前的保险信托契约或遗嘱形式委托信托机构代领保险金并交给受益者，或对保险金进行管理、运用，再定期支付给受益者的信托；特定赠与信托业务以资助重度身心残废者生活上的稳定为目的，以特别残废者为受益者，由个人将金钱和有价证券等委托给信托银行，作长期、安全的管理和运用，并根据受益者生活和医疗上的需要，定期以现金支付给受益者。

161. 什么是法人信托？它有哪些特点？为什么法人信托受到企业的青睐？

法人信托产生于19世纪美国，由公司、社团等法人委托信托机构办理的各种信托业务。法人信托又称"机构信托""公司信托""团体信托"，是"个人信托"的对称。法人信托有以下特点：首先，法人信托的委托人是公司、社团等法人组织；其次，受托人只能由法人机构承担，任何个人都没有受理法人信托的资格，这是因为法人信托所涉及的信托财产一般数额巨大，并关系到法人组织的整体利益，个人由于实力和经营管理能力的限制无力承办；再次，法人信托关系到企业的生产或者企业职工的直接利益，因此信托机构在运用信托财产时需十分谨慎；最后，法人信托与社会经济的发展有密切关系。在经济繁荣时期，通常企业经营效益较好，法人信托的业务因此急剧增加，而在经济萧条时期，由于企业普遍经营不佳，法人信托业务会相应缩减。

法人信托业务是信托机构的主要收入来源，其主要原因是法人信托的作用十分突出：(1) 公司理财。所谓的"公司理财"是指对企业经营中闲置的现金、长期资产等委托信托公司进行管理。这类信托产品有集合资金信托、证券投资基金等。(2) 融资服务。通过信托完善企业的融资渠道。信托机构是拥有庞大金融资产的金融机构，既可以做一般贷款（即债权性融资），也可做股权性融资。因此，当企业需要资金时，除了找银行外，还有一个重要的渠道是信托公司，它不但可以像银行一样发放贷款，而且还可以作为股东直接向企业投资。(3) 企业塑造公众形象、履行社会责任时也可利用信托。企业往往采用捐赠的形式树立公众形象，带有一定的广告性质。一次性的捐赠广告效果的持续期很短，如果采用公共信托的方式，例如，设立教育信托基金，用基金收益捐助失学儿童，可以长久保持企业的公众形象。企业履行社会责任方面也可使用信托方式。例如，某一个行业有一个共同的环保问题，靠单独的一个企业又无力解决，可以由每家企业每年拿出一部分资金建立一个环保公益基金，共同解决这一问题，履行社会责任。（4）为企业员工谋福利，增强公司凝聚力。公司为雇员提供各种利益的信托，即公司定期从雇员的工资或公司利润中扣除一定比例的资金，交给信托机构，委托后者加以管理和运用，并由公司雇员享受信托收益。

162. 法人信托业务有哪些？

（1）针对证券发行的信托：公司债信托、市政收益债券信托。

（2）有关公司创设、改组、合并、撤销和清算的信托，如表决权信托、避免企业破产信托等。

（3）关于有形财产的信托：动产信托、不动产信托。

（4）关于权利的信托：商事管理、发明、专利、著作、商标权信托。

（5）有关职工福利的信托：养老金信托、福利储蓄信托、职工持股信托、利润分享信托。

163. 什么是通用信托？它的主要业务有哪些？

通用信托（general trust）指介于个人信托与法人信托之间，既可以由个人做委托人，也可以由法人做委托人的信托业务。

通用信托业务主要包括以下五个方面：（1）投资信托。投资信托又称信托投资基金，即集合众多不特定的投资者，将资金集中起来设立投资基金，委托具有专门知识和经验的投资专家经营操作，共同分享投资收益的一种信托形式，基金投资对象包括有价证券和实业。因此，这类信托业务包括（集合）资金信托、证券投资基金。（2）不动产信托。委托人将土地或房屋的财产权转移给信托机构，由信托机构根据信托契约进行管理和运用，所得收益扣除各种费用之后，分配给指定受益人的一种信托形式。(3) 公益信托。公益信托是指将不同委托人提供的利得财富资金合理而有效地运用于公共福利事业的一种信托方式。(4) 管理破产企业的信托。管理破产企业的信托是为了保障债权人的利益、合理处置债务人的财产的一种信托业务。凡是出现债务负担过重、资金周转不畅、不能及时偿还债务本息的，甚至出现资不抵债、需要解体清算的企业，都可以申请该项信托。(5) 处理债务信托。当一个债务人对许多债权人负有债务，在其出现支付困难而又想避免"破产程序"时，可采用这种信托方式以达到清偿债务的目的。

164. 什么是房地产信托？它有哪些优势？它的主要业务范围有哪些？

房地产信托发源于美国，着眼于投资信托的优点，是一种以发行收益凭证的方式汇集特定多数投资者的资金，由专门投资机构进行房地产投资经营管理，并将投资综合收益按比例分配给投资者的一种信托基金。美国国会于1960年通过修订内地税法典，正式开创了房地产投资信托。与中国信托产品纯属私募所不同的是，国际意义上的房地产投资信托在性质上等同于基金，少数属于私募，但绝大多数属于公募。房地产投资信托既可以封闭运行，也可以上市交易流通，类似于中国的开放式基金与封闭式基金。

房地产信托发挥信托投资公司专业理财优势，通过实施信托计划筹集资金用于房地产开发项目，为委托人获取一定的收益。因此它具有其他投资产品所不具有的特点：第一，REITs的长期收益由其所投资的房地产价值决定，与其他金融资产的相关度较低，有相对较低的波动性，并在通货膨胀时期具有保值功能；第二，可免双重征税并且无最低投资资金要求；第三，REITs按规定必须将90%的收入作为红利分配，投资者可以获得比较稳定的即期收入；第四，在美国REITs的经营业务通常被限制在房地产的买卖和租赁，在税收上按转手证券计算，即绝大部分的利润直接分配给投资者，公司不被征收资本利得税；第五，一般中小投资者即使没有大量资本也可以用很少的钱参与房地产业的投资；第六，由于REITs股份基本上都在各大证券交易所上市，与传统的以所有权为目的房地产投资相比，具有相当高的流动性；第七，上市交易的REITs较房地产业直接投资，信息不对称程度低，经营情况受独立董事、分析师、审计师、商业和金融媒体的直接监督。

房地产信托经营业务内容较为广泛，按其性质可分为：（1）委托业务，如房地产信托存款、房地产信托贷款、房地产信托投资、房地产委托贷款等；（2）代理业务，如代理发行股票债券、代理清理债权债务、代理房屋设计等；（3）金融租赁、咨询、担保等业务。相对银行贷款而言，房地产信托计划的融资具有降低房地产开发公司整体融资成本、募集资金灵活方便及资金利率可灵活调整等优势。由于信托制度的特殊性、灵活性以及独特的财产隔离功能与权益重构功能，可以财产权模式、收益权模式以及优先购买权等模式进行金融创新，使其成为最佳融资方式之一。

165. 什么是集合资金信托？它有哪些种类？

集合资金信托是指信托投资公司接受两个或两个以上委托人委托，依据委托人确定的管理方式或由信托投资公司代为确定的管理方式管理和运用信托资金的业务。信托投资公司办理集合资金信托资金业务时可以按照要求，为委托人单独管理信托资金，也可以为了共同的信托目的，将不同委托人的资金集合在一起管理。集合资金信托业务将委托人的小额资金募集起来，借助信托投资公司的优质项目载体和专业理财服务，使广大投资者能够享有大规模投资所带来的收益，是一种安全、稳健的投资理财产品。

集合资金信托业务有三种：贷款类集合资金信托业务、投资类集合资金信托业务和融资租赁类集合资金信托业务。贷款类集合资金信托业务分为两类：一类是信托公司作为受托人，按照全体委托人的意愿，用集合资金信托募集的资金，以信托公司的名义发放贷款。贷款的对象、用途、项目、期限利率等均由委托人设定。另一类是委托人将自己无能力亲自管理或者国家限制其亲自管理的资金通过集合资金信托的方式委托给信托公司，指定用于发放贷款，并由受托人代委托人选定借款人，受托人以贷款人的名义与借款人签订贷款合同及办理有关贷款手续，并行使贷款人的各项权利。投资类集合资金信托是指信托公司作为受托人，通过集合资金信托募集的资金，投资于优质项目、企业、法人股收购业务，或其他成长性好、风险可控、预期收益有保障的领域，为委托人获取较高的投资收益。投资类集合资金信托业务体现了风险收益对等原则，适合于预期收益要求较高，有一定风险承受能力的投资者。融资租赁类集合资金信托是指信托公司作为出租人，利用集合资金信托募集的资金，应承租人的要求购买其所需设备并租给其使用，承租人按期支付租金。出租人通过收取租金的方式，收回投资成本。

第8章

政策性银行

166. 什么是政策性银行？它们是在什么背景下产生的？

政策性银行是指那些多由政府创立、参股或保证的，不以盈利为目的，专门为贯彻、配合政府的经济政策或意图，在特定的业务领域内，直接或间接地从事政策性融资活动，充当政府发展经济、促进社会进步、进行宏观经济管理的金融机构。

中国政策性金融体系是在计划经济向市场经济过渡的过程中产生的。为促进"瓶颈"产业的发展，促进进出口贸易，支持农业生产优化，并促进国家专业银行向商业银行的转化，1994年，作为金融体制改革的一项重大举措，国家决定设立国家开发银行、中国进出口银行和中国农业发展银行，分别承担国家重点建设项目融资、支持进出口贸易融资和农业政策性贷款的任务，同时将原四大国有银行所负有的政策性职能分离出来，切断基础货币与政策性业务的联系，为加速国有银行的商业化和确立中央银行的独立性创造条件。由此，政策性金融作为一个独立的金融体系在中国正式建立。

167. 政策性银行与商业银行和其他非银行金融机构相比，有何异同？

政策性银行的产生和发展是国家干预、协调经济的产物。政策性银行与商业银行和其他非银行金融机构相比，有共性的一面，如要对贷款进行严格审查，贷款要还本付息、周转使用等。但作为政策性金融机构，也有其特征：一是政策性银行的资本金多由政府财政拨付；二是政策性银行经营时主要考虑国家的整体利益、社会效益，不以盈利为目标，但政策性银行的资金并不是财政资金，政策性银行也必须考虑盈亏，坚持银行管理的基本原则，力争保本微利；三是政策性银行有其特定的资金来源，主要依靠发行金融债券或向中央银行举债，一般不面向公众吸收存款；四是政策性银行有特定的业务领域，不与商业银行竞争。

168. 政策性银行有哪些分类？各自的主要业务是什么？

中国有三家政策性银行，即国家开发银行、中国进出口银行、中国农业发展银行，直属国务院领导。

国家开发银行于1994年3月正式成立，总行设在北京，下设总行营业部、27家国内分行和香港代表处。国家开发银行注册资本金为500亿元，由国家财政全额拨付。国家开发银行贯彻"既要支持经济建设，又要防范金融风险"的方针。主要任务是：按照国家有关法律、法规和宏观经济政策、产业政策、区域发展政策，筹集和引导境内外资金，重点向国家基础设施、基础产业和支柱产业项目，以及重大技术改造和高新技术产业化项目发放贷款；从资金来源上对固定资产投资总量和结构进行控制和调节。2008年12月16日国家开发银行股份有限公司正式揭牌，这意味着国家开发银行自此摆脱了国务院下设政策性金融机构的身份，成为自主经营、依靠市场机制运行的商业银行。

中国进出口银行于1994年7月正式成立，总行设在北京，境内设有9家代表处，境外设有2家代表处。中国进出口银行注册资本金为33.8亿元，由国家财政全额拨付。中国进出口银行实行自主、保本经营和企业化管理的经营方针。主要任务是执行国家产业政策和外贸政策，为扩大中国机电产品和成套设备等资本性货物出口提供政策性金融支持。其业务范围主要是为成套设备、技术服务、船舶、单机、工程承包、其他机电产品和非机电高新技术的出口提供卖方信贷和买方信贷支持。同时，该行还办理中国政府的援外贷款及外国政府贷款的转贷款业务。

中国农业发展银行于1994年11月正式成立，总行设在北京，国内设有 2276 家分支机构。中国农业发展银行注册资本金为 200 亿元，由国家财政全额拨付。中国农业发展银行实行独立核算，自主、保本经营，企业化管理的经营方针。主要任务是按照国家有关法律、法规和方针、政策，以国家信用为基础，筹集农业政策性信贷资金，承担国家粮棉油储备和农副产品合同收购、农业开发等业务中的政策性贷款、代理财政支农资金的拨付及监督使用。

169. 政策性银行的资金运用方式有哪几种？

一是投资，包括股权投资和债权投资。股权投资是政策性银行为贯彻政府发展国家经济的战略意图，对有必要实行官营或半官营的具有天然垄断性与社会公益性的项目进行直接投资，目的在于通过参股、控股或中外合资、合作进行资本经营，保证国家在这些项目中占有一定的产权，以把握这些企业发展的大政方针。债权投资则是政策性银行购买符合国家产业政策或地区发展战略的企业所发行的中长期债券的行为。其意图不在于取得所有权，而只是为了增加所需扶持的企业的资金投入，表明政府的支持意愿，达到领衔创立、诱导资金流向的作用。在市场经济体制确立的初级阶段，政策性银行以一定比例的资金采取投资的方式进行营运，可以更直接、有效地实现社会资源的合理配置。

二是贷款，包括直接贷款和委托贷款两种形式。直接贷款就是政策性银行直接向符合政策性贷款条件的对象发放。委托放款就是政策银行把某一类政策性业务划出并将相应的资金委托给其他金融机构，根据规定的贷款对象、条件、用途加以运用。贷款的本质特征是有偿性，这就能够有效地迫使贷款单位更加注意贷款使用的经济效益。所以，贷款是政策性银行运用资金的最主要方式。

三是担保，为其所扶持的企业融通资金提供信用保证，保证借款人在无力清偿债务时，无条件地履行付款责任。由于政策性银行是属于政府的，一切经济活动都有政府作后盾，因而它从事担保业务更容易被融资者所接受，效率会更高。有着独特优势的政策性银行开展担保业务可以吸引社会资金流向政策性领域，达到事半功倍的效果。

第9章

国际金融机构

170. 什么是国际货币基金组织？

国际货币基金组织（International Monetary Fund，IMF）于1945年12月27日成立，职责是监察货币汇率和各国贸易情况、提供技术和资金协助，确保全球金融制度运作正常，其总部设在华盛顿。国际货币基金组织通过以下三项主要职能来促进国际金融体系稳定的目的：监督，监督国际货币体系和各成员的政策，并跟踪各地的经济和金融情况，在必要时提出警告；贷款，向有国际收支困难的国家贷款；技术援助和培训，帮助各成员发展健全的制度和经济政策工具。

国际货币基金组织于1969年创设特别提款权（SDR），是一种储备资产和记账单位，也称"纸黄金"（paper gold）。它是基金组织分配给会员国的一种使用资金的权利。会员国在发生国际收支逆差时，可用它向基金组织指定的其他会员国换取外汇，以偿付国际收支逆差或偿还基金组织的贷款，还可与黄金、自由兑换货币一样充当国际储备。但由于其只是一种记账单位，不是真正货币，使用时必须先换成其他货币，不能直接用于贸易或非贸易的支付。因为它是国际货币基金组织原有的普通提款权以外的一种补充，所以称为特别提款权。

171. 什么是世界银行？

世界银行（WBG）是世界银行集团的俗称，"世界银行"这个名称一直是用于指国际复兴开发银行（IBRD）和国际开发协会（IDA）。这些机构联合向发展中国家提供低息贷款、无息信贷和赠款。它是一个国际组织，其一开始的使命是帮助在第二次世界大战中被破坏的国家的重建。今天它的任务是资助国家克服穷困，各机构在减轻贫困和提高生活水平的使命中发挥独特的作用。

世界银行成立于1945年12月27日，1946年6月开始营业。凡是参加世界银行的国家必须首先是国际货币基金组织的会员国。世界银行集团目前由国际复兴开发银行（即世界银行）、国际开发协会、国际金融公司、多边投资担保机构和解决投资争端国际中心五个成员机构组成，总部设在美国首都华盛顿。国际银行家推动的美国联邦货币储备委员会也在此地。世界银行仅指国际复兴开发银行（IBRD）和国际开发协会（IDA）。世界银行集团则包括IBRD、IDA及三个其他机构，即国际金融公司、多边投资担保机构和解决投资争端国际中心。这五个机构分别侧重于不同的发展领域，但都运用其各自的比较优势，协力实现其共同的最终目标，即减轻贫困。

172. 什么是国际清算银行？

国际清算银行是根据1930年1月20日在荷兰海牙签订的海牙国际协定，于同年5月，由英国、法国、意大利、德国、比利时和日本六国的中央银行，以及代表美国银行界利益的摩根银行、纽约花旗银行和芝加哥花旗银行三大银行组成的银团共同联合创立，行址设在瑞士的巴塞尔。

国际清算银行成立之初的宗旨是，处理第一次世界大战后德国赔款的支付和解决对德国的国际清算问题。1944年，根据布雷顿森林会议决议，该行应当关闭，但美国仍将它保留下来，作为国际货币基金组织和世界银行的附属机构。此后，该行的宗旨转变为，增进各国中央银行间的合作，为国际金融业务提供额外的方便，同时充当国际清算的代理人或受托人。

国际清算银行的最高权力机构是股东大会，由认缴该行股金的各国中央银行代表组成，每年召开一次股东大会。董事会领导该行的日常业务。董事会下设银行部、货币经济部、秘书处和法律处。

国际清算银行的资金来源主要是会员国缴纳的股金，另外，还有向会员国中央银行的借款以及大量吸收客户的存款。其主要业务活动是办理国际结算业务；办理各种银行业务，如存、贷款和贴现业务；买卖黄金、外汇和债券；办理黄金存款；商讨有关国际货币金融方面的重要问题。国际清算银行作为国际货币基金组织内的十国集团（代表发达国家利益）的活动中心，经常召集该集团成员和瑞士中央银行行长举行会议，会议于每月第一个周末在巴塞尔举行。

173. 什么是亚洲开发银行？

亚洲开发银行（简称"亚行"，Asian Development Bank，ADB）是亚洲和太平洋地区的区域性金融机构。它不是联合国下属机构，但它是联合国亚洲及太平洋经济社会委员会（联合国亚太经社会）赞助建立的机构，同联合国及其区域和专门机构有密切的联系。亚行于1966年12月19日正式营业，总部设在马尼拉。

亚行的宗旨是帮助发展中成员减少贫困，提高人民生活水平，以实现"没有贫困的亚太地区"这一终极目标。亚行主要通过开展政策对话，提供贷款、担保、技术援助和赠款等方式支持其成员在基础设施、能源、环保、教育和卫生等领域的发展。

亚行的组织机构主要有理事会和董事会。由所有成员代表组成的理事会是亚行最高权力和决策机构，负责接纳新成员、变动股本、选举董事和行长、修改章程等，通常每年举行一次会议，由亚行各成员派一名理事参加。行长是该行的合法代表，由理事会选举产生，任期5年，可连任。

亚行有来自亚洲和太平洋地区的区域成员，以及来自欧洲和北美洲的非区域成员。1986年3月10日中国正式为亚行成员，台湾以"中国台北"名义继续保留席位。中国是亚行第三大股东国，持股6.429%，拥有5.442%的投票权。1986年，中国政府指定中国人民银行为中国对亚行的官方联系机构和亚行在中国的保管银行，负责中国与亚行的联系及保管亚行所持有的人民币和在中国的其他资产。2000年6月16日，亚行驻中国代表处在北京成立。2008年8月，亚行董事会任命中国进出口银行副行长赵晓宇为亚行副行长。

亚行每年4~5月在总部或成员国轮流举行年会，主要议题是探讨亚太地区的经济金融形势、发展趋势和面临的挑战，推动亚行作为地区性开发机构在促进本地区社会经济发展方面发挥作用。同时会议还将对亚行年度业务进行审议，并通过亚行年度报告、财务报告、外部审计报告、净收入分配报告、预算报告等。

亚行主要通过开展政策对话，提供贷款、担保、技术援助和赠款等方式支持其成员在基础设施、能源、环保、教育和卫生等领域的发展。

174. 什么是欧洲银行？

欧洲银行也称欧洲复兴开发银行，"二战"后由美国、日本及欧洲一些国家政府发起成立的银行，于1991年4月14日正式开业，总部设在伦敦，主要任务是帮助欧洲战后重建和复兴。该行的作用是帮助和支持东欧、中欧国家向市场经济转化。

欧洲复兴开发银行的宗旨是在考虑加强民主、尊重人权、保护环境等因素下，帮助和支持东欧、中欧国家向市场经济转化，以调动上述国家中个人及企业的积极性，促使他们向民主政体和市场经济过渡。投资的主要目标是中东欧国家的私营企业和这些国家的基础设施。

欧洲复兴开发银行权力在于董事会，各会员任命一名董事及一名副董事。董事会授权予其所推选23名理事组成理事会，理事任期3年。理事会负责制定政策、决定计划案及审核预算。总裁则由董事会推选，每任4年；副总裁则由总裁推荐而由理事会任命。其他部门尚包括金融、人事、行政、计划评估、作业支持暨核能安全、秘书处、法律室、首席经济家、内部审计、通信等。总部设于伦敦，并在其25个受惠国设有29个办公室。

175. 什么是非洲开发银行？

非洲开发银行成立于1964年，总部设在科特迪瓦的经济中心阿比让，是非洲最大的地区性政府间开发金融机构，旨在促进非洲的社会及经济发展，共有53个非洲国家及24个非非洲区国家为其会员。

非洲开发银行的宗旨是通过提供投资和贷款，利用非洲大陆的人力和资源，促进成员国经济发展和社会进步，优先向有利于地区的经济合作和扩大成员国间的贸易项目提供资金和技术援助，帮助成员国研究、制定、协调和执行经济发展计划，以逐步实现非洲经济一体化。

非洲开发银行机构设置最高决策机构为理事会，由各成员国委派一名理事组成。董事会由理事会选举产生，是银行的执行机构，负责制定非行各项业务政策，共有18名执行董事。

非洲开发银行资金来源分为普通资金来源和特别资金来源。普通资金来源主要来自成员国的认缴；特别资金来源有捐赠的特别资金和受托管理资金、为特别资金筹措的专款等。

非洲开发银行贷款的对象是非洲地区成员，主要用于农业、交通和通信、工业、供水等公共事业上，也包括卫生、教育和私营领域的投资项目。自1986年后，非行还支持了一些非项目计划，如结构调整和改革贷款、技术援助和政策咨询方面的投资等。非行贷款的期限一般是在12～20年，包括展延还款期5年。

第10章

其他金融机构和类金融组织

176. 什么是财务公司？它的特点、主要作用及其业务范围有哪些？

财务公司又称金融公司，是为企业技术改造、新产品开发及产品销售提供金融服务，以中长期金融业务为主的非银行机构。

财务公司是20世纪初兴起的，主要有美国模式和英国模式两种类型。美国模式财务公司是以搞活商品流通、促进商品销售为特色的非银行金融机构。它依附于制造厂商，是一些大型耐用消费品制造商为了推销其产品而设立的受控子公司，这类财务公司主要是为零售商提供融资服务的，主要分布在美国、加拿大和德国。

中国的财务公司隶属于大型集团的非银行金融机构。中国的财务公司都是由企业集团内部集资组建的，其宗旨和任务是为本企业集团内部各企业筹资和融通资金，促进其技术改造和技术进步。企业集团财务公司是中国企业体制改革和金融体制改革的产物。国家为了增强国有大中型企业的活力，盘活企业内部资金，增强企业集团的融资能力，支持企业集团的发展，促进产业结构和产品结构的调整，以及探索具有中国特色的产业资本与金融资本相结合的道路，于1987年批准成立了中国第一家企业集团财务公司，即东风汽车工业集团财务公司。此后，根据国务院1991年71号文件的决定，一些大型企业集团也相继建立了财务公司。如1994年5月经中国人民银行批准成立的上海汽车集团财务有限责任公司。

中国财务公司可从事下列部分或全部业务：吸收成员单位3个月以上定期存款；发行财务公司债券；同业拆借；对成员单位办理贷款

及融资租赁；办理集团成员单位产品的消费信贷、买方信贷及融资租赁；单位商业汇票的承兑及贴现；办理成员单位的委托贷款及委托投资；有价证券、金融机构股权及成员单位股权投资；承销成员单位的企业债券；对成员单位办理财务顾问、信用鉴证及其他咨询代理业务；对成员单位提供担保；境外外汇借款；经中国人民银行批准的其他业务。在服务对象上，由于中国财务公司都是企业附属财务公司，因此中国财务公司一般都是以母公司、股东单位为服务重点。

  财务公司的特点：（1）业务范围广泛，但以企业集团为限。财务公司是企业集团内部的金融机构，其经营范围只限于企业集团内部，主要是为企业集团内的成员企业提供金融服务。财务公司的业务包括存款、贷款、结算、担保和代理等一般银行业务，还可以经人民银行批准后开展证券、信托投资等业务。（2）资金来源于集团公司，用于集团公司，对集团公司的依附性强。财务公司的资金来源主要有两个方面：一是由集团公司和集团公司成员投入的资本金；二是集团公司成员企业在财务公司的存款。财务公司的资金主要用于为本集团公司成员企业提供资金支持，少量用于与本集团公司主导产业无关的证券投资方面。由于财务公司的资金来源和运用都限于集团公司内部，因而财务公司对集团公司的依附性强，其发展状况与其所在集团公司的发展状况相关。（3）接受企业集团和人民银行的双重监管。财务公司是企业集团内部的金融机构，其股东大多是集团公司成员企业，因而其经营活动必然受到集团公司的监督。同时，财务公司所从事的是金融业务，其经营活动必须接受人民银行监管。（4）坚持服务与效益相结合、服务优先的经营原则。财务公司作为独立的企业法人，有其自身的经济利益，但由于财务公司是企业集团内部的机构，且集团公司成员企业大多是财务公司的股东，因此，财务公司在经营中一般都应较好地处理服务与效益的关系，在坚持为集团公司成员企业提供良好金融服务的前提下，努力实现财务公司利润的最大化。

  财务公司的主要作用有：（1）在资金管理和使用上，促使企业从粗放型向集约型转变。财务公司成立前，集团公司成员企业之间不直接发生信贷关系，经常会出现一些企业资金十分紧张，而另一些企业资金闲置的状况。财务公司成立后，成员企业成为了财务公司的股东，在一定程度上集中了各成员企业的资本来进行一体化经营，同时财务公司可以运用金融手段将集团公司内务企业的闲散资金集中起来，统筹安排使用，这样能加快集团公司成员企业之间资金结算的速度，避免"三角债"发生，从而从整体上降低集团公司的财务费用，提高集团公司资金的使用效率，加速集团公司资产一体化经营的进程。(2) 财务公司以资金为纽带，以服务为手段，增强了集团公司的凝聚力。一方面，财务公司将集团公司一些成员企业吸收为自己的股东，用股本金的纽带将大家联结在一起；另一方面，财务公司吸纳的资金又成了集团公司成员企业信贷资金的一个重要来源，从而将集团公司成员企业进一步紧密地联结起来，形成一种相互支持、相互促进、共同发展的局面。(3) 及时解决企业集团急需的资金，保证企业生产经营的正常进行。由于各种原因，企业经常出现因资金紧缺而影响生产经营正常进行的情况，财务公司成立后，它比银行更了解企业的生产特点，能及时为企业提供救急资金，保证生产经营活动的正常进行。(4) 增强了企业集团的融资功能，促进了集团公司的发展壮大。财务公司不仅办理一般的存款、贷款、结算业务，而且根据企业集团的发展战略和生产经营特点，积极开展票据、买方信贷等新业务，为企业扩大销售、减少库存等发挥了很好的作用。(5) 有利于打破现有银行体制资金规模按行政区域分割的局面，促进大集团公司跨地区、跨行业发展。目前，中国的金融机构存在纵向设置、条块分割等问题，资金管理体制是以行政区域为单位进行分级管理的，资金的跨地区流动比较困难。中央企业在地方往往得不到应有的支持，而财务公司可以突破地区的限制，向不与集团公司总部在同一地区的成员企业筹集、融通资金，向资金不能及时到位的项目提供资金支持，以保证生产的正常进行和建设项目的按期开工。(6) 促进了金融业的竞争，有利于金融机构提高服务质量和效益，有利于金融体制改革的深化。在所有金融机构中，财务公司还是相当弱小的，远不能与其他金融机构特别是银行竞争，但为了生存，财务公司必须通过提高服务质量来争取客户，这在客观上起到了促进其他金融机构深化改革、提高服务质量的作用。

177. 什么是小额贷款公司？它设立的条件、经营的原则有哪些？

小额贷款公司是由自然人、企业法人与其社会组织投资设立，不吸收公众存款，经营小额贷款业务的有限责任公司或股份有限公司。与银行相比，小额贷款公司更为便捷、迅速，适合中小企业、个体工商户的资金需求；与民间借贷相比，小额贷款更加规范、贷款利息可双方协商。它是企业法人，有独立的法人财产，享有法人财产权，以全部财产对其债务承担民事责任。小额贷款公司股东依法享有资产收益、参与重大决策和选择管理者等权利，以其认缴的出资额或认购的股份为限对公司承担责任。小额贷款公司应遵守国家法律、行政法规，执行国家金融方针和政策，执行金融企业财务准则和会计制度，依法接受各级政府及相关部门的监督管理，在法律、法规规定的范围内开展业务，自主经营，自负盈亏，自我约束，自担风险，其合法的经营活动受法律保护，不受任何单位和个人的干涉。

小额贷款公司的成立的条件：（1）有符合规定的章程；（2）发起人或出资人应符合规定的条件；（3）小额贷款公司组织形式为有限责任公司或股份有限公司（有限责任公司应由50名以下股东出资设立，股份有限公司应有2～200名发起人，其中须有半数以上的发起人在中国境内有住所）；（4）小额贷款公司的注册资本来源应真实合法，全部为实收货币资本，由出资人或发起人一次足额缴纳（有限责任公司的注册资本不得低于500万元，股份有限公司的注册资本不得低于1000万元。单一自然人、企业法人、其他社会组织及其关联方持有的股份，不得超过小额贷款公司注册资本总额的10%）；（5）有符合任职资格条件的董事和高级管理人员；（6）有具备相应专业知识和从业经验的工作人员；有必需的组织机构和管理制度；（7）有符合要求的营业场所、安全防范措施和与业务有关的其他设施；（8）省政府金融办规定的其他审慎性条件。

小额贷款公司的经营原则：(1) 小额贷款公司要建立适合自身业务特点和规模的薪酬分配制度、正向激励约束机制，培育与当地农村经济发展相适应的企业文化。(2) 小额贷款公司在坚持为农民、农业和农村经济发展服务的原则下自主选择贷款对象。小额贷款公司发放贷款，应坚持"小额、分散"的原则，鼓励小额贷款公司面向农户和微型企业提供信贷服务，着力扩大客户数量和服务覆盖面。同一借款人的贷款余额不得超过小额贷款公司资本净额的5%。在此标准内，可以参考小额贷款公司所在地经济状况和人均GDP水平，制定最高贷款额度限制。(3) 小额贷款公司应建立适合自身业务发展的授信工作机制，合理确定不同借款人的授信额度。在授信额度以内，小额贷款公司可以采取一次授信、分次使用、循环放贷的方式发放贷款。(4) 小额贷款公司应建立健全贷款管理制度，明确贷前调查、贷时审查和贷后检查业务流程和操作规范，切实加强贷款管理。(5) 小额贷款公司应按照国家有关规定，建立审慎、规范的资产分类制度和资本补充、约束机制，准确划分资产质量，充分计提呆账准备，确保资产损失准备充足率始终保持在100%以上，全面覆盖风险，及时冲销坏账，真实反映经营成果。(6) 小额贷款公司要建立发起人和股东承诺制度。发起人向批准机关出具承诺书。公司股东与小额贷款公司签订承诺书，承诺自觉遵守公司章程，参与管理并承担风险。(7) 小额贷款公司应建立健全内部控制制度和内部审计机制，提高风险识别和防范能力，对内部控制执行情况进行检查、评价，并对内部控制的薄弱环节进行纠正和完善，确保依法合规经营。(8) 小额贷款公司执行国家统一的金融企业财务会计制度，应真实记录、全面反映业务活动和财务状况，编制财务会计报告，并提交权力机构审议。有条件的小额贷款公司，可引入外部审计制度。(9) 小额贷款公司贷款利率上限不得超过司法部门规定，下限为人民银行公布的贷款基准利率的0.9倍，具体浮动幅度按照市场原则自主确定。(10) 县（市、区）小额贷款公司的核准机关应在当地确定一家银行作为小额贷款公司的开户银行，并委托该行监测小额贷款公司的日常现金流和贷款资金流向，发现异常情况，应及时向当地政府指定的小额贷款公司监管部门汇报。

（11）小额贷款公司应按规定向当地政府金融办或政府指定的机构以及人民银行分支机构报送会计报告、统计报表及其他资料，并对报告、资料的真实性、准确性、完整性负责。（12）小额贷款公司应建立信息披露制度，及时披露年度经营情况、重大事项等信息，按要求向公司股东、相关部门、向其提供融资的银行业金融机构、有关捐赠机构披露经中介机构审计的财务报表和年度业务经营情况、融资情况、重大事项等信息。省政府金融办有权要求小额贷款公司以适当方式，适时向社会披露其中部分内容或全部内容。（13）小额贷款公司不得吸收社会存款，不得进行任何形式的非法集资。银监会指出了三条路规定了小贷公司资金来源途径：股东缴纳的资本金、捐赠资金，以及来自不超过两个银行业金融机构的融入资金。

178. 什么是金融租赁公司？它有哪些经营业务？

　　金融租赁公司是专门经营租赁业务的公司，是租赁设备的物主，通过提供租赁设备而定期向承租人收取租金。金融租赁公司开展业务的过程是租赁公司根据企业的要求，筹措资金，提供以"融物"代替"融资"的设备租赁；在租期内，作为承租人的企业只有使用租赁物件的权利，没有所有权，并要按租赁合同规定，定期向租赁公司交付租金。租期届满时，承租人向租赁公司交付少量的租赁物件的名义贷价（即象征性的租赁物件残值），双方即可办理租赁物件的产权转移手续。由于租赁业具有投资大、周期长的特点，在负债方面我国允许金融租赁公司发行金融债券、向金融机构借款、外汇借款等，作为长期资金来源渠道；在资金运用方面，限定主要从事金融租赁及其相关业务。这样，金融租赁公司成为兼有融资、投资和促销多种功能，以金融租赁业务为主的非银行金融机构。金融租赁在发达国家已经成为设备投资中仅次于银行信贷的第二大融资方式，从长远来看，金融租赁公司在中国同样有着广阔前景。

　　具体来说，中国的融资租赁业起源于1981年4月，最早的租赁公司以中外合资企业的形式出现，其原始动机是引进外资。自1981

年7月成立的首家由中资组成的非银行金融机构"中国租赁有限公司"到1997年经原中国人民银行批准的金融租赁公司共16家。1997年后,海南国际租赁有限公司、广东国际租赁有限公司、武汉国际租赁公司和中国华阳金融租赁有限公司(2000年关闭)先后退出市场。目前,经过增资扩股后正常经营的金融租赁公司有18家,它们主要从事公交、城建、医疗、航空、IT等产业。

经中国银行业监督管理委员会批准,金融租赁公司可经营下列部分或全部本外币业务:融资租赁业务;吸收股东1年期(含)以上定期存款;接受承租人的租赁保证金;向商业银行转让应收租赁款;经批准发行金融债券;同业拆借;向金融机构借款;境外外汇借款;租赁物品残值变卖及处理业务;经济咨询;中国银行业监督管理委员会批准的其他业务。

179. 中国金融租赁的发展状况如何?

融资租赁是不同资本市场之间进行资源传导和资本形态转化的有效机制。由于融资租赁具有其他筹资方式所不可比拟的优点,所以国际上已普遍使用之,其发展速度也首屈一指。20世纪80年代初,作为改革开放的产物被引进中国,在近三十年来中国租赁业有了长足的发展,但因各种原因,金融租赁公司普遍存在着经营范围较为混乱、在高风险领域投资规模过多过大又疏于风险控制与资产管理,加之中国市场经济体制的不健全,租赁业发展的四大支柱(法律、监督、会计准则和税收)不配套,导致了一些金融租赁公司面临着资产质量恶化,出现严重的支付困难、正常的业务经营已难以为继的状况。

随着中国市场经济体制的不断完善,中国资本市场的进一步发育完善,法律、监督、会计准则和税收环境对租赁业的支持力度越来越大,根据十届全国人大常委会立法规划要求,十届全国人大财经委员会组织商务部、中国银监会等部门在充分调查研究、广泛听取各方意见,结合国情借鉴国外经验的基础上,数易其稿,形成了《中华人民共和国融资租赁法(草案)》(二次征求意见稿)。融资租赁立法将推进融资租赁业市场化进程，盘活固定资产、优化资源配置，满足企业技术改造的要求，提高企业技术水平、促进中小企业发展、引导消费、增加行业等方面发挥积极作用，融资租赁的立法将促进融资租赁业的快速发展，在加快折旧、呆账准备、流转税缴纳、关税缴纳、外汇结算资金来源等方面给予了重大政策扶持，宏观政治环境十分有利于中国租赁业的发展。

未来的几十年是中国经济发展上台阶的时期，国家将继续对能源交通和基础设施大力投资，中国企业经过几十年市场化运作和积累后急需产业更新和技术改造，这些都会带来大量的成套设备，交通工具，专用机械的需求，而发达国家的成功经验已经证明了租赁是解决这些需求的最有效途径。今后市场的巨大需求是租赁业务发展的最好时机。

180. 什么是汽车金融公司？它的设立条件及其作用有哪些？

汽车金融公司是从事汽车消费信贷业务并提供相关汽车金融服务的专业机构，在国外有近百年历史。通常，汽车金融公司隶属于较大的汽车工业集团，成为向消费者提供汽车消费服务的重要组成部分。首先，汽车金融公司是一类非银行金融机构，而不是一般的汽车类企业；其次，汽车金融公司专门从事汽车贷款业务，其业务不同于银行和其他类非银行金融机构；再次，其服务对象确定为中国大陆境内的汽车购买者和销售者，其中购买者包括自然人和法人及其他组织；最后，汽车销售者是指专门从事汽车销售的经销商，不包括汽车制造商和其他形式的销售者。

根据《汽车金融公司管理办法》规定，设立汽车金融公司应具备下列条件：

（1）具有符合本办法规定的出资人；

（2）具有符合本办法规定的最低限额注册资本；

（3）具有符合《中华人民共和国公司法》和中国银监会规定的公司章程；

（4）具有符合任职资格条件的董事、高级管理人员和熟悉汽车金融业务的合格从业人员；

（5）具有健全的公司治理、内部控制、业务操作、风险管理等制度；

（6）具有与业务经营相适应的营业场所、安全防范措施和其他设施；

（7）中国银监会规定的其他审慎性条件。

汽车金融公司一方面以其自身的发展直接推动产业的发展，另一方面通过价值转移等方式，又间接对产业的发展提供有力的支持。此外，汽车金融公司还能够平衡汽车消费的供需矛盾，并通过向汽车厂商提供市场信息、销售策略，向汽车经销商提供存货融资、营运资金融资、设备融资，向汽车用户可以起到提供消费信贷、租赁融资、维修融资、保险等业务从而提高资金的利用效率。

2012年末中国汽车金融公司有上汽通用汽车金融、大众汽车金融、丰田汽车金融、奔驰汽车金融、福特汽车金融、沃尔沃汽车金融、菲亚特汽车金融、东风标致雪铁龙汽车金融、东风日产汽车金融、广汽汇理、宝马汽车金融、奇瑞徽银汽车金融、三一汽车金融。

181. 什么是消费金融公司？它的设立条件及其作用有哪些？

消费金融公司是指经中国银行业监督管理委员会批准，在中华人民共和国境内设立的，不吸收公众存款，以小额、分散为原则，为中国境内居民个人提供以消费为目的的贷款的非银行金融机构。专业消费金融公司是传统商业银行的重要补充之一。与商业银行相比，专业消费金融公司具有单笔授信额度小（一般在几千元到几万元之间）、审批速度快（通常1小时内决策）、无需抵押担保、服务方式灵活等独特优势。与之相比，信用卡的免息还款时间大约是30~48天，典当行小额贷款期限则在3个月左右，因此，消费金融公司在还款期上具备明显优势。需注意的是，消费贷款利息较高，且无免息期，消费者应根据个人收支情况综合考虑。

申请设立的消费金融公司应具备下列条件：

（1）有符合《中华人民共和国公司法》和中国银行业监督管理委员会规定的公司章程；

（2）有符合规定条件的出资人；

（3）有符合本办法规定的最低限额的注册资本；

（4）有符合任职资格条件的董事、高级管理人员和熟悉消费金融业务的合格从业人员；

（5）有健全的公司治理、内部控制、业务操作、风险管理等制度；

（6）有与业务经营相适应的营业场所、安全防范措施和其他设施；

（7）中国银行业监督管理委员会规定的其他审慎性条件。

消费金融公司的主要作用：一是通过设立消费金融公司可以促进个人消费的增长，从而推动制造商和零售商产销量增长；二是丰富中国金融机构类型和金融服务产品的需要。与发达国家相比，中国目前从事消费信贷服务的金融机构类型很少，只有商业银行、汽车金融公司两类机构，消费贷款占贷款总额的比例不到12%，且消费信贷业务品种较少，主要以住房按揭贷款、汽车贷款和信用卡业务为主，以耐用消费品为对象的无抵押无担保的小额消费信贷只有个别商业银行和担保公司联合办理过，但规模小，手续繁琐，专业化程度低，效率不高。随着我国经济的不断增长，居民的消费需求将日益增长，借贷消费的观念将被越来越多的人所接受，因此，中国的消费金融市场有着巨大的潜力和广阔的空间。

截至2012年年末主要中国消费金融公司为：中国银行、北京银行、成都银行及天津银行所筹办的消费金融公司。

182. 什么是融资性担保公司？它的设立条件及其作用有哪些？

融资性担保公司是指依法设立经营融资性担保业务的有限责任公司和股份有限公司。融资性担保是指担保人与银行业金融机构等债权人约定，当被担保人不履行对债权人负有的融资性债务时，由担保人依法承担合同约定的担保责任的行为。

设立融资性担保公司，应当具备下列条件：

（1）有符合《中华人民共和国公司法》规定的章程；

（2）有具备持续出资能力的股东；

（3）有符合本办法规定的注册资本；

（4）有符合任职资格的董事、监事以及高级管理人员与合格的从业人员；

（5）有健全的组织机构、内部控制和风险管理制度；

（6）有符合要求的营业场所；

（7）监管部门规定的其他审慎性条件。

融资性担保公司对与借款人、资金供给方、股东、经济社会等各方面都有不同的作用。

对急需资金的借款人，尤其是中小企业来说，融资性担保公司能够满足其初创或成长期对资金的需求。对于以银行为代表的资金供给方而言，融资担保公司是他们的利润创造者和风险安全阀。融资性担保公司的出现，既帮助银行增加了利息收入，又转嫁了坏账风险。对于融资性担保公司的股东来说，设立一家融资性担保公司意味着稳定的利润来源。融资性担保公司可以凭借专业的风险防范机制，在经营风险可控状态下收取保费获利；同时，它可以用有限的资本金获得银行数倍的授信额度，通过财务杠杆放大提高资金使用效率，从而实现丰厚利润。从对经济社会的作用来看，随着经济发展，多元化融资需求的增加，融资性担保行业在缓解中小企业融资难、促进中小企业和地方经济发展等方面的能力和作用日益增强，发挥着越来越重要的作用，取得了良好的社会效益。同时，融资性担保公司通过外部担保和增信，在促进金融资源向中小企业以及新兴朝阳型、科技创新型政策扶持产业有效配置方面发挥了重要的作用，已成为政府弥补"市场失灵"的手段之一，已然成为中国金融体系的一个重要补充。

183. 什么是资产管理公司？它的设立条件及其作用有哪些？

资产管理公司分为两类：一类是进行正常资产管理业务的资产管理公司，没有金融机构许可证；另一类是专门处理金融机构不良资产的金融资产管理公司，持有银行业监督委员会颁发的金融机构许可证。

设立资产管理公司必须具有以下条件：第一，制定公司的章程；第二，最低注册资本是100亿元；第三，具有健全的组织机构和管理制度；第四，有固定的经营场所和必要的经营条件；第五，有具备任职专业知识和业务工作经验的高级管理人员。

资产管理公司的作用：第一，以最大限度保全资产、减少损失；第二，资产管理公司能够在财政的支持下将其控制的不良债权转化为国有投资资本，以达到对不良资产的彻底清盘，从而全面参与国有经济的资产重组和行业退出，推动金融体制改革和经济转型。

中国的金融资产管理公司是经国务院决定设立的收购国有独资商业银行不良贷款，管理和处置因收购国有独资商业银行不良贷款形成的资产的国有独资非银行金融机构。金融资产管理公司以最大限度地保全资产、减少损失为主要经营目标，依法独立承担民事责任。目前，中国有4家资产管理公司，即中国华融资产管理公司、中国长城资产管理公司、中国东方资产管理公司、中国信达资产管理公司，分别接收从中国工商银行、中国农业银行、中国银行、中国建设银行剥离出来的不良资产。中国信达资产管理公司于1999年4月成立，其他3家于1999年10月分别成立。

184. 什么是金融控股公司？它的设立条件及其作用有哪些？

金融控股公司指在同一控制权下，所属的受监管实体至少明显地在从事两种以上的银行、证券和保险业务，且每类业务的资本要求不同的一类机构。金融控股公司是金融业实现综合经营的一种组织形式，也是一种追求资本投资最优化、资本利润最大化的资本运作形式。

在中国，金融控股公司的设立主要分为三种类型：（1）国有商业银行通过独资或合资而成立的金融控股公司，如1995年中国建设银行与摩根斯坦利公司合资组建的中国国际金融有限公司；（2）以信托投资公司为主体的金融控股公司，如中信控股公司；（3）以保险公司为主体的金融控股公司，如平安集团形成的以保险为主，涉足信托、证券、银行和实业投资的金融控股集团。

金融控股公司的优势所在主要有以下方面：

（1）金融控股公司有利于实现分业向混业的转型。在金融分业监管体制下，设立控股公司，由控股公司持有证券、银行、保险和其他金融资产的股权，是实现由分业经营向混业转型的最佳模式。以控股公司作为资本运作平台，通过兼并收购或设立新的子公司以开展其他金融业务，构建金融服务平台，建立全功能金融服务集团。

（2）金融控股公司具有监管上的灵活性。在金融业分业经营的监管体制下，设立控股公司，由控股公司持有银行和其他金融资产的股权，各金融业务子公司各自持有相关业务牌照，独立经营，接受各自监管部门的监管，符合分业经营、分业监管的精神。同时减少单一金融机构同时开展其他金融业务带来的监管压力。此外，控股公司在公司治理结构上拥有更大的灵活性，不用满足各金融业务监管当局对公司治理结构的规定。

（3）金融控股公司有利于形成协同效应。金融控股公司通过收购、兼并不同种类的金融机构，使得金融控股公司本身具有巨大的协同效应优势。此外金融控股公司在制定企业发展战略时，可以将不同地区、不同金融品种之间的优势加以组合利用。

（4）金融控股公司有利于业务发展。金融控股公司产生与存在的动力就在于它的创新业务，即金融部门内部各要素的重新组合和衍生。在控股公司下，银行、证券、保险等子公司独立运作，业务发展空间更大、自由度更高，有利于各子公司在各自领域更充分地发展业务；在控股公司模式下，各种业务和产品间的交叉销售更加市场化，透明度高，关联交易的处理也更加规范明确，有利于更好地实现业务和产品的交叉销售。

（5）金融控股公司有利于降低风险。控股公司只行使股权投资的职能，不同业务子公司的管理互相独立，可以保证较高的业务管理能力，避免单一金融机构同时管理其他金融业务的巨大压力。银行与其他业务间的交叉销售等商业活动处于市场的监督之下，透明度更高，风险更低。各项金融业务分别在独立的子公司里进行，一家子公司无须为其他业务的风险承担损失；即使一家子公司出现经营危机，其他子公司还可照常经营，无须以自身的资金去承担责任，从而有利于保障其自身的资金安全。

（6）金融控股公司有利于资本运作。从募集资金用途来看，控股公司在资金调配上拥有更大的灵活性。

185. 什么是农村资金互助社？它的设立条件及其作用有哪些？

农村资金互助社是指经银行业监督管理机构批准，由乡镇、行政村农民和农村小企业自愿入股组成，为社员提供存款、贷款、结算等业务的社区互助性银行业金融业务。

农村资金互助社的设立需要满足相应的条件：有符合监管部门规定要求的章程；有10名以上符合规定要求的发起人；有符合规定要求的注册资本；有符合任职资格的理事、经理和具备从业条件的工作人员；有符合条件的营业场所，安全防范设施和与业务有关的其他设施；有符合规定的组织机构和管理制度；银行业监管部门规定的其他条件。

农村资金互助社在解决"三农"问题中发挥着重要的作用，具体来说包括以下几点：（1）弥补了农村金融供给不足、网点覆盖率低，竞争不充分等问题，改进和加强了农村金融服务。农村资金互助社的成立起到了与现有农村金融机构互补市场作用，建立多层次资金融通体制，满足农户多层次融资需求。（2）促进了农民专业合作组织的发展。2007年7月1日，《中华人民共和国农民专业合作社法》开始实施，标志着中国农民专业合作社的发展进入了一个新阶段。农村信用社向商业化加速改革，农村合作金融出现真空（过去也不过是有其名无其实），农村资金互助社的设立为农民专业合作社的发展提供了支撑，将建立起适应合作经济发展要求的合作金融体制。(3) 有利于建立农村商业银行资金回流农村机制。如前所述，商业银行面对的是分散的农户，并且受交易额小、交易成本高、信息不对称和缺乏抵押品等因素制约加大了经营的成本和风险。而农村资金互助社是建立在农村的熟人社区内，能有效利用信息对称降低经营成本和风险。这种情况下，商业银行将信贷资金以同业拆借的形式批发给农村资金互助社，将交易成本和识别风险转移给农户内部市场，这样就实现了商业银行面向农村市场规模经营问题，实现商业银行经营利润，保持可持续发展。(4) 有利于优化银行体系结构，降低系统性风险。四大国有商业银行在很大程度上垄断了国内银行业的大多数金融资源和业务。并且，四大国有商业银行的资金需求与供给具有很强的同质性，系统性风险极易爆发。而农村资金互助社的适当发展将会有利于改善银行体系结构，有助于在完善银行组织体系的基础上分散系统性风险。设立农村资金互助社可以分流过度集中于大、中型银行机构的社会资金，形成一个相对独立的社区资金市场，可以较好地分散来自经济与金融层面的冲击，进而规避系统性金融风险。(5) 可以有效地遏制民间非法金融的蔓延和发展。据当地人民银行监测，2006年农村民间借贷年率最高达到30%，远远高于国家法定利率。民间融资之所以有较大的盈利空间，很大程度上是由于农村资金融通不畅，很大一部分农民资金需求得不到满足。培育和发展农村资金互助社，一方面可将民间融资纳入国家正规的金融渠道之内，为民间资本进入银行业提供一个比较现实的通道，提高民间的规范化、组织化和机构化；另一方面也可以使高利率的农村民间借贷失去需求的空间。

186. 什么是贷款公司？它的设立条件及其业务有哪些？

贷款公司是指经中国银行业监督管理委员会依据有关法律、法规批准，由境内商业银行或农村合作银行在农村地区设立的专门为县域农民、农业和农村经济发展提供贷款服务的非银行业金融机构。贷款公司是由境内商业银行或农村合作银行全额出资的有限责任公司。

贷款公司的设立需要满足相应的条件，具体来说应当符合以下条件：有符合规定的章程；注册资本不低于50万元，为实收货币资本，由投资人一次足额缴纳；有具备任职专业知识和业务工作经验的高级管理人员；有具备相应专业知识和从业经验的工作人员；有必需的组织机构和管理制度；有符合要求的营业场所、安全防范措施和与业务有关的其他设施；中国银行业监督管理委员会规定的其他条件。

贷款公司经营的范围比较广泛，主要的业务有：办理各项贷款；办理票据贴现；办理资产转让；办理贷款项下的结算；经中国银行业监督管理委员会批准的其他资产业务。贷款公司开展业务，必须坚持为农民、农业和农村经济发展服务的经营宗旨，贷款的投向主要用于支持农民、农业和农村经济发展。贷款公司不得吸收公众存款，信贷额度较高，贷款方式灵活。

贷款公司具有许多银行所不具有的优势，具体来说包括以下几点：（1）因为银行小额贷款的营销成本较高，小企业向银行直接申请贷款受理较难，这就造成小企业有融资需求时往往会向贷款担保机构等融资机构求救，贷款担保机构选择客户的成本比较低，从中选择优质项目推荐给合作银行，提高融资的成功率，就会降低银行小额贷款的营销成本。（2）在贷款的风险控制方面，银行不愿在小额贷款上投放，有一个重要的原因是银行此类贷款的管理成本较高，而收益并不明显，对于这类贷款，贷款担保机构可以通过优化贷中管理流程，形成对于小额贷后管理的个性化服务，分担银行的管理成本，免去银行后顾之忧。（3）事后风险释放，贷款担保机构的优势更是无可替代的，银行直贷的项目出现风险，处置抵押物往往周期长，诉讼成本高，变现性不佳。担保机构的现金代偿，大大解决了银行处置难的问题，有些贷款担保机构做到1个月（投资担保甚至3天）贷款逾期即代偿，银行的不良贷款及时得到消除，之后再由贷款担保机构通过其相比银行更加灵活的处理手段进行风险化解。（4）贷款公司时效性快。作为银行，其固有的贷款模式流程，造成中小企业主大量时间浪费；而担保公司恰恰表现出灵活多变的为不同企业设计专用的融资方案模式，大大节省了企业主的时间与精力，能迎合企业主急用资金的需求。(5) 贷款公司在抵押基础上的授信，额度大大超过抵押资产值，为中小企业提供更多的需求资金。目前，许多投资担保公司，在贷后管理和贷款风险化解方面的规范和高效运营，获得了银行充分信任，一些合作银行把贷后催收、贷款资产处置外包给担保公司，双方都取得了比较好的合作效果。

187. 什么是社区银行？

社区银行的概念来自美国等西方金融发达国家，其中的"社区"并不是一个严格界定的地理概念，既可以指一个省、一个市或一个县，也可以指城市或乡村居民的聚居区域。凡是资产规模较小、主要为经营区域内中小企业和居民家庭服务的地方性小型商业银行都可称为社区银行。

社区银行的功能主要包括以下几个方面：

(1) 有利于缓解县域经济的资金虹吸现象。社区银行由于具有立足于当地的显著特点，将从本地市场吸收的资金主要运用在本地市场，在减缓资金外流的同时可以填补国有银行撤出后金融服务的真空，从而能够在缓解虹吸现象及其可能导致的县域经济发展资金短缺、民间借贷抬头等负面影响上起到积极的作用；同时也有助于引导非正规金融向健康的方向发展，有效地促进县域经济发展。

(2) 有利于改善对中小企业贷款难问题。由于社区银行的运作都在本地，对区域内客户的情况更为熟悉，也易于与客户建立长期的稳定的业务关系，这都为社区银行迅速做出信贷决策奠定了基础。它能够较好地适应中小客户对资金需求数额较小、频率较大等特点，特别是社区银行在按市场化原则经营的过程中，较大型商业银行更注意差异化服务，社区银行在服务中小企业中具有比较优势；加之社区银行本身就是中小企业，其规模较小，机制相对灵活，长期与中小企业接触可以减小由于信息不对称造成的逆向选择和道德风险，能够更好地理解中小企业在经营中可能遇到的困难。

（3）促使银行业整体服务水平的提升和社会信用的改善。发展社区银行能够促进我国商业银行改变经营观念、提高服务水平与质量；通过引入民间资本，可以改善社区银行的公司治理结构和提高中国商业银行风险控制水平，不断提升整体银行业的竞争力。同时，根据学术界提出的"共同监督"假说，在不能真正了解地方中小企业经营状况，银行与客户信息不对称的情况下，由于社区银行典型的区域性特征，为了区域内大家的共同利益，合作组织中的中小企业之间会实施自我监督，一定程度上有利于中小企业建立良好的信用习惯，推动社会信用状况的改善。

（4）有利于优化银行体系结构。我国银行体系结构现状不利于中小企业融资和经济健康发展，因而存在较大的优化空间。社区银行的适当发展将会有利于改善银行体系结构，进而促进经济的健康发展。

（5）为居民提供投资渠道与增值服务。社区银行定位于社区居民，为了吸引居民存款，必将大力开发高收益的金融产品和提供增值的理财服务，不断拓宽居民的投资渠道。另外，社区银行实行多元化经营，必将会吸引各种有利的资本进入以不断完善公司治理结构，不断推行业务创新，提供特色化、个性化的金融服务，从而有利于为居民提供较好的投资渠道和资金增值服务。

188. 什么是典当行？

典当行，亦称当铺，是专门发放质押贷款的非正规边缘性金融机构，是以货币借贷为主和商品销售为辅的市场中介。

典当行作为一种既有金融性质又有商业性质的、独特的社会经济机构，融资服务功能是显而易见的。融资服务功能是典当公司最主要的、首要的社会功能，也是典当行的货币交易功能。此外典当公司还发挥着当物保管功能和商品交易功能，以及其他一些功能，诸如提供对当物的鉴定、评估、作价等服务功能。

189. 什么是货币经纪公司？

货币经纪公司最早起源于英国外汇市场，是金融市场重要的交易中介。货币经纪公司的服务对象仅限于境内外金融机构，主要从事的业务包括境内外的外汇市场交易、境内外货币市场交易、境内外债券市场交易、境内外衍生产品交易。

根据银监会2005年8月8日公布的《货币经纪公司试点管理办法》，在中国进行试点的货币经纪公司是指经批准在中国境内设立的，通过电子技术或其他手段，专门从事促进金融机构间资金融通和外汇交易等经纪服务，并从中收取佣金的非银行金融机构。

190. 什么是民营金融机构？

民营金融机构是指为了适应民营经济需要，为民营企业的设立与发展进行融资的民间金融机构。

民营金融机构具有自筹资金、自主经营、自负盈亏、灵活经营的特点。民营金融机构是国有金融体制的重要补充。发展民营金融机构的作用主要有：(1) 可为民营经济的发展创造平等竞争的外部环境。(2) 有利于解决信贷活动的"非银行化"。(3) 有利于利率市场化和金融市场的成长。(4) 对国有银行改革具有行为示范效应。

第11章 金融市场

191. 什么是金融市场?

金融市场是资金融通的市场,包括货币市场和资本市场。所谓资金融通,是指在经济运行过程中,资金供求双方运用各种金融工具调节资金盈余的活动,是所有金融交易活动的总称。货币市场和资本市场都是资金供求双方进行交易的场所,是经济体系中聚集、分配资金的"水库"和"分流站",但二者有着明确的分工。资金需求者通过货币市场筹集短期资金,通过资本市场筹集长期资金,国家经济部门则通过这两个市场来调控金融和经济活动。从历史上看,货币市场先于资本市场出现,货币市场是资本市场的基础,但资本市场的风险远远大于货币市场,其原因主要是中长期内影响资金使用效果的不确定性增大,不确定因素增多,以及影响资本市场价格水平的因素较多。

从经济学考察,金融市场参与者可分为资金的需求者、供给者和代表政府的市场管理者。从交易动机考察,金融市场主体可分为融资者、投资者(投机者、套利者)、套期保值者、经纪人和交易中介、调控和监管者等类型。融资者是金融市场上的资金需求者,是金融产品的发行者,目的是通过金融市场筹集资金。金融市场投资者的交易动机或者是为了赚取股息、利息收入或者差价收入,或者是为了获得控股权。按交易动机、时间长短等划分,广义的投资者又可以分为投资者和投机者两大类。目的是从未来价格变化中获利的投资者称为投机者,一般是短期投资者。目的是利用市场定价的低效率,在不同市场上同时低买高卖相同金融产品获取无风险利润的投资者称为套利者。套期保值者是风险管理者,其交易目的是通过金融交易转移其不愿承担的风险。经纪人和交易中介交易的目的是提供交易便利服务,以获取佣金。调控和监管者参与金融市场的目的则是实施宏观调控，维护金融市场稳定。

现实的经济主体往往可能同时属于不同的类型。

（1）政府部门。政府往往需通过发行政府债券为基础设施建设筹资，弥补财政预算赤字等，是资金的需求者，但也可能是资金的供应者。如政府为了管理国库，可能运用外汇储备购买外国资产；为了管理汇率，需参与买卖外汇；为了改革经济体制，往往要参与股权交易；为了管理社保基金，往往需要买卖复杂的证券组合。

（2）工商企业。工商企业一般要通过金融市场筹集资金以满足固定资产投资或日常营运的资金需求，是资金的主要需求者。企业也会将闲置的资金暂时让渡出去以保值增值，所以也是金融市场上的资金供应者。企业还是主要的套期保值者，往往需通过期货等金融产品交易转移价格风险。

（3）家庭和个人。个人为了优化一生的消费，一般均要进行储蓄，这些储蓄就形成金融市场资金供给的主要来源，所以家庭和个人是资金的主要供给者。个人有时需要贷款买房、购买耐用消费品或用于旅游开支，也是资金需求者。理财时个人可能又成为套期保值者或套利者等。

（4）存款性金融机构。存款性金融机构吸收公众存款，发放贷款，如商业银行、储蓄机构、信用合作社等，是金融交易的重要中介，是套期保值和套利的重要主体。

（5）非存款性金融机构。非存款性金融机构不能吸收公众存款，其资金一般来源于发行股份或举债，或以契约性的方式聚集资金，如保险公司、信托公司、基金公司、投资银行等，一般具有多重交易角色。

（6）中央银行。中央银行在金融市场上处于一种特殊的地位，它既是金融市场的交易主体，又大多是金融市场上的监管者。作为银行的银行和发行的银行，充当最后贷款人的角色，是资金的提供者和调控者。中央银行通常在金融市场上买卖证券，进行公开市场操作，调节资金的供求。一些国家的中央银行还接受政府委托，代理政府债券的还本付息等业务。

171

与金融市场的主体相对应的是金融市场的客体。金融市场的客体（工具）是金融市场上交易的对象，是金融市场上实现投资、融资活动必须依赖的标的。它具有期限性、收益性、流动性、风险性的特征，各特征之间存在一定的联系。金融工具的收益性与期限性、风险性成正比，与流动性成反比；期限性与流动性成反比，风险性与流动性成反比。按照不同视角分类，金融工具可划分为不同的类型，常见的分类有如下几种。

按金融工具的期限不同，可分为货币市场工具与资本市场工具。货币市场工具是期限在1年以内的金融工具，主要有商业票据、短期政府债券、银行承兑汇票、可转让大额定期存单、回购协议等。资本市场工具是期限在1年以上的金融工具，主要包括股票、公司债券及中长期政府债券等。就金融工具所具有特点而言，货币市场工具期限短、流动性强、风险小；资本市场工具期限长、风险大、流动性较弱。

按金融工具发行人的性质及融资方法不同，可分为直接融资工具和间接融资工具。货币市场工具、政府债券、公司债券、股票等是通过直接融资市场发行的，属于直接融资工具；银行存单、人寿保险单等是由金融机构发行的，属于间接融资工具。

按金融工具市场属性不同，可分为基础性金融工具与衍生金融工具。股票、债券、外汇、基金等属于基础性金融工具，衍生金融工具是指由原生性金融商品或基础性金融工具创造出的新型金融工具，是20世纪70年代全球金融创新浪潮中的高科技产品。它具体包括远期合约、期货合约、期权合约、互换协议等。

中国金融市场起步较早，旧中国即有同业拆借和股票、债券市场。新中国成立后不久，由于实行计划经济体制，金融市场没有存在的必要，基本上关闭了。改革开放以后，为配合建立社会主义市场经济的需要，金融市场作为社会主义市场体系的一个重要组成部分，发展迅速，目前已初具规模。金融市场的建立和发展，对优化资源配置、提高资金效率、筹措长期资金、建立现代企业制度、规避市场风险等具有重要的意义。

192. 金融市场有哪些类型?

金融市场的分类方法很多,按不同的标准有不同的分类,例如,按照期限分为货币市场和资本市场;按照证券的索偿权不同,金融市场分为债务市场和股权市场;按照交易程序分为场内市场和场外市场;按金融资产的种类划分,可将金融市场可分为货币市场、资本市场、外汇市场、黄金市场、金融衍生产品市场和国际金融市场。

193. 金融市场是如何形成的?

金融市场首先形成于 17 世纪初的欧洲大陆。16 世纪初期,西欧就出现了类似现在的证券交易活动。那时欧洲正处于大航海时代,很多人都知道靠扬帆做海外贸易能赚很多钱,但最初只有国王或有钱的贵族可以从事航海,老百姓则很少有人能独自负担得起一艘船的费用。另外,即使能负担得起,一旦船要沉了或被海盗打劫,那就会倾家荡产。于是大家就想到了合伙投资远洋贸易,即每个人都出一笔钱投资入股,收益共享、风险共担。1602 年荷兰东印度公司成立,荷兰人开始面向全社会筹集资金,每个人只要手头有闲钱,都可以跑去东印度公司投资,公司承诺有收益就给大家分红。于是,小到一个女仆,大到荷兰政府都可以成为东印度公司的股东。由于公司规模大,使得投资的不确定性大大降低,即使那么几艘船沉没,也不会有任何一位股东因此倾家荡产,股票市场的雏形初步形成。1602 年,荷兰建立了世界上最早的证券交易所——阿姆斯特丹证券交易所,1611 年阿姆斯特丹证券交易所大厦的建成,这标志着金融市场已经形成了。

中国金融市场的雏形可追溯到明代中叶以后,浙江一带出现了钱业市场,该市场是一种钱庄业同业相互之间进行交易的市场。开始时由于交易量不多,并没有固定场所,随着交易量增加,才逐渐形成有固定场所的市场。随着交易的进一步发展,为了维持市场的正常秩序,避免盲目竞争和相互倾轧等现象,出现由同业公议行市的办法,并开始成立钱业的同行组织——钱业公所，订立庄规，共同遵守。公所即为当时钱庄同业定期或每日集议行市，进行交易的固定场所。到清中叶前后，浙江和苏南各地钱业市场都已十分发达，而且相互之间能够互通声气，连成一片。其中上海、宁波、绍兴、杭州、苏州五个城市相互之间的款项往来，都在钱业市场中有公开行市，可以随时进行买卖。附近城镇的钱业行市都以这五个城市的行市为依据。而上海的钱业市场又成为整个地区的中心市场，宁、绍、苏、杭四地钱业市场的行市，也都以上海市场马首是瞻。这就自然地形成了一个以上海为中心的统一的钱业市场和以上海为中心的放射性的金融网络。这可以说是中国金融市场的雏形，其产生的时间与欧洲金融市场的形成大致在同一时期，但最后钱业市场并未能发展成现代金融市场，主要在于自然经济的抵制和封建统治的限制，资本主义萌芽及中国的发展极为缓慢，从而无法产生对金融业的强烈需求。直到1840年鸦片战争以后，随着外国金融势力的入侵和自然经济的逐渐解体，外国银行纷纷来华设立分支机构，我国的金融市场才开始慢慢地形成。

194. 金融市场的发展趋势是什么？

金融市场是一国市场体系的重要组成部分，在现代市场经济运行过程中，金融市场以其特有的融通资金和优化配置资金的作用，将触角延伸至社会经济生活的方方面面，推动着社会经济的正常运行和发展。全球的金融市场发展趋势有以下几个方面：

（1）金融证券化。金融证券化是指金融业务中证券业务的比重不断增大，银行贷款融资转向可买卖的债券融资，间接融资向直接融资转化。证券化在国际金融市场上表现为两个较为明显的特征：第一，从20世纪80年代上半期，新的国际信贷业务已经从辛迪加银行贷款为主转向经营证券化资产为主。传统的商业银行筹措资金的方式开始逐渐让位于通过金融市场发行长短期债券的方式。第二，银行资产负债的流动性（或称变现性）增加。银行作为代理人和投资者直接参与证券市场，并且将自己传统的长期贷款项目进行证券化处理。

证券化包括资产证券化、融资证券化和风险证券化。

资产证券化是指将缺乏流动性但能够产生可预见的稳定现金流的资产，通过一定的结构安排，对资产中风险与收益要素、期限因素等进行分离与重组，进而转换成为在金融市场上可以出售的流通的证券的过程。它包括以下四类：一是实体资产证券化。即实体资产向证券资产的转换，是以实物资产和无形资产的收益流为基础发行证券并上市的过程。二是信贷资产证券化。即把欠流动性但有未来现金流的信贷资产（如银行的贷款、企业的应收账款等）经过重组形成资产池，并以此为基础发行证券。三是证券资产证券化。即证券资产的再证券化过程，就是将证券或证券组合作为基础资产，再以其产生的现金流或与现金流相关的变量为基础发行证券。四是现金资产证券化。即现金的持有者通过投资将现金转化成证券的过程。

融资证券化是指资金需求方用发行证券，即以"非中介化"或"脱媒"方式筹措资金。

风险证券化指针对一定时间区间内发生的某种不确定性，设计与之相对应的金融衍生品进行出售，达到通过金融市场分散风险的目的。如信用风险证券化、巨灾风险证券化和价格风险证券化等。

（2）金融全球化。金融全球化是指世界各国、各地区在金融业务、金融政策等方面相互交往和协调、相互渗透和扩张、相互竞争和制约已发展到相当水平，进而使全球金融形成一个联系密切、不可分割的整体。金融全球化表现为金融业跨国发展，金融活动按全球同一规则运行，同质的金融资产价格趋于等同，巨额国际资本通过金融中心在全球范围内迅速运转，从而形成全球一体化的趋势。

目前，国际金融市场正在形成一个密切联系的整体市场，在全球各地的任何一个主要市场上都可以进行相同品种的金融交易，并且由于时差的原因，由伦敦、纽约、东京和新加坡等国际金融中心组成的市场可以实现24小时不间断的金融交易，世界上任何一个局部市场的波动都可能马上传递到全球的其他市场上，这就是金融的全球化。

（3）金融自由化。金融自由化是指20世纪70年代中期以来在西方国家，特别是在发达国家所出现的一种逐渐放松甚至取消对金融活动的一些管制措施的过程。进入90年代以来，金融自由化和金融证券化、全球化表现得尤为突出，它们相互影响、互为因果、共同促进。金融自由化主要表现以下四个方面：一是减少或取消国与国之间对金融机构活动范围的限制；二是对外汇管制的放松或解除；三是放宽金融机构业务活动范围的限制，允许金融机构之间的业务适当交叉；四是放宽或取消对商业银行的利率管制。

（4）金融工程化。金融工程化是指将工程思维进入金融领域，综合运用金融理论、数学和计算机网络技术、工程方法来设计、开发新型的金融产品和金融策略，创造性地解决金融问题。金融工程化是金融学科发展的内在的必然趋势，是金融环境和金融交易日益复杂化、金融需求日益多元化的必然要求。计算机和网络技术是金融工程化的技术基础。金融工程化大大提高了金融市场的效率。

（5）金融行为化和社会化。社会化是指个人为适应现在及未来的社会生活，在家庭、学校等社会环境中，经由教育活动或人际互动，个人认同（identify）并接受（accept）社会价值体系、社会规范及行为模式，以及内化（internalize）至个人心里，成为个人价值观与行为的准绳，此过程谓之社会化。金融社会化是金融理念普及和社会接受的过程，例如人们是否主动用金融理念指导经济生活，应用金融手段作为投资理财，除了需要政府建立的普惠型金融服务体系外，人们还需要金融机构根据不同群体设计不同金融产品，使得人们可以按照自己需要选择不同的金融产品，让金融能够彻底地为人服务，实现金融的社会化普及。

金融行为化是指金融理念由思想转化为行动和实践，并最终体现为行为的自觉实践；理念行为化是理念为行为者认同的最高境界。

195．什么是直接融资？什么是间接融资？

直接融资，也称直接金融，是指资金供给者与资金需求者运用一定的金融工具直接形成债权债务关系的行为。其中，资金供给者是直接贷款人，资金需求者是直接借款人。直接融资的方式是发行股票和债券。

间接融资是指资金供给者与需求者通过金融中介间接实现融资行为。资金供给者与资金需求者并不直接发生债权债务关系,而是分别与金融机构发生信用关系,从而成为金融机构的债权人或债务人。

196. 什么是债权融资？什么是股权融资？

债权融资是指企业通过借钱的方式进行融资。债权融资所获得的资金,企业首先要承担资金的利息,还要在借款到期后要向债权人偿还资金的本金。债权融资成本低而风险较大,其筹集的资金主要用于生产经营等特定用途。

股权融资是指企业以发行股票、配股、债转股等方式融得资金。股权融资所获得的资金,企业无须还本付息,但新股东将与老股东同样分享企业的赢利与增长。股权融资的特点决定了其用途的广泛性,既可以充实企业的营运资金,也可以用于企业的投资活动。

股权融资和债券融资的主要区别在于对企业控制权影响和融资成本不同。债务融资就是发行企业债券或者借款,这样的融资方式好处是不丧失企业的股份,也就是企业的管理权,但是融资的成本比较大,利息负担重；股权融资就是通过发行股票等方式融资,这样的好处是融资成本低,但会丧失企业的部分控制权。

197. 什么是众筹？

众筹,即大众筹资或群众筹资,是指用团购加预购的形式,向网友募集项目资金的模式。众筹利用互联网和SNS传播的特性,让小企业、艺术家或个人对公众展示他们的创意,争取大家的关注和支持,进而获得所需要的资金援助。

现代众筹指通过互联网方式发布筹款项目并募集资金。相对于传统的融资方式,众筹更为开放,能否获得资金也不再是由项目的商业价值作为唯一标准。只要是网友喜欢的项目,都可以通过众筹方式获得项目启动的第一笔资金,为更多小本经营或创作的人提供了无限的可能。

第12章

货币市场

198. 什么是货币市场？有哪些作用？

货币市场是短期资金市场，是指融资期限在1年以下的金融市场，是金融市场的重要组成部分。货币市场的交易工具主要是政府、银行及工商企业发行的短期信用工具，具有期限短、流动性强、交易量大和风险小的特点。

货币市场包括同业拆借市场、商业票据市场、短期政府债券市场、证券回购市场、银行承兑汇票市场等。货币市场借助各种短期资金融通工具将资金需求者和资金供应者联系起来，既满足了资金需求者的短期资金需要，又为资金盈余者的暂时闲置资金提供了获取盈利的机会。货币市场既为银行、企业提供灵活的资金管理平台，使他们在对资金的安全性、流动性、盈利性相统一的管理上更方便灵活，又为中央银行实施货币政策以调控宏观经济提供手段，为经济的稳定和发展发挥着不可替代的作用。

199. 什么是同业拆借市场？有哪些特点和功能？

同业拆借市场，亦称"同业拆放市场"，是指具有法人资格的金融机构及经法人授权的金融分支机构之间以货币借贷方式进行短期资金融通活动的市场，主要参与者有商业银行、非银行金融机构、国外银行的代理机构和分支机构、中介机构。

同业拆借市场可分为银行同业拆借市场与短期拆借市场。银行同业拆借市场是指银行业同业之间短期资金的拆借市场。各银行在日常经营活动中会经常发生头寸不足或盈余的情况，银行同业间为了互相支持对方业务的正常开展，并使多余资金产生短期收益，就会自然产生银行同业之间的资金拆借交易。这种交易活动一般没有固定的场所，主要通过电讯手段成交。其期限按日计算，有1日、2日、5日不等，一般不超过1个月，最长为120天，最短的甚至只有半日。拆借的利息叫"拆息"，其利率由交易双方自定，通常高于银行的筹资成本。拆息变动频繁，灵敏地反映资金供求状况。同业拆借每笔交易的数额较大，以适应银行经营活动的需要。日拆一般无抵押品，单凭银行的信誉担保。期限较长的拆借常以信用度较高的金融工具为抵押品。短期拆借市场又叫"通知放款"，主要是商业银行与非银行金融机构（如证券商）之间的一种短期资金拆借形式。其特点是利率多变，拆借期限不固定，可以随时拆出、随时偿还。交易所经纪人大多采用这种方式向银行借款。具体做法是，银行与客户间订立短期拆借协议，规定拆借幅度和担保方式，在幅度内随用随借，担保品多是股票、债券等有价证券。借款人在接到银行还款通知的次日即须偿还，如到期不能偿还，银行有权出售其担保品。

同业拆借市场有以下几个特点：（1）融通资金的期限比较短。中国同业拆借资金的最长期限为4个月，因为同业拆借资金主要用于金融机构短期、临时性资金需要；（2）参与拆借的机构基本上在中央银行开立存款账户，拆借资金主要是金融机构存放在该账户上的多余资金；（3）同业拆借基本上是信用拆借，拆借活动在金融机构之间进行，市场准入条件较为严格，金融机构主要以其信誉参与拆借活动。

同业拆借市场的功能主要有：（1）同业拆借市场为金融机构提供了一种实现流动性的机制；（2）同业拆借市场可以提高金融资产的盈利水平；（3）同业拆借市场可以及时反映资金供求变化；（4）同业拆借市场为中央银行有效实施货币政策的提供场所。同业拆借的作用主要在于弥补银行短期资金的不足、票据清算的差额以及解决临时性资金短缺需要。同业拆借市场的利率具有十分重要的参照作用。

200. 什么是回购市场？回购利率是如何决定的？

回购市场指通过回购协议进行短期资金融通交易的市场。回购协议是指证券资产的卖方在出售证券的同时，和证券资产的买方签订协议，约定在一定期限后按约定价格购回所卖的证券，从而获取即时可用资金的一种交易行为。回购协议的实质是一种以证券资产作抵押的资金融通。回购协议可分为正回购与逆回购。正回购（融资）是指以持有的证券作质押，取得一定期限内的资金使用权，到期按约定的条件购回证券并支付一定的利息。逆回购（融券）则是指以获得证券质押权为条件融出资金，到期归还对方质押证券并收回融出资金，取得一定的利息收入。

　　回购市场参与者包括商业银行、非银行金融机构、企业、政府和中央银行。商业银行和非商业银行金融机构是回购市场上的主要参与者，它们既是资金需求者，也资金供应者。企业和政府主要是资金供给者。中央银行参与回购交易并非为了获得收益，而是通过回购市场进行公开市场操作，有效实施货币政策。

　　在银行间债券市场上回购业务的类型可以分三种类型：一是质押式回购业务；二是买断式回购业务；三是开放式回购业务。质押式回购是指持券方有资金需求时将手中的债券出质给资金融出方的一种资金交易行为。买断式回购是指债券持有人（正回购方）将债券卖给债券购买方（逆回购方）的同时，交易双方约定在未来某一日期，正回购方再以约定价格从逆回购方买回相等数量同种债券的交易行为。开放式回购业务与质押式回购业务的性质是相同的，只是质押式业务是通过网上交易办理，而开放式回购业务是针对不能在网上交易但又托管在国债登记公司的一些企业债券开办的一项业务，回购双方通过纸质的合同在网下进行交易。

　　回购利率的决定。在回购市场中，利率是不统一的，利率的确定取决于多种因素，主要包括以下四点：（1）用于回购的证券的质地。证券的信用度越高，流动性越强，回购利率就越低，否则，利率就会相对来说高一些。（2）回购期限的长短。一般来说，期限越长，由于不确定因素越多，因而利率也应高一些。但这并不是一定的，实际上利率是可以随时调整的。（3）交割的条件。如果采用实物交割的方式，回购利率就会较低，如果采用其他交割方式，则利率就会相对高一些。(4) 货币市场其他子市场的利率水平。回购协议的利率水平不可能脱离货币市场其他子市场的利率水平而单独决定，否则该市场将失去其吸引力。它一般是参照同业拆借市场利率而确定的。由于回购交易实际上是一种用较高信用的证券特别是政府证券做抵押的贷款方式，风险相对较小，因而利率也较低。

201. 什么是商业票据市场？

商业票据是由财务状况良好、信用等级很高的大公司，以贴现方式出售给投资者的一种短期无担保承诺凭证，其发行目的是筹措资金。商业票据市场是以商业票据为交易对象的市场。

商业票据市场的要素有发行者、投资者、发行方式、商业票据的面额和期限、商业票据发行的成本、商业票据的信用评级。商业票据的发行主体主要包括金融公司、非金融公司及银行控股公司。商业票据的投资者主要有中央银行、商业银行、保险公司、基金组织、投资公司、非金融公司、政府和个人。商业票据的发现方式可以分为直接发行和间接发行，直接发行就是发行者通过自己的渠道出售，间接发行就是通过票据交易商销售。商业票据的面额一般都很大，期限也较短，市场上未到期的商业票据平均期限在30天以内。商业票据的发行成本主要有两大部分组成——利息成本与非利息成本。由于商业票据是贴现发行的，所以商业票据的利息成本就是其面值与发行价格之间的差额，非利息成本主要是在发行和销售商业票据过程中所支付的费用，包括承销费、保证费、信用额度支持费、信用评级费。信用评级对于商业票据的发行有着重要作用，一方面，信用评级高的票据风险小，投资者会非常欢迎；另一方面，信用评级高会降低发行人的成本。

202. 中国的票据市场是如何发展的？

中国的票据起源于唐宋时期的"飞钱"和"交子"，而票据市场最早可追溯到明清时代，北方称为"票号"，南方则谓"钱庄"。它们的产生给不同地区间因商业关系引起的远距离货币兑换和资金调剂提供了极大的便利，但最终因中国长期奉行"重农抑商"的传统政策而未能与欧美票据市场同步发展。20世纪50年代初期，由于计划经济的要求，中国决定在全国取消商业信用，所有的信用集中于银行。从此，商业票据被银行以结算划拨方式取代，票据融资和票据市场的概念也逐渐从社会经济生活中消失。直到1986年，中国人民银行从发展市场经济的需要出发，重新推行"三票一卡"，但在二级市场的管理上仍实施严格控制，规定商业票据不得流通转让。从1995年开始，中国人民银行决定恢复办理商业汇票结算。这种汇票经过购货单位或银行承诺付款，承兑人负有到期无条件支付票款的责任，对付款单位具有较强的约束力，有利于增强企业信用，促进企业偿付货款。购销双方根据需要可以商定不超过6个月的付款期限。购货单位在资金暂时不足的情况下，可以凭承兑的汇票购买商品。销货单位急需资金，可持承兑的汇票以及增值税发票和发运单据复印件向银行申请贴现，以及时补充资金。销货单位也可以在汇票背面背书转让给第三者，以支付货款。

2005年5月24日，中国人民银行发布《短期融资券管理办法》《短期融资券承销规程》《短期融资券信息披露规程》配套文件，允许符合条件的企业在银行间债券市场向合格机构投资者发行短期融资券。2005年5月27日，首批5家企业在银行间债券市场发行了7只109亿元的短期融资券，此后，发行步伐逐月加快，众多企业纷纷选择了发行短期融资券融资，短期融资券市场迅速发展。从发债主体看，除了大型国有企业和优质上市公司外，个别民营企业也发行了短期融资券。

203. 什么是银行承兑汇票市场？有什么作用？

银行承兑汇票市场是指以银行承兑汇票作为交易对象的市场。银行承兑汇票是商业汇票的一种，是由在承兑银行开立存款账户的存款人出票，向开户银行申请并经银行审查同意承兑的，保证在指定日期无条件支付确定的金额给收款人或持票人的票据。对出票人签发的商业汇票进行承兑是银行基于对出票人资信的认可而给予的信用支持。

银行承兑汇票的市场交易包括初级市场交易和二级市场交易。同其他货币市场信用工具相比，银行承兑汇票在某些方面更能吸引储蓄者、银行和投资者，因而作为信用工具，它既受借款者欢迎又为投资者青睐，同时也受到银行喜欢。首先，借款人利用银行承兑汇票进行借款的成本较传统银行贷款的利息成本及非利息成本之和要低。其次，银行运用承兑汇票可以增加经营效益。银行通过创造银行承兑汇票，不必动用自己的资金，即可赚取手续费。当然，有时银行也用自己的资金贴进承兑汇票。但由于银行承兑汇票拥有大的二级市场，很容易变现，因此银行承兑汇票不仅不影响其流动性，而且提供了传统的银行贷款所无法提供的多样化的投资组合。此外，银行运用其承兑汇票可以增加其信用能力。一般的，各国银行法都规定了其银行对单个客户提供信用的最高额度。通过创造、贴现或出售符合中央银行要求的银行承兑汇票，银行对单个客户的信用可在原有的基础上增加10%。最后，银行法规定出售合格的银行承兑汇票所取得的资金不要求缴纳准备金。这样，在流向银行的资金减少的信用紧缩时期，这一措施将刺激银行出售银行承兑汇票，引导资金从非银行部门流向银行部门。

从投资者角度看，投资者最重视的是投资的收益性、安全性和流动性。投资于银行承兑汇票的收益同投资于其他货币市场信用工具，如商业票据、CD等工具的收益不相上下。银行承兑汇票的承兑银行对汇票持有者负不可撤销的第一责任，汇票的背书人或出票人承担第二责任，即如果银行到期拒绝付款，汇票持有人还可向汇票的背书人或出票人索款。因此，投资于银行承兑汇票的安全性非常高。一流质量的银行承兑汇票具有公开的贴现市场，可以随时转售，因而具有高度的流动性。

银行汇票业务作用如下：

（1）银行汇票业务直接服务于实体经济，具有调整信贷结构、引导资金流向的功能。汇票市场所独具的特征之一就是能够通过汇票的承兑、贴现业务直接为企业提供融资服务，是货币市场中唯一直接服务于实体经济的子市场。

（2）银行汇票业务已成为商业银行提高资产质量、推动业务创新、改善金融服务及增加经营收入的重要手段。对银行来说，汇票业务特别是贴现业务，与短期贷款业务相比，具有安全性高、流动性强等特点。对企业来说，银行贷款具有明显的不足之处，银行贷款有授信额度限制，贷款在期限上也不很灵活，而汇票业务恰恰能弥补银行贷款的上述不足。

（3）银行汇票业务的发展有利于完善货币政策传导机制，增强市场主体信用观念和完善信用制度。银行承兑汇票市场是直接作用于实体经济的货币市场中的子市场。

204. 什么是短期政府债券市场？有哪些功能？

短期政府债券市场是以短期政府债券为交易对象的市场。短期政府债券是政府部门以债务人身份承担到期偿付本息责任的期限在1年以内的债务凭证，短期政府债券主要是中央政府债券，即国库券。短期政府债券具有流动性强、违约风险小、面额小和收入免税等特点。这类债券最早出现于1877年的英国，由当时英国的经济学家和作家沃尔特·巴佐特首先倡导。沃尔特认为，政府短期资金的筹措应采用金融界早已熟悉的、与商业票据相似的工具。后来，许多国家都依照英国的做法，以发行国库券的方式来满足政府对短期资金的需要。在1929年12月美国第一次发行后，国库券已成为美国货币市场上最重要的信用工具。

短期政府债券市场的功能主要体现在三个方面：

（1）满足国家经济发展中的临时性资金需求。在市场经济国家，当政府财政因一些不可预测的支出而出现赤字或急需短期资金时，为充分发挥国家在经济建设中的主导作用，通过发行国库券来筹措巨额资金已成为市场经济运行的基本规则。

（2）中央银行实施货币政策的重要场所。作为货币政策的"三大法宝"之一,公开市场操作业务是各发达国家中央银行货币政策最重要的工具,随着国库券发行规模的不断加大,国库券的无信用风险、期限短、流动性强等特点,使其成为中央银行公开市场操作业务的最佳选择对象。中央银行通过公开市场业务买进或卖出国库券,调节货币供应量,以实现货币政策目标。

(3)投资者短期投资的重要场所。国库券因其风险低、流动性强、收益稳定,是机构与个人投资者重要的短期投资工具。而对于商业银行等机构投资者来说,利用国库券可以解决一些其他形式的货币市场金融工具所无法解决的问题,如在很多金融机构中,国库券可以被作为仅次于现金的二级储备。

205. 中国国债发行的历史是如何演变的?

中国历史上第一次发行的国债是 1898 年发行的"昭信股票"。当时的晚清政府为解决严重的财政危机,曾借鉴西方资本主义国家的财政制度,发行了三次公债,即"息借商款""昭信股票""爱国公债",其中"昭信股票"最具代表性,最接近近代公债性质。北洋政府时期,由于财源枯竭、入不敷出,不得不靠借债度日。在袁世凯统治时期主要依靠外债,内债发行较少。袁世凯死后,内债发行比重增加,以致造成 1921 年的债信破产、同年北洋政府的垮台。随后的国民党统治时期,南京国民政府在 1927~1937 年共发行国债 45 亿元,发行内债几乎成为国民政府弥补财政赤字的唯一手段,对社会、政治、经济、人民生活等产生了深远的影响。抗日战争时期,国民党政府共发行国债 90 亿元,大量的内债发行基本是与军事活动紧密地联系在一起的。而新民主主义革命过程中,为了弥补财政收入的不足,各根据地人民政府也发行过几十种国债。

中华人民共和国成立后,发行国债分为 20 世纪 50 年代和 80 年代以后两个时期。50 年代由国家统一发行的国债共有 6 次。第一次是 1950 年发行的"人民胜利折实公债",发行目的是平衡财政收支,制止通货膨胀,稳定市场物价。从 1954 年起,为筹措国民经济建设资金，连续5年发行"国家经济建设公债"。从1959年起，先是由于经济发展出现一些困难，后是指导思想有误，提倡"既无内债，又无外债"是社会主义制度优越性的体现，国家停止了国债发行，一直到1981年才重新开始。

1981年以后，中国每年发行国债，但期限较长。如1981～1984年发行的国库券，从第6年开始按发行额分5次5年还清；1985～1987年的国库券，期限为5年，到期一次偿还；1988～1990年的国库券，期限缩短为3年，到期一次偿还；1991～1997年发行的国库券，既有3年期的，也有5年期的，所以实际上都是中长期国债。直到1994年，为配合中国人民银行拟议中的公开市场操作业务，中国政府首次发行1年期以内的国库券，从而实现了国债期限品种的多样化。

206. 什么是中央银行票据？

中央银行票据是中央银行为调节商业银行超额准备金而向商业银行发行的短期债务凭证，实质是中央银行债券，之所以叫"中央银行票据"，是为了突出其短期性特点（从已发行的央行票据来看，期限最短的3个月，最长的也只有3年）。

第13章

股票市场

207. 什么是股票？有哪些种类？

股票是股份公司（包括有限公司和无限公司）在筹集资本时向出资人发行的股份凭证，代表着其持有者（即股东）对股份公司的所有权。这种所有权为一种综合权利，如参加股东大会、投票表决、参与公司的重大决策、收取股息或分享红利等。

按照不同的标准，股票可以分为不同的种类：

（1）按股东权利和义务的不同，分为普通股股票、优先股股票和表决权股票等。普通股是指在公司的经营管理和盈利及财产的分配上享有普通权利的股份，代表满足所有债权偿付要求及优先股东的收益权与求偿权要求后对企业盈利和剩余财产的索取权，它构成公司资本的基础，是股票的一种基本形式。普通股的股利分配随公司经营业绩的变化而变化，具有较大的风险。优先股是指在盈余分配上或在剩余财产分配权上较普通股优先的股票，能够在普通股之前收取固定股息。

（2）按股票是否记载股东姓名，分为记名股票和不记名股票。记名股票是指将股东姓名记载在股票票面和公司股东名册上的股票，股东权益归属于记名股东，可以挂失，相当安全，但记名股票转让时，要依法律和公司章程规定的程序进行，而且要符合规定的转让条件，并到发行公司办理过户手续。不记名股票由两部分组成：一部分是股票的主体，记载公司的有关事项（公司名称、注册资本、股票所代表的股数等）；另一部分是股息票，用于进行股息结算和行使增资权利；股东的姓名、地址不在股票票面上记载，也不记入公司股东名册。不记名股票股东权利属于股票持有人，不能挂失，安全性较差，股东权利的行使以是否持有股票为依据；转让时，只需交付股票，不需要在发行公司办理过户手续。

（3）按股票是否有票面金额，可分为有面额股票和无面额股票。有面额股票是指在股票票面上记载一定票面价值的股票。有面额股票其发行价格一般应与股票票面金额相一致，也允许溢价发行，但一般不允许折价发行。无面额股票是指股票票面上不记载金额，只注明其为几股或占公司总股本的比例，其价值随公司资产的增减而升降，发行价格灵活。目前，只有少数国家如美国、日本、比利时等国家允许发行这类股票。

（4）按股票的资质，可分为蓝筹股、垃圾股等。蓝筹股也可以叫做绩优股，是行业中具有重要支配性地位、公司业绩优良、股票成交活跃、红利优厚的大公司股票。垃圾股也可以叫做绩差股，是指公司业绩较差、股价较低、成交不活跃、没有分红或分红极少的股票。

（5）按股票投资主体不同分为国家股、法人股、社会公众股和外资股。国家股是指有权代表国家投资的政府部门或机构以国有资产投入公司形成的股份或依法定程序取得的股份。这里注意国家股不等于国有股，国有股包括国家股和国有法人股，如果是具有法人资格的国有企业、事业及其他单位以其依法占用的法人资产向独立于自己的股份公司出资形成或依法定程序取得的股份为国有法人股。法人股指企业法人或具有法人资格的事业单位和社会团体，以其依法可支配的资产向公司非上市流通股权部分投资所形成的股份。社会公众股是指社会公众依法以其拥有的财产投入公司时形成的可上市流通的股份。在社会募集方式下，股份公司发行的股份，除了由发起人认购一部分外，其余部分应该向社会公众公开发行。外资股是指股份公司向外国和中国的香港、澳门、台湾地区投资者发行的股票。这是中国股份公司吸引外资的一种方式。

208．什么是中国概念股？

2012年3月，国务院宣布设立温州市金融综合改革试验区。随着相关改革在温州试点的推进，不少上市公司陆续宣布成立小额贷款公司，温州金融概念股迅速成为市场焦点。概念股是指具有某种特别内涵的股票，而这一内涵通常会被当作一种选股和炒作题材，成为股市的热点。结合中国在海外上市的概念股经验，大部分的中国概念股都经历了"泡沫—破裂"的过程，因此温州金融概念股以吸引游资为主。

209．什么是A股、B股、H股？

中国股票有A、B、H股之分。A股的正式名称是人民币普通股票，它是由中国境内的公司发行，供境内机构、组织或个人（不含中国的港、澳、台地区投资者）以人民币认购和交易的普通股股票。A股不是实物股票，以无纸化电子记账，实行"T+1"交割制度，有涨跌幅（10%）限制，参与投资者为中国大陆机构或个人。B股的正式名称是人民币特种股票。它是以人民币标明面值，以外币认购和买卖，在中国境内（上海、深圳）证券交易所上市交易的外资股。B股公司的注册地和上市地都在境内，2001年前投资者限制为境外人士，2001年之后，开放境内个人居民投资B股。H股也称国企股，指注册地在内地、上市地在香港的外资股。H股为实物股票，实行"T+0"交割制度，无涨跌幅限制。中国地区机构投资者可以投资于H股，大陆地区个人目前尚不能直接投资于H股。在天津，个人投资者可以在中国银行各银行网点开办"港股直通车"业务直接投资于H股。

210．什么是非法发行股票？

非法发行股票是指公司、企业、个人或其他组织未经批准，违反法律、法规，通过不正当的渠道，擅自发行股票，向社会公众或者集体募集资金的行为。非法发行股票主要包括以下几层含义：

（1）行为人须有发行股票、公司、企业债券的行为。如果尚未发行或正在准备发行的，或者如果不是采取发行股票的方式，而是采取其他方法非法集资的，如公司之间以高利贷方式相互拆借资金，不构成非法发行股票。

（2）行为人发行股票、公司、企业债券的行为是擅自进行，未经国家有关主管部门批准的。

非法发行股票的行为达到情节严重的程度，构成犯罪。

211. 什么是股票市场？

股票市场是已经发行的股票转让、买卖和流通的场所，包括交易所市场和场外交易市场两大类别。股票市场的结构和交易活动比发行市场（一级市场）更为复杂，其作用和影响力也更大。股票交易起源于1602年荷兰人在阿姆斯特河大桥上进行荷属东印度公司股票的买卖，而正规的股票市场最早出现在美国。

212. 什么是股票发行市场、流通市场、第三市场和第四市场？

股票发行市场又称为股票"一级市场"，是指公司直接或通过中介机构向投资者出售新发行的股票的市场，它一方面为资金需求者提供了筹资的渠道；另一方面为资金供给者提供了投资的渠道。所谓新发行的股票包括初次发行和再次发行的股票，前者是公司第一次向投资者出售的原始股，后者是在原始股的基础上增加新的份额。一级市场的整个运作过程通常由咨询与管理、认购与销售两个阶段构成。

股票流通市场也称为股票"二级市场"，是投资者之间买卖已发行股票的场所，这一市场为股票创造了流动性，即能够迅速脱手换取现值。在"流动"的过程中，投资者将自己获得的有关信息反映在交易价格中，而一旦形成公认的价格，投资者凭此价格就能了解公司的经营概况，公司则知道投资者对其股票价格即经营业绩的判断，这样一个"价格发现过程"降低了交易成本。同时，流动也意味着控制权的重新配置，当公司经营状况不佳时大股东通过卖出股票放弃其控制权,这实质上是一个"用脚投票"的机制,它使股票价格下跌,以"发现"公司的有关信息并改变控制权分布状况,进而导致股东大会的直接干预或外部接管。可见,优化控制权的配置、保证股东权益是二级市场的另一个重要作用。

第三市场是指原来在证券交易所上市的股票移到场外进行交易而形成的市场,换言之,第三市场交易就是既在证券交易所上市又在场外市场交易的股票,以区别于一般含义的柜台交易。

第四市场是指大机构投资者(或有实力的个人)绕开通常的经纪人,彼此之间利用电子通信网络直接进行证券交易的市场。这些网络允许会员直接将买卖委托挂在网上,并与其他投资者的委托自动配对成交。其特点是没有买卖差价,交易费用低。

中国内地有两家证券交易所——上海证券交易所和深圳证券交易所。上海证券交易所于1990年11月26日成立,当年12月19日正式营业。深圳证券交易所于1989年11月15日筹建,1991年4月11日经中国人民银行总行批准成立,7月3日正式营业。两家证券交易所均按会员制方式组成,是非营利性的事业法人,组织机构由会员大会、理事会、监察委员会和其他专门委员会、总经理及其他职能部门组成。

213. 什么是股权代办交易系统?

股权代办交易系统是指由具有代办股份转让服务业务资格的证券公司接受非上市股份有限公司(包括原STAQ、NET系统挂牌公司、主板退市公司)的委托,代办转让股份的服务。而具有代办股份转让服务业务资格的证券公司是指向中国证券业协会申请,取得从事代办股份转让主办券商业务资格的证券公司,简称"主办券商"。其主要业务是对所推荐的股份转让公司进行辅导和监督、办理挂牌事宜,接受投资者委托办理股份转让。由于该系统是在证券交易所和初步建立的中小企业板市场之外进行股票交易的场所,因此被视为证券市场的第三层次,许多市场人士将它称为"三板市场"。

214. 什么是主板？

主板是指传统意义上的证券市场，是一个国家或地区证券发行、上市及交易的主要场所。主板市场是资本市场中最重要的组成部分，很大程度上能够反映经济发展状况，有"国民经济晴雨表"之称。主板市场对发行人的营业期限、股本大小、盈利水平、最低市值等方面的要求标准较高，上市企业多为大型成熟企业，具有较大的资本规模以及稳定的盈利能力。

中国大陆的主板市场包括上海证券交易所和深圳证券交易所两个市场。

215. 什么是创业板？

创业板市场是指专门协助高成长的新兴创新公司特别是高科技公司筹资并进行资本运作的市场，有的也称为二板市场、另类股票市场、增长型股票市场等。创业板上市标准要低于成熟的主板市场，从而为暂时无法在主板上市的中小企业和新兴公司提供了融资途径和成长空间，是对主板市场的有效补给，在资本市场中占据着重要的位置。创业板与大型成熟上市公司的主板市场不同，它是一个前瞻性市场，注重于公司的发展前景与增长潜力。创业板同时也是一个高风险的市场，因此要更加注重公司的信息披露。

216. 什么是三板？

三板市场的全称是"代办股份转让系统"。在《证券公司代办股份转让服务业务试点办法》中是这样定义的："代办股份转让服务业务，是指证券公司以其自有或租用的业务设施，为非上市公司提供的股份转让服务业务"。目前在三板市场由指定券商代办转让的股票有14只，其中包括水仙、粤金曼和中浩等退市股票。

2001年7月16日，为了解决主板退市问题以及原STAQ、NET系统内存在有法人股历史遗留问题，"代办股份转让系统"正式成立，后被称为"老三板"。由于"老三板"挂牌的股票品种少，且多数质量较低，再次转到主板上市难度也很大，长期被冷落。为了改变中国资本市场柜台交易落后局面，同时为更多高科技成长型企业提供股份流动的机会，2006年初北京中关村科技园区建立新的股份转让系统，因与"老三板"标的明显不同，被形象称为"新三板"。"新三板"与"老三板"最大的不同是配对成交，现在设置30%幅度，超过此幅度要公开买卖双方信息。目前的"新三板"市场格局是在2009年7月《证券公司代办股份转让系统中关村科技园区非上市股份有限公司报价转让试点办法》正式实施后形成的。

作为中国多层次证券市场体系的一部分，三板市场一方面为退市后的上市公司股份提供继续流通的场所，另一方面也解决了原STAQ、NET系统历史遗留的数家公司法人股流通问题。

217. 股票价格及影响因素有哪些？

股票价格通常是指股票的市场价格，又称股票行市，是股票在证券市场上买卖的价格。股票的市场价格由股票的价值决定，同时受许多其他因素的影响，其中，供求关系是最直接的影响因素，其他因素都是通过作用于供求关系而间接影响股票价格的，而且这些因素的影响程度几乎是不可预测的。由于影响股票价格的因素复杂多变，所以，股票价格波动性很大。

影响股票价格的因素主要有以下几个方面：

（1）宏观经济因素。宏观经济因素主要包括经济周期、货币政策、财政政策、国际收支及汇率、国际市场因素的变化等。

（2）政治因素与自然因素。政治因素与自然因素将最终影响经济，影响股票上市及公司经营，从而会影响股票价格波动。

（3）行业因素。行业因素影响某一行业股票价格的变化，主要表现在两个方面：一是国家对该行业政策的变化；二是该行业自身的发展。行业因素主要包括行业生命周期、行业景气循环因素等。

（4）行为因素。投资者的非理性行为和心理因素是引起股价波动的重要原因。

（5）公司因素。公司本身的经营状况及发展前景，直接影响到该公司所发行股票的价格，公司自身因素主要包括公司利润、股息及红利的分配、股票是否为首次上市、股票分割、公司投资方向、产品销路，以及董事会和主要负责人调整等。

218. 什么是股价指数？什么是成分股？

股票价格指数就是用以反映整个股票市场上各种股票市场价格的总体水平及其变动情况的指标，简称为股价指数。它是由证券交易所或金融服务机构编制的表明股票行市变动的一种供参考的指示数字。股票价格指数是通过选取有代表性的一组股票，把它们的价格进行某种加权得出平均价格，再计算其与选定基期的平均价格的比值得到的。股票价格指数一般是用百分比表示的，简称"点"。不同指数具体的股票选取和计算方法一般不同，指数的意义也就不同。

成分股又称"指数股"，是指那些被纳入股票指数计算范围的股票，如美国道琼斯综合股价指数选用有代表性的65种股票进行计算，这65种股票即为成分股。

219. 主要股价指数有哪些？

中国的主要股票指数有沪深300指数、上证180指数、上证50指数、深证100指数、上证综指和深证成指。沪深300指数是由上海和深圳证券市场中选取300只A股作为样本编制而成的成分股指数，于2005年4月8日正式发布。上证180指数的样本股是在所有A股股票中抽取最具市场代表性的180种样本股票，于2002年7月1日正式发布。上证50指数是由上海证券市场规模大、流动性好的最具代表性的50只股票组成的股票指数，以综合反映上海证券市场最具市场影响力的一批优质大盘企业的整体状况，于 2004 年 1 月 2 日正式发布。深证 100 指数包含了深圳市场 A 股流通市值最大、成交最活跃的 100 只成分股。上证综指是上海证券交易所编制的，以上海证券交易所挂牌上市的全部股票为计算范围，以发行量为权数综合，反映了上海证券交易市场的总体走势。深证成指是从深圳证券交易所上市的所有股票中抽取具有市场代表性的 40 家上市公司的股票作为计算对象，并以流通股为权数计算得出的加权股价指数，综合反映在深交所上市的 A、B 股的股价走势。

国际常用指数有道琼斯指数、标准普尔指数、NASDAQ 综合指数、英国金融时报股票价格指数、日经 225 指数、恒生指数，分别简要介绍如下。

道琼斯指数是一种算术平均股价指数，是世界上历史最为悠久的股票指数。历史上第一次公布道琼斯指数是在 1884 年 7 月 3 日，当时的指数样本包括 11 种股票，由道琼斯公司的创始人之一、《华尔街日报》首任编辑查尔斯·亨利·道（Charles Henry Dow，1851～1902）编制。目前道琼斯股票价格平均指数分为四组：一是工业股票价格平均指数，它由 30 只有代表性的大工商业公司的股票组成，且随经济发展而变大，大致可以反映美国整个工商业股票的价格水平，这也就是人们通常所引用的道琼斯工业平均指数；二是运输业股票价格平均指数，它包括 20 只有代表性的运输业公司的股票，即 8 家铁路运输公司、8 家航空公司和 4 家公路货运公司；三是公用事业股票价格平均指数，是由代表着美国公用事业的 15 家煤气公司和电力公司的股票所组成；四是平均价格综合指数，它是综合前三组股票价格平均指数 65 只股票而得出的综合指数，这组综合指数显然为优等股票提供了直接的股票市场状况，是目前世界上影响最大、最有权威性的一种股票价格指数。

标准普尔指数是美国最大的证券研究机构即标准·普尔公司编制的股票价格指数。该公司于 1923 年开始编制发表股票价格指数，最初采选了 230 只股票，编制两只股票价格指数。到 1957 年，这一股票价格指数的范围扩大到 500 只股票，分成 95 种组合，其中最重要的四种组合是工业股票组、铁路股票组、公用事业股票组和500只股票混合组。从1976年7月1日开始，改为400只工业股票，20只运输业股票，40只公用事业股票和40只金融业股票。几十年来，虽然有股票更迭，但始终保持为500只。标准·普尔公司股票价格指数以1941～1943年抽样股票的平均市价为基期，以上市股票数为权数，按基期进行加权计算，其基点数为10。以目前的股票市场价格乘以股票市场上发行的股票数量为分子，用基期的股票市场价格乘以基期股票数为分母，相除之数再乘以10就是股票价格指数。标准普尔混合指数包括的500只普通股票总价值很大，其成分股有90%在纽约证券交易所上市，其中也包括一些在别的交易所和店头市场交易的股票，所以它的代表性比道琼斯平均指数要广泛很多，故更能真实地反映股票市价变动的实际情况。

NASDAQ综合指数是以在NASDAQ市场上市的、所有本国和外国的上市公司的普通股为基础计算的。该指数按每个公司的市场价值来设权重，这意味着每个公司对指数的影响是由其市场价值所决定的。市场价格是所有已公开发行的股票在每个交易日的卖出价的总和。该指数是在1971年2月5日起用的，基准点为100点。

英国金融时报股票价格指数是伦敦《金融时报》工商业普通股票平均价格指数的简称，由英国《金融时报》于1935年7月1日起编制，并以该日期作为指数的基期，令基期股价指数为100，采用几何平均法进行计算，用以反映伦敦证券交易所行情变动的一种股票价格指数。该指数最早选取在伦敦证券交易所挂牌上市的30家代表英国工业的大公司的股票为样本，是欧洲最早和最有影响的股票价格指数。目前的金融时报指数有30只、100只和500只等各组股票价格平均数构成，范围涵盖各主要行业。由于1888年创刊的英国《金融时报》每天都详细登载伦敦金融市场，特别是证券交易所的行情变化、市场动向及国内外的政治、经济动态，发行量很大。因此，该指数不仅是英国股票市场，而且也是世界金融市场上颇有影响的股价指数。

日经平均指数，又名日经225指数，是由日本经济新闻社推出的东京证券交易所的225只股票的股价指数，1971年第一次发表。

恒生指数是香港股市价格的重要指标，指数由若干只成分股（即蓝筹股）市值计算出来的，代表了香港交易所所有上市公司的 12 个月平均市值涵盖率的 70%，恒生指数由恒生银行下属恒生指数有限公司负责计算及编制，公布成分股调整。

220．什么是股份有限责任公司？什么是有限责任公司？

股份有限公司是公司组织形式之一，是指由一定人数以上的股东所发起组织，全部资本划分为若干等额股份，股东就其所认股份对公司负有限责任，股票一般可以在社会上公开发行和自由转让的股份公司。现代的股份有限公司，是可以进行商业活动的独立的法律实体，并具有以下特点：

（1）股份持有者的股份可以转让或买卖。

（2）除破产、解散等特殊情况，公司为永久存续，其存在不受股份持有者的死亡、股份转让等情况所影响。

（3）股份持有者对公司的债务、法律纠纷等，不必承担责任，这些责任由公司本身承担。

股份公司视股票的持有者股东为公司的所有者，并赋予其公司内部广泛的权利。股东在公司所在国法律规定的范围内通过一年一次的股东大会行使他们的权利，投票选举出董事会作为股东权利的代行机构来管理公司。此外，股东还有权通过投票的方式审议决定接受或拒绝年度财务报告、账目；在董事职务空缺时选择新的个人股东担任董事；董事会认为有必要付诸全体股东大会投票决定的其他事宜。股东作为股份公司的所有者，对公司的全部债务承担偿还责任，但这一责任不会超过各股东所持的全部股票账面价值的总和，超过股东股票面价值的部分，股份公司股东不承担偿还责任。股份公司中股东有权主张从净利润中获得相应的份额作为回报，这被称为股息。股份有限公司在通过上市审查后，其股份（股票）可以在股票公开市场流通买卖。

有限责任公司又称有限公司，指股东仅以自己的出资额为限对公司债务负责。同股份有限公司相比，有限公司的股东较少，许多国家公司法对有限公司的股东人数都有严格规定。同时，有限公司的资本并不必然分为等额股份，也不公开发行股票，股东持有的公司股票可以在公司内部股东之间自由转让，若向公司以外的人转让，须经过公司的股东同意。由于股东少，因此公司设立手续非常简便，而且公司也无须向社会公开公司营业状况，增强了公司的竞争能力。有限责任公司不能公开募集股份，不能发行股票。公司生产经营过程中所需资金只能由其他合法方法方式融资取得。有限责任公司相对股份有限公司而言，设立条件和程序较为简单、灵活。

221. 什么是上市公司？什么是海外上市公司？

上市公司是有限公司的一种，是指可以在证券交易所公开交易其公司股票、证券等的股份有限公司。公司把其证券及股份于证券交易所上市后，公众人士可在各个交易所的规则下，自由买卖相关证券及股份，买入股份的公众人士即成为该公司之股东，享有权益。公司公开发行股票，能够改善公司财务状况，可以利用股票激励员工，可以为提高公司声誉。但与此同时也为公司带来一些弊端，比如公司经营风险加大、信息披露的严格要求、管理人员的灵活性受到限制等。

上市公司与普通公司相比，主要有以下几点区别：

（1）上市公司相对于非上市股份公司对财务披露要求更为严格。

（2）上市公司的股份可以在证券交易所中挂牌自由交易流通（全流通或部分流通，每个国家制度不同），非上市公司股份不可以在证交所交易流动。

（3）上市公司和非上市公司之间他们的问责制度不一样。

（4）上市公司上市具备的条件有：公司开业已3年以上；其股本总额达3000万元以上；持有股票值达1000元以上的股东人数不少于1000人。

（5）上市公司能取得整合社会资源的权利（如公开发行增发股票）非上市公司则没有这个权利。

海外上市公司则是指发行境外上市外资股的境内股份有限公司。

222. 公司上市的程序是什么？什么是 IPO？

根据《证券法》与《公司法》的有关规定，股份有限公司上市的程序如下：

（1）向证券监督管理机构提出股票上市申请，并提交上市报告书、股东大会决定、公司章程和营业执照等相关文件。

（2）接受证券监督管理部门的核准。对于符合条件的申请予以批准；不符合条件的予以驳回；缺少所要求的文件的可以限期要求补交；预期不补交的驳回申请。

（3）向证券交易所上市委员会提出上市申请并提交上市报告书等相关文件。证券交易所应当自接到的该股票发行人提交文件之日起6个月内安排该股票上市交易。

（4）证券交易所统一股票上市交易后的上市公告。

IPO 即首次公开募股（initial public offerings，IPO）是指一家企业或公司（股份有限公司）第一次将它的股份向公众出售。

223. 什么是证券保荐人制度？

保荐人是根据法律规定为公司申请上市承担推荐责任，并为上市公司上市后一段时间的信息披露行为向投资者承担担保责任的股票承销商。

保荐人制度则是由保荐人负责发行人的上市推荐和辅导，核实公司发行文件和上市文件的真实性、准确性和完整性，协助发行人建立严格的信息披露制度，并承担风险防范责任，并在公司上市后的规定时间内继续协助发行人建立规范的法人治理结构，督促公司遵守上市规定，完成招股计划书中的承诺，同时对上市公司的信息披露负有连带责任。

根据 2003 年年末中国证监会发布的《证券发行上市保荐制度暂

行办法》规定，中国保荐人制度适用于有限公司首次公开发行股票和上市公司发行新股、可转换公司债券。

224．什么是信息披露制度？

信息披露制度，也称公示制度、公开披露制度，是上市公司为保障投资者利益、接受社会公众的监督而依照法律规定必须将其自身的财务变化、经营状况等信息和资料向证券管理部门和证券交易所报告，并向社会公开或公告，以便使投资者充分了解情况的制度。它既包括发行前的披露，也包括上市后的持续信息公开，它主要由招股说明书制度、定期报告制度和临时报告制度组成。

225．什么是内幕交易？

内幕交易是指内幕人员和以不正当手段获取内幕信息的其他人员违反法律、法规的规定，泄露内幕信息，根据内幕信息买卖证券或者向他人提出买卖证券建议的行为。内幕交易行为人为达到获利或避损的目的，利用其特殊地位或机会获取内幕信息进行证券交易，违反了证券市场"公开、公平、公正"的原则，侵犯了投资公众的平等知情权和财产权益。

226．什么是关联交易？

关联交易是指公司或是其附属公司与在本公司直接或间接占有权益、存在利害关系的关联方之间所进行的交易。关联方包括自然人和法人，主要指上市公司的发起人、主要股东、董事、监事、高级行政管理人员及他们的家属和上述各方所控股的公司。关联交易在公司的经营活动特别是公司并购行动中，是一个极为重要的法律概念，涉及财务监督、信息披露、少数股东权益保护等一系列法律环境方面的问题。

按市场经济原则，一切企业之间的交易都应该在市场竞争的原则下进行，而在关联交易中由于交易双方存在各种各样的关联关系及利益上的牵扯，交易并不是在完全公开竞争的条件下进行的。因此关联交易客观上可能给企业带来或好或坏的影响。从有利的方面讲，交易双方因存在关联关系，可以节约大量商业谈判等方面的交易成本，并可运用行政的力量保证商业合同的优先执行，从而提高交易效率。从不利的方面讲，由于关联交易方可以运用行政力量撮合交易的进行，从而有可能使交易的价格、方式等在非竞争的条件下出现不公正情况，形成对股东或部分股东权益的侵犯。因此对于关联交易的信息披露至关重要。

227. 什么是"老鼠仓"？

基金公司工作人员利用其职务之便，利用其掌握的交易信息，牟取非法利益或者转嫁风险，都被称为"老鼠仓"。老鼠仓属于内幕交易，是违法行为。中国刑法现行法律中对证券、期货从事内幕交易的犯罪，已经作出了刑事责任规定。

老鼠仓的典型操作是庄家（如基金经理）在用公有资金在拉升股价之前，先用自己个人或其亲属和关系户的资金在低价位买进股票，待用公有资金拉升股价到高位后，再率先高价卖出股票获利。

228. 什么是股市泡沫？什么是股市崩盘？

股市泡沫一般指一种或一系列资产在一个连续过程中陡然涨价，开始的价格上涨会使人们产生还要涨价的预期，于是又吸引了新的买主。这些人一般只是想通过买卖牟取利润，而对这些资产本身的使用和产生赢利的能力不感兴趣。涨价之后便是预期的逆转，接着就是价格的暴跌，最后以金融危机告终。对泡沫的定义，理论界尚未达成一致的意见，对它是否可能发生，也没有一致的看法。何为泡沫，目前来说还没有较为明确的数量化标准。

股市泡沫产生的原因一般认为有以下几点：（1）证券市场本身的系统特性是根源；（2）流动性过剩，大量资金流入股票市场；（3）股票市场的体制不完善；（4）股票市场可供交易品种少；（5）机构投资者扮演庄家角色。

股市崩盘通常被定义为单日或数日累计跌幅超过20%。

229. 什么是转融通业务？

转融通业务是由银行、基金和保险公司等机构提供资金和证券，证券公司则作为中介将这些资金和证券提供给融资融券客户。券商在融券业务中一般仅充当中介角色，可融标的证券的来源大多为第三方，即真正长期持有而不计较短期收益的股东。转融通业务包括转融券业务和转融资业务两部分。但与转融资相比，转融券业务的制度安排和实施方案的设计更为复杂。融资融券业务主要是券商把自有资金和自有证券出借给客户，转融通则是券商向金融公司借入资金和证券后再转借给客户。

2012年8月30日中国证券金融股份有限公司正式启动转融通业务试点，先行办理转融资业务。海通、申银万国、华泰、国泰君安、银河、招商、广发、光大、中信、中信建投、国信等证券公司将作为首批借入人，向中国证券金融公司融入资金，为融资融券业务提供新的资金来源，满足证券投资领域的资金需求。

230. 什么是ETF？

ETF又称"交易型开放式指数证券投资基金"（exchange traded fund, ETF），简称"交易型开放式指数基金"，又称"交易所交易基金"。ETF是一种跟踪"标的指数"变化，且在证券交易所上市交易的基金。ETF属于开放式基金的一种特殊类型，它综合了封闭式基金和开放式基金的优点，投资者既可以在二级市场买卖ETF份额，又可以向基金管理公司申购或赎回ETF份额。买进（申购）基金份额有两种方式：一是用现金；二是用"一揽子"股票。但在卖出或赎回时，投资者得到的是"一揽子"股票而非现金。由于同时存在二级市场交易和申购赎回机制，投资者可以在 ETF 二级市场交易价格与基金单位净值之间存在差价时进行套利交易。

ETF 最大的作用在于投资者可以借助这个金融产品具备的指数期货、商品期货的特性套利操作，有助于提高股市的成交量。

231. 什么是券商产品创新？

券商产品创新是指为了克服证券行业盈利模式单一，严格监管导致很多业务的开展受到限制，而对传统的券商业务进行创新，以此来增强核心竞争力。券商产品创新主要包括债券质押式报价回购、约定购回式证券交易、推出 ETF 新品种、券商分级资产管理计划、期权模拟交易、优化大宗交易、转融通、构建基金销售和服务平台、股票质押式发债、研究备兑权证方案、现金理财计划。其中，现金管理计划、股票约定回购式证券交易，以及场外柜台交易，这三大业务最受业界关注。

232. 什么是并购重组？

并购重组是指在市场机制作用下，企业为了获得其他企业的控制权而进行的产权交易活动，一般有两家以上公司合并、组建新公司或相互参股，是企业法人在平等自愿、等价有偿的基础上，以一定的经济方式取得其他法人产权的行为，是企业进行资本运作和经营的一种主要形式。

企业并购主要包括公司合并、资产收购、股权收购三种形式。

第14章

债券市场

233. 什么是债券市场？

债券市场是发行和买卖债券的场所，是金融市场的一个重要组成部分。债券市场不仅为全社会的投资者和筹资者提供了低风险的投融资工具，也是传导中央银行货币政策的重要载体。

（1）根据债券的运行过程和市场的基本功能，可将债券市场分为发行市场和流通市场。债券发行市场，又称一级市场，是发行单位初次出售新债券的市场。债券发行市场的作用是将政府、金融机构及工商企业等为筹集资金向社会发行的债券，分散发行到投资者手中。债券流通市场，又称二级市场，指已发行债券买卖转让的市场。通过债券流通市场，投资者可以转让债权，把债券变现。

（2）根据市场组织形式，债券流通市场又可进一步分为场内交易市场和场外交易市场。

证券交易所是专门进行证券买卖的场所，如中国的上海证券交易所和深圳证券交易所。在证券交易所内买卖债券所形成的市场，就是场内交易市场。交易所作为债券交易的组织者，本身不参加债券的买卖和价格的决定，只是为债券买卖双方创造条件，提供服务并进行监管。场外交易市场是在证券交易所以外进行证券交易的中场。柜台市场为场外交易市场的主体。此外，场外交易中场还包括银行间交易市场，以及一些机构投资者通过电话，电脑等通信手段形成的市场等。目前，中国债券流通市场由三部分组成，即沪深证券交易所市场、银行间交易市场和证券经营机构柜台交易市场。

（3）根据债券发行地点的不同，债券市场可以划分为国内债券市场和国际债券市场。国内债券市场的发行者和发行地点同属一个国家，而国际债券市场的发行者和发行地点不属于同一个国家。

债券市场在社会经济中占有十分重要的地位，是因为它具有以下几项重要功能。

一是融资功能。债券市场作为金融市场的一个重要组成部分，具有使资金从资金剩余者流向资金需求者，为资金不足者筹集资金的功能。

二是资金流动导向功能。效益好的企业发行的债券通常较受投资者欢迎，因而发行时利率低，筹资成本小；相反，效益差的企业发行的债券风险相对较大，受投资者欢迎的程度较低，筹资成本较大。因此，通过债券市场，资金得以向优势企业集中，从而有利于资源的优化配置。

三是宏观调控功能。中央银行通过在证券市场上买卖国债等有价证券，从而调节货币供应量，实现宏观调控的重要手段。在经济过热、需要减少货币供应时，中央银行卖出债券、收回金融机构或公众持有的一部分货币从而抑制经济的过热运行；当经济萧条、需要增加货币供应量时，中央银行便买入债券，增加货币的投放。

234. 什么是债券？它与股票的区别是什么？

债券是政府、公司或金融机构向投资者筹措资金时提供的债权债务凭证，它要求发行人按约定的时间和方式向投资者支付利息和偿还本金。债券的交易市场称为债券市场。19世纪以后，欧洲资本主义迅速发展，政府和企业都需要大量资本，债券真正成为资本主义筹集资本的重要方式，债券市场有了突破性发展。

股票与债券虽都是有价证券，是证券市场上的两大主要金融工具，两者也都是经济主体通过公开发行募集资本的融资手段，但两者有着重要的区别，主要表现在以下五个方面。

（1）两者权利不同。债券是债权凭证，债券持有者与债券发行人之间的经济关系是债权债务关系，债券持有者只可按期获取利息及到期收回本金，无权参与公司的经营决策。股票则不同，股票是所有权凭证，股票所有者是发行股票公司的股东，股东一般拥有表决权，可以通过参与股东大会选举董事、参与公司重大事项的审议和表决，行使对公司的经营决策权和监督权。

（2）两者目的不同。发行债券是公司追加资金的需要，它属于公司的负债，不是资本金。发行股票则是股份公司创办企业和增加资本金的需要，筹措的资金列入公司资本。此外，发行债券的经济主体很多，中央政府、地方政府、金融机构、公司企业等一般都可以发行债券，但能发行股票的经济主体只有股份有限公司。

（3）两者期限不同。债券一般有规定的偿还期，期满时债务人务必按时归还本金，因此债券是一种有期投资。股票通常是不能偿还的，一旦投资入股，股东便不能从股份公司抽回本金，因此股票是一种无期投资，或称永久投资。但是，股票持有者可以通过市场转让收回投资资金。

（4）两者收益不同。债券通常有规定的利率，可获固定的利息。股票的股息红利不固定，一般视公司经营情况而定。

（5）两者风险不同。股票风险较大，债券风险相对较小。主要原因有：一是债券利息是公司的固定支出，属于费用范围；股票的股息红利是公司利润的一部分，公司有盈利才能支付，而且支付顺序列在债券利息支付和纳税之后；二是倘若公司破产，清理资产有余额偿还时，债券偿付在前，股票偿付在后；三是在二级市场上，债券因其利率固定，期限固定，市场价格也较稳定；而股票无固定的期限和利率，受各种宏观因素和微观因素的影响，市场价格波动频繁，涨跌幅度较大。

235. 债券有哪些种类？

债券可以按不同的特征分类。

（1）按发行主体分类。

政府债券是政府为筹集资金而发行的债券，主要包括国债、地方政府债券等，其中最主要的是国债。国债信誉好、风险低。

金融债券是由银行和非银行金融机构发行的债券。中国目前金融债券主要由国家开发银行、进出口银行等政策性银行发行。

企业债券是企业依照法定程序发行，约定在一定期限内还本付息的债券。企业债券的发行主体可以是股份公司，但也可以是非股份公司。

（2）按付息方式分类。

贴现债券指债券券面上不附有息票，发行时按规定的折扣率，以低于债券面值的价格发行，到期按面值支付本息的债券。贴现债券的发行价格与其面值的差额即为债券的利息。

零息债券指债券到期时和本金一起一次性付息、利随本清，也可称为到期付息债券。付息特点：一是利息一次性支付；二是债券到期时支付。

附息债券指债券券面上附有息票的债券，是按照债券票面载明的利率及支付方式支付利息的债券。息票上标有利息额、支付利息的期限和债券号码等内容。持有人可从债券上剪下息票，并据此领取利息。附息国债的利息支付方式一般是在偿还期内按期付息，如每半年或一年付息一次。

（3）按计息方式分类。

单利债券指在计息时，不论期限长短，仅按本金计息，所生利息不再加入本金计算下期利息的债券。

复利债券与单利债券相对应，指计算利息时，按一定期限将所生利息加入本金再计算利息，逐期滚算的债券。

累进利率债券指年利率以利率逐年累进方法计息的债券。累进利率债券的利率随着时间的推移，后期利率比前期利率更高，呈累进状态。

（4）按利率确定方式分类。

固定利率债券指在发行时规定利率在整个偿还期内不变的债券。

浮动利率债券是与固定利率债券相对应的一种债券，它是指发行时规定债券利率随市场利率定期浮动的债券，其利率通常根据市场基准利率加上一定的利差来确定。浮动利率债券往往是中长期债券。由于利率可以随市场利率浮动，采取浮动利率债券形式可以有效地规避利率风险。

（5）按偿还期限分类。

长期债券。一般来说，偿还期限在10年以上的为长期债券。

中期债券。期限在1年或1年以上、10年以下（含10年）的为中期债券。

短期债券。偿还期限在1年以下的为短期债券。

中国企业债券的期限划分与上述标准有所不同。中国短期企业债券的偿还期限在1年以内；偿还期限在1年以上5年以下（含5年）的为中期企业债券；偿还期限在5年以上的为长期企业债券。

(6) 按债券形态分类。

实物债券（无记名债券）是以实物债券的形式记录债权，券面标有发行年度和不同金额，可上市流通。实物债券其发行成本较高。

凭证式债券是一种储蓄债券，通过银行发行，采用"凭证式国债收款凭证"的形式，从购买之日起计息，但不能上市流通。

记账式债券指没有实物形态的票券，以记账方式记录债权，通过证券交易所的交易系统发行和交易。由于记账式国债发行和交易均无纸化，所以交易效率高，成本低，是未来债券发展的趋势。

(7) 按募集方式分类。

公募债券指按法定手续，经证券主管机构批准在市场上公开发行的债券。这种债券的认购者可以是社会上的任何人。发行者一般有较高的信誉，除政府机构、地方公共团体外，一般企业必须符合规定的条件才能发行公募债券，并且要求发行者必须遵守信息公开制度，向证券主管部门提交有价证券申报书，以保护投资者的利益。

私募债券指以特定的少数投资者为对象发行的债券，发行手续简单，一般不能公开上市交易。

(8) 按担保性质分类。

有担保债券是指以特定财产作为担保品而发行的债券。以不动产如房屋等作为担保品，称为不动产抵押债券；以动产如适销商品等作为提供品的，称为动产抵押债券；以有价证券如股票及其他债券作为担保品的，称为证券信托债券。一旦债券发行人违约，信托人就可将担保品变卖处置，以保证债权人的优先求偿权。

无担保债券亦称信用债券，是指不提供任何形式的担保，仅凭筹资人信用发行的债券。政府债券属于此类债券。这种债券由于其发行人的绝对信用而具有坚实的可靠性。除此之外，一些公司也可发行这种债券，即信用公司债。与有担保债券相比，无担保债券的持有人承担的风险较大，因而往往要求较高的利率。但为了保护投资人的利益，发行这种债券的公司往往受到种种限制，只有那些信誉卓著的大公司才有资格发行。

质押债券是指以其有价证券作为担保品所发行的债券。中国的质押债券是指已由政府、中央银行、政策性银行等部门和单位发行，在中央国债登记结算有限责任公司托管的政府债券、中央银行债券、政策性金融债券，以及经人民银行认可、可用于质押的其他有价证券。

（9）按债券的可流通与否分类。

分为可流通债券（上市债券）和不可流通债券（非上市债券）。

（10）按内含选择权的类型分类。

可转换债券是指其持有者可以在一定时期内按一定比例或价格将之转换成一定数量的另一种证券的证券。如可转换债券可以是在特定时间、按特定条件可转换为债券发行公司普通股股票的企业债券，称之为可转换企业债券。

可交换债券是另一种特殊的可转换债券，其全称为"可交换公司股票的债券"，是指上市公司股份的持有者通过抵押其持有的股票给托管机构进而发行的公司债券，该债券的持有人在将来的某个时期内，能按照债券发行时约定的条件用持有的债券换取发债人抵押的上市公司股权，严格地来说算是可转换债券的一种。深入来看，可交换债券是一种内嵌期权的金融衍生品，其本质是一个固定收益的债券加上一份标的股票的看涨期权，它的投资价值与上市公司的业绩息息相关，它的利息收入较低，收益主要来源于未来标的股票的增值，因此比较适合长期投资。

可赎回债券指债券发行人可以在债券到期日前的一定时间赎回，即提前向债券持有人归还本金和利息的一种债券。

债券还有许多其他的划分方法。一张债券往往可以归于许多种类。如国债998可同时归于国债、附息债券、长期债券、上市债券、无担保债券和公募债券等。

236. 什么是债券的发行和承销？债券交易有哪些方式？

债券发行是发行人以借贷资金为目的，依照法律规定的程序向投资人要约发行代表一定债权和兑付条件的债券的法律行为。债券发行也是以债券形式筹措资金的行为过程，通过这一过程，发行者以最终债务人的身份将债券转移到它的最初投资者手中。

债券承销是证券经营机构代理债券发行人发行债券的行为，主要有代销和包销两种方式。代销是指承销商代理发售债券，并发售期结束后，将未出售的债券全部退还给发行人的承销方式。包销是指证券公司将发行人的证券按照协议全部购入或者在承销期结束时将售后剩余证券全部自行购入的承销方式。

债券流通市场又称债券二级市场，是指已发行债券买卖转让的市场。债券一经认购，即确立了一定期限的债权债务关系，但通过债券流通市场，投资者可以转让债权，把债券变现。债券的交易方式有现货交易、回购交易和期货交易等。现货交易是债券买卖双方对债券的买卖价格均表示满意，在成交后立即办理交割，或在很短的时间内办理交割的一种交易方式。回购交易是指债券持有一方出券方和购券方在达成一笔交易的同时，规定出券方必须在未来某一约定时间以双方约定的价格再从购券方那里购回原先售出的那笔债券，并以商定的利率（价格）支付利息。期货交易是指交易双方成交以后，按照期货合约中规定的价格在未来某一特定时间进行债券的交割和清算。

237. 中国国债发行有什么特征？

1981年中国恢复了国债的发行，但当时的国债采用行政摊派的方式发行，还不具备真正的发行市场。1988年，财政部首次通过商业银行和邮政储蓄柜台销售了一定数量的国债，改变了单一行政分配的发债方式，标志着中国国债发行市场的建立。1991年中国第一次实现了通过承购包销发行国债，彻底改变了通过行政分配认购发行国债的办法。

中国国债发行方式主要有四种。

（1）固定收益出售法是指在金融市场上按预先确定的发行条件发行国债的方式，具有认购期限短、改造条件固定、改造机构不限和主要适用于可转让的中长期债券四个特点。

（2）公募拍卖方式，也称竞价投标方式，是指在金融市场上公开招标发行。其有三个特点：发行条件通过投标决定、以财政部门或中央银行为发行机构、主要适用于中短期政府债券，特别是国库券。这种方式主要适用于中短期政府债券。

（3）连续经销方式，亦称出卖发行法，是指发行机构受托在金融市场上设专门柜台经销的一种较为灵活的发行方式，其经销期限不定、发行条件不定，主要通过金融机构、中央银行、证券经纪人经销，适用于不可转让债券，特别是储蓄债券。

（4）承受发行法，又称直接推销方式，是由财政部门直接与认购者举行一对一谈判出售国债的发行方式，其发行机构只限于财政部门、认购者主要限于机构投资者、发行条件通过直接谈判确定、主要运用于某些特殊类型的政府债券的推销，适用于金融市场利率较稳定国家的国债发行方式是承受法。

238. 什么是资产抵押债券和国际债券？

资产抵押债券是由银行业金融机构作为发起机构，将信贷资产信托给受托机构，由受托机构发行的、以该财产所产生的现金支付其收益的收益凭证。换言之，资产抵押债券就是由特定目的信托委托机构发行的、代表特定目的信托的信托受益权份额，受托机构以信托财产为限向投资机构承担支付资产支持证券收益的义务。2005年12月8日，国家开发银行和中国建设银行在银行间市场发行了首批资产抵押债券，总量为71.94亿元。截至2010年年底，在中央国债登记结算公司托管的资产抵押债券余额为182亿元。

国际债券是一国政府、金融机构、工商企业或国家组织为筹措和融通资金，在国外金融市场上发行的、以外国货币为面值的债券。国际债券的重要特征是发行者和投资者属于不同的国家，筹集的资金来源于国外金融市场。

欧洲债券是目前国际债券的最主要形式。欧洲债券主要有以下几种形式。

（1）普通债券（straight band）。这是欧洲债券的基本形式，其特点是债券的利息固定，有明确的到期日。由于所支付的利息不随金融市场上利率的变化而升降，因此，当市场利率波动剧烈时，就会影响其发行量。

（2）复合货币债券（multiple - currency bond）。债务人发行债券时，以几种货币表示债券的面值。投资人购买债券时，以其中的一种货币付款。

（3）浮动利率债券（floating rate bond）。浮动利率债券是指债券的票面利率随金融市场利率水平的变化而调整的债券。

（4）可转换为股票的债券（convertible euro - bond）。这种债券的特点是债务人在发行债券时实行授权，投资者可以根据自己的愿望，将此种债券转换为发行公司的股票，成为该公司的股东。

239. 什么是公司债券？什么是企业债券？

公司债券是指公司依照法定程序发行、约定在一定期限还本付息的有价证券。公司债券主要由有限责任公司和股份有限公司发行，是其融资的重要来源。按照不同标准，公司债有不同的分类。按照债券本身情况来区分，公司债有记名公司债和不记名公司债，参与公司债与不参与公司债以及可赎回公司债和不可赎回公司债；按照发行目的来划分，公司债券可以分为普通公司债券、改组公司债券、利息公司债券、延期公司债券几种。公司债券可以转让，转让价格由转让人与受让人约定；在证券交易所上市交易的，按照证券交易所的交易规则转让。

企业债券是由中央政府部门所属机构、国有独资企业或国有控股企业发行的债券，它对发债主体的限制比公司债少。在西方国家，由于只有股份公司才能发行企业债券，所以企业债券即公司债券。在中国，企

212

业债券泛指各种所有制企业发行的债券。中国企业债券目前主要有地方企业债券、重点企业债券、附息票企业债券、利随本清的存单式企业债券、产品配额企业债券和企业短期融资券等。

240. 什么是地方政府债券?

地方政府债券也被称为市政债券,是地方政府根据信用原则以承担还本付息责任为前提而筹集资金的债务凭证,是有财政收入的地方政府及地方公共机构发行的债券。地方政府债券一般用于交通、通信、住宅、教育、医院和污水处理系统等地方性公共设施的建设。地方政府债券一般也是以当地政府的税收能力作为还本付息的担保。

地方政府债券的安全性较高,被认为是安全性仅次于"金边债券"的一种债券,而且投资者购买地方政府债券所获得的利息收入一般都免交所得税。2011年10月20日,地方政府"自行发债"举措得以施行。

目前地方债务平台虽然发展快但存在一些问题,比如债务规模过大还债能力有限等。

(1) 短期面临流动性风险。一些债务的期限结构与项目的投资回收周期不匹配,随着偿还高峰期的到来,部分地方政府的资金链将会面临流动性风险。

(2) 局部可能存在一定风险。根据审计署的报告,2010年年底,有78个市级和99个县级政府负有偿还责任的债务率高于100%,分别占两级政府总数的19.9%和3.56%;并且由于偿债能力不足,部分地方政府只能通过举借新债偿还旧债,还有部分地区出现了逾期债务。

(3) 局部的短期风险较为集中。部分地方政府债务资金来源比较单一,主要集中于银行信贷。从审计署的报告来看,地方政府性债务中有约8.47万亿元资金来自银行贷款,占全国债务总额的79%。

241. 什么是政府融资平台与"区域集优"发债模式?

政府融资平台是指由地方政府发起设立,通过划拨土地、股权、国债等资产，迅速组建出一个资产和现金流均可到达融资标准的公司，并在必要时以财政补贴作为还款承诺，从而获得多种来源的资金，然后将资金运用于市政建设、公用事业等各种市政项目。

"区域集优"发债模式是指一定区域内具有核心技术、产品具有良好市场前景的中小非金融企业，通过政府专项风险缓释措施的支持，在银行间债券市场通过发行中小企业集合票据的债务融资方式。所谓"集合票据"则是指2个（含）以上、10个（含）以下具有法人资格的中小非金融企业，在银行间债券市场以统一产品设计、统一券种冠名、统一信用增进、统一发行注册方式共同发行的，约定在一定期限还本付息的债务融资工具。"区域集优"发债模式在中国发展迅猛。

242. 什么是债券质押式报价回购？

债券质押式报价回购是指证券公司提供债券作为质物，并以根据标准券折算率计算出的标准券总额为融资额度，向在该证券公司指定交易的客户以证券公司报价客户接受报价的方式融入资金，客户于回购到期时收回融出资金并获得相应收益的债券质押式回购。

证券公司客户交易结算资金受市场低迷影响大幅下降，而资金主要流向了低风险、高流动性的银行现金理财产品。可以说，银行推出的各类现金理财产品，已经挤占了证券公司客户保证金的利差收入，证券公司必须通过为客户资金创造更多收益的方式，达到吸引客户、留住客户资金的目的。国信证券2009年在业内率先推出报价回购创新业务，是一种提高客户保证金现金管理服务的有效手段，对比银行理财产品，报价回购业务由于有足额债券质押、交易系统直接操作、T+0资金到账等特点，在资产安全、资金效率和流动性等方面更具优势。

243. 什么是中小企业私募债券？

中小企业私募债券是中国中小微企业在境内市场以非公开方式发行的，发行利率不超过同期银行贷款基准利率的3倍，期限在1年（含）

以上，对发行人没有净资产和盈利能力的门槛要求，完全市场化的公司债券。其属于私募债的发行，不设行政许可。《中小企业私募债试点办法》明确试点期间中小企业私募债券的发行人为未上市中小微企业，具体来说，是指符合《关于印发中小企业划型标准规定的通知》规定的，但未在上海证券交易所和深圳证券交易所上市的中小微型企业，暂不包括房地产企业和金融企业。中小企业私募债券的推出扩大了资本市场服务实体经济的范围。加强了资本市场服务民营企业的深度和广度。其具体的基本要素如下：

（1）审核体制。中小企业私募债发行由承销商向上海和深圳交易所备案，交易所对承销商提交的备案材料完备性进行核对，备案材料齐全的，交易所将确认接收材料，并在10个工作日内决定是否接受备案。如接受备案，交易所将出具《接受备案通知书》。私募债券发行人取得《接受备案通知书》后，需要在6个月内完成发行。《接受备案通知书》自出具之日起6个月后自动失效。

（2）发行期限。发行期限暂定在1年以上（通过设计赎回、回售条款可将期限缩短在1年内），暂无上限，可1次发行或分期发行。

（3）发行人类型。中小企业私募债券是未上市中小微型企业以非公开方式发行的公司债券。试点期间，符合工信部《关于印发中小企业划型标准规定的通知》的未上市非房地产、金融类的有限责任公司或股份有限公司，只要发行利率不超过同期银行贷款基准利率的3倍，并且期限在1年（含）以上，可以发行中小企业私募债券。

（4）投资者类型。参与私募债券认购和转让的合格投资者，应符合下列条件：①经有关金融监管部门批准设立的金融机构，包括商业银行、证券公司、基金管理公司、信托公司和保险公司等；②上述金融机构面向投资者发行的理财产品，包括但不限于银行理财产品、信托产品、投连险产品、基金产品、证券公司资产管理产品等；③注册资本不低于人民币1000万元的企业法人；④合伙人认缴出资总额不低于人民币5000万元，实缴出资总额不低于人民币1000万元的合伙企业；⑤经交易所认可的其他合格投资者。另外，发行人的董事、监事、高级管理人员及持股比例超过5%的股东，可参与本公司发行私募债券的认购与转让。承销商可参与其承销私募债券的认购与转让。

需要指出的是，中小企业私募债券对投资者的数量有明确规定，每期私募债券的投资者合计不得超过 200 人，对导致私募债券持有账户数超过 200 人的转让不予确认。

(5) 发行条件。中小企业私募债发行规模不受净资产的 40% 的限制。需提交最近两年经审计财务报告，但对财务报告中的利润情况无要求，不受年均可分配利润不少于公司债券 1 年的利息的限制。

(6) 担保和评级要求。监管部门出于对风险因素的考虑，为降低中小企业私募债风险，鼓励中小企业私募债采用担保发行，但不强制要求担保。对是否进行信用评级没有硬性规定。私募债券增信措施以及信用评级安排由买卖双方自主协商确定。发行人可采取其他内外部增信措施，提高偿债能力，控制私募债券风险。增信措施主要可以通过：限制发行人将资产抵押给其他债权人；第三方担保和资产抵押、质押；商业保险。

(7) 发行利率。根据《中小企业私募债试点业务指南》规定，中小企业私募债发行利率不超过同期贷款基准利率 3 倍。鉴于发行主体为中小企业信用等级普遍较低；且为非公开发行方式，投资者群体有限，发行利率高于市场已存在的企业债、公司债等。

(8) 募集资金用途。中小企业私募债的募集资金用途不作限制，募集资金用途偏于灵活。可用来直接偿还债务或补充营运资金，不需要限定为固定资产投资项目。

(9) 转让流通。非公开发行。在上交所固定收益平台和深交所综合协议平台挂牌交易或证券公司进行柜台交易转让。发行、转让及持有账户合计限定为不超过 200 个。根据《业务指南》私募债券面值为人民币 100 元，价格最小变动单位为人民币 0.001 元。私募债券单笔现货交易数量不得低于 5000 张或者交易金额不得低于人民币 50 万元。私募债券成交价格由买卖双方在前收盘价的上下 30% 之间自行协商确定。私募债券当日收盘价为债券当日所有转让成交的成交量加权平均价；当日无成交的，以前收盘价为当日收盘价。

244. 什么是中小企业短期融资券？

中小企业短期融资券是指中华人民共和国境内具有法人资格的非金融企业，依照相关规定，在银行间债券市场发行并约定在一定期限内还本付息的有价证券，是企业筹措短期（1年以内）资金的直接融资方式。中小企业短期融资券对缓解中小企业资金压力，提高银行间市场信用产品多元化，以及提高中小企业的金融服务质量意义重大。相比于银行贷款和股市融资，短期融资券在融资成本和筹资便利度等方面更具优势。中国于2005年启动短期融资券发行，获准发行的多为大型国有企业。

245. 什么是金融租赁公司金融债？

金融债是由银行和非银行金融机构发行的债的介质体，在英、美等欧美国家，金融机构发行的债的介质体归类于公司债券。在中国及日本等国家，金融机构发行的债介质形式称为金融债券。金融债能够较有效地解决银行等金融机构的资金来源不足和期限不匹配的矛盾。

金融租赁公司金融债是指租赁公司在全国银行间债券市场发行的、按约定还本付息的有价证券。

246. 什么是非金融企业债务融资工具？

非金融企业债务融资工具简称债务融资工具，是指具有法人资格的非金融企业在银行间债券市场发行的，约定在一定期限内还本付息的有价证券。债券融资工具发行对象为银行间债券市场的机构投资者，包括银行、证券公司、保险资产管理公司、基金公司等。非金融企业债务融资工具目前主要包括短期融资券（短融）、中期票据（中票）、中小企业集合票据和超级短期融资券（超短融）等类型。

债券融资工具发行参与方包括主承销商、评级公司、增信机构、审计师事务所、律师事务所等中介服务机构，需要对发行的企业进行财务审计，并对企业和融资工具进行评级。主承销商负责撰写募集说明书，安排企业进行信息披露等工作。

247. 什么是海外人民币债券？

海外人民币债券是指由任何注册于中国境外的实体（包括港澳台的发行人）发行的，国外拥有人民币资金的任何人均可以购买并受制于适用证券法规一般限制的一种证券。海外人民币债券募集的资金可用于国外的任何合法用途及中国的经常项目，但当资金流入中国资本项目时则需审批，需要的审批应参考外商在中国投资的现行审批制度。

2007年，国家开发银行首次在香港发售人民币债券。2009年，外资银行汇丰银行（中国）及东亚银行（中国）获准在香港发行人民币债券。2010年，麦当劳成为首间发行人民币债券的外资企业。

248. 什么是资产证券化？

资产证券化是指将缺乏流动性但能够产生可预见的稳定现金流的资产，通过一定的结构安排，对资产中风险与收益要素、期限因素等进行分离与重组，进而转换成为在金融市场上可以出售的流通的证券的过程。它包括以下四类。（1）实体资产证券化。即实体资产向证券资产的转换，是以实物资产和无形资产的收益流为基础发行证券并上市的过程。（2）信贷资产证券化，是指把欠流动性但有未来现金流的信贷资产（如银行的贷款、企业的应收账款等）经过重组形成资产池，并以此为基础发行证券。（3）证券资产证券化。即证券资产的再证券化过程，就是将证券或证券组合作为基础资产，再以其产生的现金流或与现金流相关的变量为基础发行证券。（4）现金资产证券化是指现金的持有者通过投资将现金转化成证券的过程。

第15章 基金市场

249. 什么是基金市场?

基金市场是指进行投资基金交易的场所,是证券市场的一部分。

1997年11月《证券投资基金管理暂行办法》颁布实施,重点鼓励和扶持开放式基金发展的指导思路被确立为促进中国股票市场健康发展的重要指导思想。

从1998年6月30日至2011年年底,基金所持有的股票市值占股票市场流通市值比例从1.00%提高到超过20%。作为我国金融产业的一个重要组成部分,基金市场成为中国证券市场上举足轻重的影响力量。同时,它已经初步显示出有效配置金融资源、改善产业结构和经济结构、树立正确的市场投资理念、抑制投机气氛、改善证券市场的投资者结构以及促进投资金融制度创新和金融工具多元化等方面的积极作用。

250. 什么是投资基金?

投资基金是通过出售基金份额,汇集众多投资者的资金形成的以实现保值增值为目的的集合资金。其基本特征是由专门的保管机构保管,由专业管理人按照基金契约进行管理,投资人则按持有的基金份额分享收益、分担风险。投资基金的基本功能是使小额投资者可以实现投资的规模化、分散化和专业化。

251. 投资基金的发展和特点是什么？

投资基金创始于19世纪60年代的英国，迄今已有130多年的历史，它是商品经济发展到一定阶段，广大中小投资者迫切需要进入市场进行投资的产物。此后，随着美国经济和金融都在世界上占据领先地位，国民的金融意识日益增强，中小投资者纷纷通过这种"共同投资"的方式介入市场，投资基金逐渐成为美国最普遍的投资方式，获得前所未有的繁荣和发展，并波及世界各地。进入20世纪90年代以后，投资基金突然风靡全球，成为许多国家证券市场上又一生力军。

证券投资基金在不同的国家有不同的称谓。美国称为"共同基金"或"互惠基金"，英国和中国香港地区习惯称其为"单位信托基金"，日本和中国台湾省则称之为"证券投资信托基金"。中国证券投资基金开始于1998年3月，在较短的时间内就成功地实现了从封闭式基金到开放式基金、从资本市场到货币市场、从内资基金管理公司到合资基金管理公司、从境内投资到境外理财的几大历史性的跨越，走过了发达国家几十年上百年走过的历程，取得了举世瞩目的成绩。证券投资基金目前已经具有了相当规模，成为中国证券市场最重要机构的投资力量和广大投资者的最重要投资工具之一。

投资基金的特点：（1）集合投资。它将零散的资金巧妙地汇集起来，交给专业机构投资于各种金融工具，以谋取资产的增值。基金对投资的最低限额要求不高，投资者可以根据自己的经济能力决定购买数量，有些基金甚至不限制投资额大小，完全按份额计算收益的分配，因此，基金可以最广泛地吸收社会闲散资金，集腋成裘，汇成规模巨大的投资资金。在参与证券投资时，资本越雄厚，优势越明显，而且可能享有大额投资在降低成本上的相对优势，从而获得规模效益的好处。（2）分散风险。以科学的投资组合降低风险、提高收益是基金的另一大特点。在投资活动中，风险和收益总是并存的，因此，"不能将所有的鸡蛋都放在一个篮子里"，这是证券投资的箴言。但是，要实现投资资产的多样化，需要一定的资金实力，对小额投资者而言，由于资金有限，很难做到这一点，而基金则可以帮助中小投资者解决这个困难。基金可以凭借其雄厚的资金，在法律规定的投资范围内进行科学的组合，分散投资于多种证券，借助于资金庞大和投资者众多的公有制使每个投资者面临的投资风险变小，同时又利用不同的投资对象之间的互补性，达到分散投资风险的目的。(3) 专业理财。基金实行专家管理制度，这些专业管理人员都经过专门训练，具有丰富的证券投资和其他项目投资经验。他们善于利用基金与金融市场的密切联系，运用先进的技术手段分析各种信息资料，能对金融市场上各种品种的价格变动趋势作出比较正确的预测，最大限度地避免投资决策的失误，提高投资成功率。对于那些没有时间，或者对市场不太熟悉，没有能力专门研究投资决策的中小投资者来说，投资于基金，实际上就可以获得专家们在市场信息、投资经验、金融知识和操作技术等方面所拥有的优势，从而尽可能地避免盲目投资带来的失败。

252．什么是天使基金？

天使基金是指专门投资于企业种子期、初创期的一种风险投资。因为它的作用主要是对萌生中的中小企业提供"种子资金"，是面目最慈祥的风险资金，帮助它们摆脱失败的危险，因而取得"天使"这样崇高的名称。天使基金在美国最为发达，主要投向具有高成长性的科技型项目，收益率普遍在50倍以上。此外，某些天使基金资金来自于自身存款，而非机构和他人。

253．投资基金的相关主体有哪些？

投资基金的主体构成：

(1) 基金发起人。基金发起人是指按照共同投资、共享收益、共担风险的基本原则和股份公司的某些原则，运用现代信托关系的机制，以基金方式将投资者分散的资金集中起来以实现预先规定的投资目的的投资组织机构。我国规定证券投资基金发起人为证券公司、信托投资公司及基金管理公司。

（2）基金托管人。是指安全保管基金财产；按照规定开设基金财产的资金账户和证券账户；对所托管的不同基金财产分别设置账户，确保基金财产的完整与独立；保存基金托管业务活动的记录、账册、报表和其他相关资料；按照基金合同的约定，根据基金管理人的投资指令，及时办理清算、交割事宜；办理与基金托管业务活动有关的信息披露事项等事项的机构。

（3）基金管理人。是指依法募集基金，办理或者委托经国务院证券监督管理机构认定的其他机构代为办理基金份额的发售、申购、赎回和登记事宜；办理基金备案手续；对所管理的不同基金财产分别管理、分别记账，进行证券投资；进行基金会计核算并编制基金财务会计报告；编制中期和年度基金报告等事项的机构。

（4）基金份额持有人。即基金的投资者。

254. 基金有哪些类型？

按照不同的标准，基金可以分成很多类型。

（1）封闭式基金与开放式基金。按能否赎回可分为封闭式基金和开放式基金。

封闭式基金，又称为固定型投资基金，是指基金的发起人在设立基金时，限定了基金单位的发行总额，筹集到这个总额后，基金即宣告成立，并进行封闭，在一定时期内不再接受新的投资。

开放式基金在国外又称共同基金，它和封闭式基金共同构成了基金的两种运作方式。开放式基金是指基金发起人在设立基金时，基金份额总规模不固定，可视投资者的需求，随时向投资者出售基金份额，并可应投资者要求赎回发行在外的基金份额的一种基金运作方式。开放式基金是国际基金市场的主流品种，美国、英国、中国香港和台湾的基金市场均有90%以上是开放式基金。相对于封闭式基金，开放式基金在激励约束机制、流动性、透明度和投资便利程度等方面都具有较大的优势。

(2）契约型基金和公司型基金。根据组织形态的不同，可分为契约型基金和公司型基金。

契约型基金又称单位信托基金，是指把投资者、管理人、托管人三者作为当事人，通过签订基金契约的形式发行受益凭证而设立的一种基金。基金管理公司依据法律、法规和基金合同的规定负责基金的经营和管理运作；基金托管人则负责保管基金资产，执行管理人的有关指令，办理基金名下的资金往来；资金的投资者通过购买基金份额，享有基金投资收益。日本、中国的香港与台湾地区的基金产品大多属于契约型基金。

公司型基金是按照公司法，以发行股份的方式募集资金而组成的公司形态的基金，认购基金股份的投资者即为公司股东，凭其持有的股份依法享有投资收益。投资者购买了该家公司的股票，就成为该公司的股东，凭股票领取股息或红利、分享投资所获得的收益。公司型基金在法律上是具有独立法人地位的股份投资公司。公司型基金依据基金公司章程设立，基金投资者是基金公司的股东，享有股东权，按所持有的股份承担有限责任、分享投资收益。

（3）公募基金和私募基金。按照是否公开募集基金可以分为公募基金和私募基金。公募基金是受政府主管部门监管的，向不特定投资者公开发行受益凭证的证券投资基金。这些基金在法律的严格监管下，有着信息披露、利润分配、运行限制等行业规范。私募基金是向特定投资人公开发行受益凭证的证券投资基金，是一种非公开宣传的，私下向特定投资人募集资金的集合投资。如基金中上海重阳、上海尚雅、深圳金钟就是私募基金。

（4）基于投资对象划分的投资基金类型。根据投资对象的不同，投资基金可分为股票基金、债券基金、货币市场基金、期货基金、期权基金、指数基金和认股权证基金等。股票基金是指以股票为投资对象的投资基金。债券基金是指以债券为投资对象的投资基金。货币市场基金是指以国库券、大额银行可转让存单、商业票据、公司债券等货币市场短期有价证券为投资对象的投资基金。期货基金是指以各类期货品种为主要投资对象的投资基金。期权基金是指以能分配股利的股票期权为投资对象的投资基金。指数基金是指以某种证券市场的价格指数为投资对象的投资基金。认股权证基金是指以认股权证为投资对象的投资基金。

（5）基于资本来源和运用划分的投资基金类型。根据资本来源和运用地域的不同，投资基金可分为国际基金、海外基金、国内基金，国家基金和区域基金等，国际基金是指资本来源于国内，并投资于国外市场的投资基金；海外基金也称离岸基金，是指资本来源于国外，并投资于国外市场的投资基金；国内基金是指资本来源于国内，并投资于国内市场的投资基金；国家基金是指资本来源于国外，并投资于某一特定国家的投资基金；区域基金是指投资于某个特定地区的投资基金。

255. 什么是主权财富基金？

主权财富基金也称国家投资基金，是政府所有的、具有特殊目的的投资基金或机构，一般由政府建立，用来持有或管理主权财富以达成金融上的目标。所谓主权财富是指一国政府通过特定税收与预算分配、可再生自然资源收入和国际收支盈余等方式积累形成的，由政府控制与支配的公共财富。主权财富基金采取一系列投资策略，包括投资外国金融资产。

主权财富基金可划分为下列类型：一是稳定型主权财富基金，主要目的是跨期平滑国家收入，减少意外收入波动对经济和财政预算的影响；二是冲销型主权财富基金，主要目的是协助中央银行分流外汇储备，干预外汇市场，冲销市场过剩的流动性；三是储蓄型主权财富基金，主要目的是跨代平滑国家财富，为子孙后代积蓄财富；四是预防型主权财富基金，主要目的是预防国家社会经济危机，促进经济和社会的平稳发展；五是战略型主权财富基金，主要目的是支持国家发展战略，在全球范围内优化配置资源，培育世界一流的企业，更好地体现国家在国际经济活动中的利益。

256. 什么是产业投资基金？

产业投资基金是一大类概念，国外通常称为风险投资基金或私募股权投资基金，一般是指向具有高增长潜力的未上市企业进行股权或准股权投资，并参与被投资企业的经营管理，以期所投资企业发育成熟后通过股权转让实现资本增值。根据目标企业所处阶段不同，可以将产业基金分为种子期或早期基金、成长期基金、重组基金等。产业基金涉及到多个当事人，具体包括：基金股东、基金管理人、基金托管人，以及会计师、律师等中介服务机构，其中基金管理人是负责基金的具体投资操作和日常管理的机构。产业投资基金具有的主要特点：（1）投资对象主要为非上市企业。（2）投资期限通常为3~7年。（3）积极参与被投资企业的经营管理。（4）投资的目的是基于企业的潜在价值，通过投资推动企业发展，并在合适的时机通过各类退出方式实现资本增值收益。

257. 什么是对冲基金？

对冲基金又称套利基金或避险基金。对冲原意指在赌博中为防止损失而采用两方下注的投机方法，因而把在金融市场同时既买又卖同一种金融工具的交易称为对冲。一般称具有下列特性的基金为对冲基金。

（1）投资者人数有上限、每位投资人的投资金额有下限的私募基金。如美国相关法律规定参与者不得超过500人，参与者个人必须拥有价值500万美元以上的投资证券。

（2）一般不受金融监管。由于是私募、投资者人数较少且主要是深谙金融市场规律、风险承受力强的富人，自我保护能力较强，所以对冲基金很少受到金融当局的监管。比如在成立时不需要向金融主管部门登记，无须披露相关信息等。

（3）基金投资的对象和手段可自由选择。主要合伙人和管理者可以自由、灵活运用各种投资技术，包括衍生证券的交易、卖空和自由使用金融杠杆。

（4）通常设立为离岸基金，以避开投资人数限制和避税。如美国的对冲基金通常设在处女岛（Virgin Island）、巴哈马（Bahamas）、百慕大（Bermuda）、鳄鱼岛（Cayman Island）、都柏林（Dublin）和卢森堡

（Luxembourg），这些地方的税收微乎其微。

投资者退出基金受限制。大多基金要求股东若抽资必须提前告知，提前通知的时间从30天之前到3年之前不定。

（5）综合使用各种前沿金融理论和复杂的交易技术。对冲基金采用各种交易手段（如卖空、杠杆操作、程序交易、互换交易、套利交易、衍生品种等）进行对冲、换位、套头、套期来赚取巨额利润。例如，基金管理人首先选定某类行情看涨的行业，买进该行业中看好的几只优质股，同时以一定比率卖空该行业中较差的几只劣质股。如此组合的结果是，如该行业预期表现良好，优质股涨幅必超过其他同行业的劣质股，买入优质股的收益将大于卖空劣质股而产生的损失；如果预期错误，此行业股票不涨反跌，那么劣质股跌幅必大于优质股，则卖空所获利润必高于买入优质股下跌造成的损失。这样的操作不仅规避了风险，而且具有很强的杠杆效应。

经过几十年的演变，对冲基金已失去其初始的风险对冲的内涵，成为一种新的投资模式的代名词，即基于最新的投资理论和极其复杂的金融市场操作技巧，充分利用各种金融衍生产品的杠杆效用，承担高风险，追求高收益的投资模式。

258. 什么是私募股权基金？它有什么特点？

私募股权基金（PE）一般是指从事私人股权（非上市公司股权）投资的基金，它是一种模式固定化、结构法定化的特殊信托，通过对非上市企业进行的权益性投资，并以策略投资者的角色积极参与投资标的的经营与改造，通过上市、并购或管理层回购等方式，出售持股获利。私募股权投资的资金，一般采取非公开发行的方式，向有风险辨别和承受能力的机构或个人募集。私募是相对公募来讲的。当前我们国家的基金都是通过公开募集的，叫公募基金。如果一家基金不通过公开发行，而是在私下里对特定对象募集，那就叫私募基金。随着中国资本市场的不断发展，以百仕通、KKR等为代表的私募股权投资公司已经渐渐被国内投资者认同，PE基金高收益、低波动对投资者很有吸引力。2012

年鹏华全球私募股权证券投资基金获批，这是我国国内第一只投资全球上市私募股权的公募基金。

私募股权投资基金（PE）主要投资未上市企业股权，而非股票市场，PE的这个性质客观上决定了较长的投资回报周期。私募股权投资基金通常包括创业投资基金、并购投资基金、过桥基金等。创业投资基金投资于包括种子期、初创期、快速扩张期和成长初期的企业；并购投资基金投资于扩展期企业和参与管理层收购；过桥基金则投资于过渡企业或上市前的企业。

私募股权投资基金具有以下特点：

（1）私募资金。私募股权基金的募集对象范围相对公募基金要窄，但是其募集对象都是资金实力雄厚、资本构成质量较高的机构或个人，这使得其募集的资金在质量和数量上不一定亚于公募基金。可以是个人投资者，也可以是机构投资者。

（2）股权投资。除单纯的股权投资外，出现了变相的股权投资方式（如以可转换债券或附认股权公司债等方式投资），以及以股权投资为主、债权投资为辅的组合型投资方式。这些方式是近年来私募股权在投资工具、投资方式上的一大进步。股权投资虽然是私募股权投资基金的主要投资方式，其主导地位也并不会轻易动摇，但是多种投资方式的兴起，多种投资工具的组合运用，也已形成不可阻挡的潮流。

（3）风险大。私募股权投资的风险，一是源于其相对较长的投资周期。因此，私募股权基金想要获利，必须付出一定的努力，不仅要满足企业的融资需求，还要为企业带来利益，这注定是个长期的过程。二是私募股权投资成本较高，这一点也加大了私募股权投资的风险。三是私募股权基金投资风险大，还与股权投资的流通性较差有关。股权投资不像证券投资可以直接在二级市场上买卖，其退出渠道有限，而有限的几种退出渠道在特定地域或特定时间也不一定很畅通。一般而言，PE成功退出一个被投资公司后，其获利可能是3~5倍，而在中国，这个数字可能是20~30倍。高额的回报，诱使巨额资本源源不断地涌入PE市场。

（4）参与管理。私募股权基金中有一支专业的基金管理团队，具有丰富的管理经验和市场运作经验，能够帮助企业制定适应市场需求的发展战略，对企业的经营和管理进行改进。但是，私募股权投资者仅仅以参与企业管理，而不以控制企业为目的。

259. 什么是期货公司代理发行基金？

期货公司代理发行基金是指期货公司接受基金发行公司的委托，代为办理基金发行的各项有关事项的业务。期货公司代理发行基金有助于创造独具特色的理财平台支持期货公司兼并重组和发行上市。

260. 什么是货币市场基金？

货币市场基金是指投资于货币市场上短期（1年以内，平均期限120天）有价证券的一种投资基金。该基金资产主要投资于短期货币工具如国库券、商业票据、银行定期存单、银行承兑汇票、政府短期债券、企业债券等短期有价证券。货币基金只有一种分红方式——红利转投资。货币市场基金每份单位始终保持在1元，超过1元后的收益会按时自动转化为基金份额，拥有多少基金份额即拥有多少资产。而其他开放式基金是份额固定不变，单位净值累加的，投资者只能依靠基金每年的分红来实现收益。

货币市场基金除具有收益稳定、流动性强、购买限额低、资本安全性高等特点外，还有其他一些优点，比如，可以用基金账户签发支票、支付消费账单；通常被作为进行新的投资之前暂时存放现金的场所，这些现金可以获得高于活期存款的收益，并可随时撤回用于投资。一些投资人大量认购货币市场基金，然后逐步赎回用以投资股票、债券或其他类型的基金。许多投资人还将以备应急之需的现金以货币市场基金的形式持有。有的货币市场基金甚至允许投资人直接通过自动取款机抽取资金。

261. 什么是基金中的基金（FOF）？

基金中的基金（FOF）与开放式基金最大的区别在于基金中的基金是以基金为投资标的，而基金是以股票、债券等有价证券为投资标的。它通过专业机构对基金进行筛选，帮助投资者优化基金投资效果。它是结合基金产品创新和销售渠道创新的基金新品种。一方面，FOF将多只基金捆绑在一起，投资FOF等于同时投资多只基金，但比分别投资的成本大大降低了；另一方面，与基金超市和基金捆绑销售等纯销售计划不同的是，FOF完全采用基金的法律形式，按照基金的运作模式进行操作；FOF中包含对基金市场的长期投资策略，与其他基金一样，是一种可长期投资的金融工具。FOF的优势在于收益较高并有补偿机制。

第16章

外汇市场

262. 什么是外汇和汇率？什么是汇率制度？

外汇是以外币表示的用于国际结算的支付凭证。国际货币基金组织对外汇的解释为：外汇是货币行政当局（中央银行、货币机构、外汇平准基金和财政部）以银行存款、财政部库券、长短期政府证券等形式所保有的在国际收支逆差时可以使用的债权。中国的《外汇管理暂行条例》规定，外汇是指下列以外币表示的可以用作国际清偿的支付手段和资产：(1) 外国货币，包括纸币、铸币；(2) 外币支付凭证，包括票据、银行存款凭证、邮政储蓄凭证等；(3) 外币有价证券，包括政府债券、公司债券、股票等；(4) 特别提款权；(5) 其他外汇资产。

汇率就是两种不同货币之间的折算比价，也就是以一国货币表示的另一国货币的价格，也称为汇价、外汇牌价或外汇行市。

传统上，汇率制度被分为两大类型：固定汇率制和浮动汇率制。浮动汇率制度是指汇率完全由市场的供求决定，政府不加任何干预的汇率制度。鉴于各国对浮动汇率的管理方式和宽松程度不一样，该制度又有诸多分类。按政府是否干预，可以分为自由浮动和管理浮动。按浮动形式，可分为单独浮动和联合浮动。按被盯住的货币不同，可分为盯住单一货币浮动以及盯住合成货币浮动。固定汇率制是指汇率的制定以货币的含金量为基础，形成汇率之间的固定比值，货币当局把本国货币对其他货币的汇率基本固定，波动幅度限制在一定的范围之内，保证汇率的稳定。

263. 外汇种类有哪些？

根据不同的分类标准，外汇可以分为以下不同的类型：

（1）按可自由兑换的程度，外汇可分为自由外汇和记账外汇。自由外汇是指无须货币发行国的管理部门批准、可以随时动用、自由兑换成其他货币，或向第三者办理支付的外汇。记账外汇又称为协定外汇或清算外汇，是指未经货币发行国的管理部门批准、不能自由兑换成其他货币或对第三者进行支付的外汇。

（2）按外汇的来源和用途划分，有贸易外汇和非贸易外汇。贸易外汇是因商品的进出口而引起收付的外汇，一般是一个国家最主要的外汇来源。非贸易外汇则是因非贸易往来而引起收付的外汇，如劳务外汇、旅游外汇等。

（3）按外汇买卖交割的期限划分，有即期外汇（现汇）和远期外汇（期汇）。即期外汇是指外汇买卖成交后马上办理收付或交割的外汇，一般是在两个工作日内。远期外汇是指买卖双方先按商定的汇价签订合同，并在未来某一天办理交割的外汇。

264. 直接标价法、间接标价法及美元标价法的含义是什么？

直接标价法是指以一定单位的外国货币作为标准，来计算折合成若干数量的本国货币来表示汇率的方法。目前，绝大多数国家，包括我国在内，都采用直接标价法。

间接标价法是指以一定单位的本国货币作为标准，来计算折合成若干数量的外国货币来表示汇率的方法。目前，只有英国、美国等少数几个国家采用间接标价法。

美元标价法是以美元为基础货币，以其他货币为报价货币进行标价的方法，非美元货币之间的汇率则通过各自对美元的汇率来套算。

265. 什么是外汇市场？它有哪些类型及特点？

外汇市场是指由各国中央银行、外汇银行、外汇经纪人和客户组成的买卖外汇的交易系统。外汇市场往往没有具体的交易场所，主要是指外汇供求双方在特定的地区内，通过现代化的电讯设备及计算机网络系统来从事外汇买卖的交易活动。

根据不同的划分标准，外汇市场可以划分为不同的种类。

（1）按照外汇交易参与者的不同，外汇市场具体可以分为狭义的外汇市场和广义的外汇市场。狭义的外汇市场，又叫外汇批发市场，特指银行同业之间的外汇交易市场，包括外汇银行之间、外汇银行与中央银行之间以及各国中央银行之间的外汇交易。广义的外汇市场，除了上述狭义外汇市场之外，还包括银行同一般客户之间的外汇交易。

（2）按照外汇市场的经营范围不同，外汇市场有国内外汇市场和国际外汇市场之分。国内外汇市场一般适用于发展中国家，该种市场主要进行的是外币与本币之间的交易，其参加者主要限于本国居民，并且所进行的外汇交易要受制于国内金融制度。而国际外汇市场是指各国居民都可以自由参加的多种货币的自由买卖，交易不受所在国金融制度的限制。这种外汇市场是一个近乎完全自由的市场，是一种发达的外汇市场。

（3）按外汇交易的方式来划分，外汇市场有有形市场和无形市场之分。有形外汇市场是指从事交易的当事人在固定的交易场所和规定的营业时间里进行外汇买卖。这种形式的外汇市场包括位于欧洲大陆的法国巴黎、德国法兰克福、比利时布鲁塞尔等国家有关地区的外汇市场。由于其交易方式和交易目的都很有限，主要用于调整即期的外汇头寸，决定对顾客交易的公定汇率，因此不是外汇市场的主要形式。无形外汇市场是指一个由电话、电报、电传和计算机终端等现代化通信网络所形成的一个抽象的市场，这种外汇市场没有固定的外汇交易场所，也没有固定的开、收盘时间。抽象的外汇市场形式普遍流行于美国、英国、瑞士、远东等国家和地区。所以人们一般都将典型的外汇市场理解为一种抽象市场。

外汇市场的特点有：（1）全球外汇市场已在时间和空间上联成一个国际性外汇大市场；（2）汇率波动剧烈、外汇市场动荡不安；（3）现代通信设备和计算机的大量运用，致使各个外汇市场汇率趋向一致；（4）外汇金融工具不断创新；（5）宏观经济变量对外汇市场的影响作用日趋显著；（6）政府对外汇市场的联合干预不断加强。

266. 外汇市场的构成要素和交易方式是什么？

外汇市场由主体和客体构成，客体即外汇市场的交易对象，主要是各种可自由交换的外国货币、外币有价证券及支付凭证等。外汇市场的主体，即外汇市场的参与者，主要包括外汇银行、客户、中央银行、外汇交易商及外汇经纪商。

（1）外汇银行。外汇银行又称外汇指定银行，是指经过本国中央银行批准，可以经营外汇业务的商业银行或其他金融机构。外汇银行可以分为三种类型：专营或兼营外汇业务的本国商业银行；在本国的外国商业银行分行及本国与外国的合资银行；其他经营外汇买卖业务的本国金融机构，如信托投资公司、财务公司等。外汇银行在两个层次上从事外汇业务活动，第一个层次是零售业务，银行应客户的要求进行外汇买卖。并收兑不同国家的货币现钞。第二个层次是批发业务，这是银行为了平衡外汇头寸，防止外汇风险而在银行同业市场上进行的轧差买卖。值得提出的是，外汇银行同业的外汇买卖差价一般要低于银行与客户之间的买卖差价。

（2）外汇经纪人。外汇经纪人是指介于外汇银行之间、外汇银行和其他外汇市场参加者之间，通过为买卖双方接洽外汇交易而赚取佣金的中间商。如同外汇银行一样，外汇经纪商也必须经过所在国中央银行的核准方可参与市场。外汇经纪人在外汇市场上的作用主要是在于提高外汇交易的效率。这主要体现在成交的速度与价格上。由于外汇经纪人本身集中了外汇市场上外汇买卖双方的信息，所以，经纪人在接受客户的委托后，一般总能在较短的时间内替委托人找到相应的交易对象，而且能在多家交易对象的报价中找到最好的成交价格，从而提高外汇交易的效率。

（3）顾客。在外汇市场中，凡是与外汇银行有外汇交易关系的公司或个人，都是外汇银行的客户，他们是外汇市场上的主要供求者，其在外汇市场上的作用和地位，仅次于外汇银行。这类参与者有的为实施某项经济交易而买卖外汇，如经营进出口业务的国际贸易商、到外国去投资的跨国公司、发行国际债券或筹借外币贷款的国内企业等；有的为调整资产结构或利用国际金融市场的不均衡状况而进行外汇交易，如买卖外汇证券的投资者、在不同国家货币市场上赚取利差汇差收益的套利者和套期保值者、对市场汇率进行打赌以赚取风险利润的外汇投机者等。除此之外，还有其他零星的外汇供求者，如国际旅游者、出国留学生、汇出或收入侨汇者、提供或接受外币捐款的机构和个人等。在上述各种外汇供求者中，最重要的是跨国公司，因为跨国公司的全球经营战略涉及到许多种货币的收入和支出，所以它进入外汇市场非常频繁。

（4）中央银行及其他官方机构。外汇市场另一个重要的参与者是各国的中央银行。这是因为各国的中央银行都持有相当数量的外汇余额作为国际储备的重要构成部分，并承担着维持本国货币金融稳定的职责，所以中央银行经常通过购入或抛出某种国际性货币的方式来对外汇市场进行干预，以便能把本国货币的汇率稳定在一个所希望的水平上或幅度内，从而实现本国货币金融政策的意图。中央银行干预外汇市场的范围和频率在很大程度上取决于该国政府实行什么样的汇率制度。假如一国货币与别国货币挂钩，实行固定汇率制，那么，该国中央银行的干预程度显然要比实行浮动汇率制的国家要大得多。一般情况下，中央银行在外汇市场上的交易数量不大，但其影响却非常广泛。这是因为，外汇市场的参与者都密切地关注着中央银行的一举一动，以便能及时获取宏观经济决策的有关信息，所以，中央银行即使在外汇市场上的一个微小举措，有时也会对一国货币汇率产生重大影响。而且有时甚至会有几个国家的中央银行联手进行外汇干预，其效果就更为显著。除了中央银行以外，其他政府机构为了不同的经济目的，有时也会进入外汇市场进行交易，如财政部、商业部等。但中央银行是外汇市场上最经常、最重要的官方参与者。

外汇市场的交易方式有即期外汇交易、远期外汇交易、掉期外汇交易、套汇交易、套利交易五种。即期外汇交易是交易双方按当时外汇市场的价格成交，并在两个营业日内办理交割的外汇交易。远期外汇交易是指外汇交易双方达成交易后，根据合同规定在约定时间按约定价格办理交割的外汇业务。掉期外汇交易是指将货币相同、金额相同而方向相反、价格期限不同的两笔或两笔以上的外汇交易结合起来进行，即在买进（或卖出）某种外汇的同时卖出（或买进）金额相同但交割日期不同的该种货币，以避免汇率变动的风险。套汇交易是套汇者利用同一时点不同外汇市场上的汇率差异，通过低买高卖而赚钱利润（差价收益）的行为。套利交易是指在两种货币利率出现差异的情况下，将资金从低利率的货币资产调换成高利率的货币资产以赚取利息差额的行为。

267. 外汇市场有什么功能？

（1）实现购买力的国际转移。国际经济交往的结果需要债务人（如进口商）向债权人（如出口商）进行支付，这种购买力的国际转移是通过外汇市场实现的。例如，一个日本出口商将一批丰田汽车卖给墨西哥进口商，这项交易所选用的货币可能有三种选择：即日元、比索或第三国货币（如美元）。一旦双方商定以何种货币成交后，交易的一方或双方就需要转移购买力。外汇市场所提供的就是使这种购买力转移的交易得以顺利进行的经济调节机制，它的存在，使得各种潜在的外汇出售者和外汇购买者的愿望能联系起来，使各类国际商业往来的经济合作以及各国在政治、军事、文化、体育、科技等各个领域里的交流成为可能。当市场的价格调节（即汇率变动）使得外汇供给量正好等于外汇需求量时，所有潜在的出售和购买愿望都得到了满足，外汇市场处于均衡状态之中。

（2）为国际经济交易提供资金融通。外汇市场作为国际金融市场的一个重要组成部分，在买卖外汇的同时也向国际经济交易者提供了资金融通的便利，从而使国际借贷和国际投资活动能够顺利进行。此外，由于外汇市场的存在，使人们能够在一个国家借款筹资，而向另一个国家提供贷款或进行投资，进而使得各种形式的套利活动得以进行，各国的利率水平也因此出现趋同。但其前提条件是资金的跨国界运动不受任何限制。但世界经济的现实情况并非如此。不过，自20世纪50年代起，几乎不受任何金融管制的离岸金融市场的形成和发展，促进了资金跨国界的自由运动，使外汇市场的上述作用得以进一步发挥。

（3）提供外汇保值和投机的场所。在以外币计价成交的国际经济交易中，交易双方都面临着外汇风险。然而人们对风险的态度并不相同，有的人宁可花费一定的成本来转嫁风险，有的人则愿意承担风险以期实现预期中的利润。由此产生外汇保值和投机两种截然不同的行为。因此，外汇市场的存在既为套期保值者提供了规避外汇风险的场所，又为投机者提供了承担风险、获取利润的机会。

268. 外汇风险、外汇保值与外汇投机的含义是什么？

外汇风险又称汇率风险，是指在外汇市场上或一定时期的国际经济交易中，因汇率变动可能给交易的任何一方或持有外汇资产和负债的经济主体带来的经济收益或损失。

外汇保值是指交易者在存在敞口头寸或风险头寸的情况下通过做现汇、期汇、外汇期货、外汇期权等交易来避免风险的外汇交易。

外汇投机是指根据自己对汇率的预测，有意持有敞口头寸以从汇率对自己有利的变动中牟取利润的行为。

外汇风险的存在是外汇保值和外汇投机得以存在的前提，若没有外汇风险，则不需要进行外汇保值，也无法进行外汇投机。但外汇保值与外汇投机虽然都是基于外汇风险而存在的，但两者又有区别。首先，投机交易没有实际的商业或金融业务为基础，其交易的目的不是为了这些商业或金融业务，而是纯粹为了赚取利润，但保值则是以商业或金融业务为基础，交易的目的是为了规避风险，而不是赚取利润。其次，投机交易在买进卖出时，并非真的有实际数额的资金，但保值交易一般是持有与现货头寸相反的头寸，且有实际数额的资金。最后，投机交易在远期外汇市场上起着一种微妙的平衡作用，而保值交易没有这种平衡作用。

269. 中国实行的是什么汇率制度？人民币汇率制度是如何演变的？

不同时期中国实行的汇率制度不一样，主要分为以下几个阶段：

(1) 1994年以前的人民币汇率形成机制。新中国成立后至改革开放前,人民币汇率由国家实行严格的管理和控制。改革开放前中国的汇率体制经历了新中国成立初期的单一浮动汇率制(1949~1952年)、五六十年代的单一固定汇率制(1953~1972年)和布雷顿森林体系后以"一篮子货币"计算的单一浮动汇率制(1973~1980年)。党的十一届三中全会以后,中国的汇率体制从单一汇率制转为双重汇率制,经历了官方汇率与贸易外汇内部结算价并存(1981~1984年)和官方汇率与外汇调剂价格并存(1985~1993年)两个汇率双轨制时期。

(2) 1994~2005年的人民币汇率形成机制。1993年12月,国务院正式颁布了《关于进一步改革外汇管理体制的通知》,采取了一系列重要措施。具体包括:实现人民币官方汇率和外汇调剂价格并轨;建立以市场供求为基础的、单一的、有管理的浮动汇率制;取消外汇留成,实行结售汇制度;建立全国统一的外汇交易市场等。1994年1月1日,人民币官方汇率与外汇调剂价格正式并轨,中国开始实行以市场供求为基础的、单一的、有管理的浮动汇率制。企业和个人按规定向银行买卖外汇,银行进入银行间外汇市场进行交易,形成市场汇率。1997年亚洲金融危机爆发后,中国主动收窄了人民币汇率浮动区间,此后外汇管制进一步放宽。

(3) 2005年以来的人民币汇率形成机制。2005年7月21日,中国对人民币汇率形成机制进行改革。人民币汇率不再盯住单一美元,而是选择若干种主要货币组成一个货币篮子,同时参考一篮子货币计算人民币多边汇率指数的变化。实行以市场供求为基础、参考一篮子货币进行调节、有管理的浮动汇率制度。人民币汇率形成机制改革以来,以市场供求为基础,人民币总体小幅升值,保持了人民币汇率在合理均衡水平上的基本稳定。新人民币汇率制度平稳实施充分证明了"以市场供求为基础、参考一篮子货币进行调节、有管理的浮动汇率制度"符合中国汇制改革主动性、可控性、渐进性的要求。人民币汇率将以市场供求为基础,参考一篮子货币,在合理、均衡水平上保持基本稳定。

2008年,中国适当收窄了人民币波动幅度以应对国际金融危机,在国际金融危机最严重的时候,许多国家货币对美元大幅贬值,而人民币汇率保持了基本稳定。

2010年6月19日,进一步推进人民币汇率形成机制改革,增强人民币汇率弹性。

270. 什么是外汇储备?中国目前的外汇储备情况如何?

外汇储备(foreign exchange reserve)是指一国政府所持有的国际储备资产中的外汇部分,即一国政府保有的以外币表示的债权,是一个国家货币当局持有并可以随时兑换外国货币的资产。外汇储备是一个国家国际清偿力的重要组成部分,同时对于平衡国际收支、稳定汇率有重要的影响。

中国外汇储备(不含港澳台)的主要组成部分是美元资产,其主要持有形式是美国国债和机构债券。中国大陆外汇储备作为国家资产,由中国人民银行下属的中国国家外汇管理局管理,部分实际业务操作由中国银行进行。

271. 什么是国际储备?国际储备和外汇储备有什么区别?

国际储备指各国政府为了弥补国际收支赤字,保持汇率稳定,以及应付其他紧急支付的需要而持有的国际间普遍接受的所有流动资产的总称。包括外汇储备、黄金储备、分配的特别提款权、在国际货币基金组织的储备头寸四部分。

外汇有广义外汇与狭义外汇之分。广义的外汇是货币行政当局以银行存款、财政部库券、长短期政府债券等形式保存的,在国际收支逆差时可以使用的债券。

外汇储备是国际储备的一种类型,在国际储备中,外汇储备占比最大,一般占总国际储备的80%以上。

272. 怎样理解货币贬值及其对汇率的影响?

货币贬值(又称通货贬值)是指单位货币所含有的价值或所代表的

价值的下降，即单位货币价格下降。货币贬值可以从不同角度来理解。

从国内角度看，货币贬值在现代纸币制度下是指流通中的纸币数量超过所需要的货币需求量，即货币膨胀时，纸币价值下降。从国际角度看，货币价值表示为与外国货币的兑换能力，它具体反映在汇率的变动上，这时货币贬值就是指一单位本国货币兑换外国货币能力的降低，即本国货币对外汇价的下降。

273. 什么是货币互换？

货币互换是将一种货币的本金和利息与另一种货币的等价本金和利息进行交换。

274. 什么是人民币跨境贸易结算？

人民币跨境贸易结算是指经国家允许指定的、有条件的企业在自愿的基础上以人民币进行跨境贸易的结算，商业银行在人民银行规定的政策范围内，可直接为企业提供跨境贸易人民币相关结算服务。

从宏观层面分析，国际贸易使用人民币结算，首先，有利于加强中国对外经济、贸易和投资往来，促进中国经济更好地融入世界经济。其次，有利于进一步完善人民币汇率形成机制。人民币在区域范围内用于国际结算之后，币值有了更大范围和更新角度的参照标准，这有利于人民币汇率形成机制的完善。最后，促进人民币用于国际结算，提升人民币的国际地位，有利于逐步改变以美元为中心的国际货币体系，抑制其弊端和负面影响。

从企业角度，人民币的跨境贸易结算有效规避汇率风险，并使企业的营运成果清晰化。

275. 什么是跨境贸易人民币信用证？

信用证是指开证银行应申请人的要求并按其指示向第三方开立的载

有一定金额的，在一定的期限内凭符合规定的单据付款的书面保证文件，是目前国际贸易中最主要、最常用的支付方式。人民币信用证是借鉴国际信用证的运作模式，应用于国内贸易的一种支付结算方式。

276. 什么是 QFII 和 QDII？

QFII（qualified foreign institutional investors），即合格的境外机构投资者，QFII 机制是指外国专业投资机构到境内投资的资格认定制度。

QFII 是一国在货币没有实现完全可自由兑换、资本项目尚未开放的情况下，有限度地引进外资、开放资本市场的一项过渡性的制度。这种制度要求外国投资者若要进入一国证券市场，必须符合一定的条件，得到该国有关部门的审批通过后汇入一定额度的外汇资金，并转换为当地货币，通过严格监管的专门账户投资当地证券市场。

QDII（qualified domestic institutional investors）即合格境内机构投资者，是指在人民币资本项下不可兑换、资本市场未开放条件下，在一国境内设立，经该国有关部门批准，有控制地，允许境内机构投资境外资本市场的股票、债券等有价证券投资业务的一项制度安排。

QDII 和 QFII 的最大区别在于投资主体和参与资金的对立。站在中国的立场来说，在中国以外国家发行，并以合法的渠道参与投资中国资本、债券或外汇等市场的资金管理人就是 QFII，而在中国发行，并以合法的渠道参与投资中国以外的资本、债券或外汇等市场的资金管理人就是 QDII。

第17章

黄金市场

277. 什么是黄金市场？

黄金市场是历史最为悠久的金融市场。在现代金融制度下，黄金虽然已经失去了本位货币的地位，但由于历史、经济和心理等因素，它仍然是各国国际储备的重要组成部分，在金融市场上扮演着世界货币的角色，黄金市场也因此成为世界金融市场的重要组成部分。

黄金市场是集中进行黄金买卖交易和金币兑换的场所，有系统的组织管理机构，有固定的交易场所或专门的交易网络，包括金商与金商之间的黄金一级市场和金商与一般投资者之间的黄金二级市场。目前全世界共有40多个可以自由买卖黄金的国际市场，主要分布在发达国家的经济中心城市，其中具有代表性的国际黄金市场有5家，分别是伦敦市场、苏黎世市场、纽约市场、芝加哥市场和中国香港市场。

278. 黄金交易方式有哪些？什么是黄金理财？

黄金交易方式有黄金现货交易、黄金期货交易、黄金远期交易、黄金期权交易和黄金互换交易。黄金现货交易是指交易双方在黄金买卖成交后即期交割的方式，又称"实物黄金交易"。黄金期货合约是买卖双方在交易所签订的在未来某一确定的时间按成交时确定的价格购买或出售黄金的标准化合约，黄金期货交易以黄金期货合约为交易对象。黄金远期交易是指黄金交易双方约定在未来某一交易日，按照双方事先商定的价格，交易一定量的黄金实物。黄金期权交易分为黄金现货期权交易和黄金期货期权交易两大类。黄金互换交易是指在一定的时期内交易双方参照不同的价格同时买入和卖出价值相当的黄金资产的一种交易。

黄金理财就是指以黄金及其相关产品作为投资工具的理财活动。

279. 什么是黄金现货？

黄金现货也称国际现货黄金或伦敦金，是即期交易，指在交易成交后交割或数天内交割。现货黄金是一种国际性的投资产品，由各黄金公司建立交易平台，以杠杆比例的形式向做市商进行网上买卖交易形成的投资理财项目。通常也称现货黄金是世界第一大股票。因为现货黄金每天的交易量巨大，日交易量约为20万亿美元。因此没有任何财团和机构能够人为操控如此巨大的市场，完全靠市场自发调节。现货黄金市场没有庄家，市场规范，自律性强，法规健全。

现货黄金交易是利用资金杠杆原理进行的一种合约式买卖。根据国际黄金保证金合约的交易标准，利用1盎司的价格购买100盎司的黄金的交易权。利用这100盎司的黄金交易权进行买涨卖跌，赚取中间的差额利润。并且如果补充足差价可以提取实物黄金，最低100盎司。

目前国际上四大金商分别为：英国汇丰银行、加拿大枫叶银行、美国共和银行和洛希尔国际投资银行。

280. 黄金市场的类型与构成要素是什么？

按规模和影响度划分，可划分为国际黄金市场和区域黄金市场。国际黄金市场的黄金交易规模大，其市场价格对地区性市场有重要影响。区域黄金市场的交易规模有限且主要集中于本地区的市场，而且对其他市场影响不大。

按交易类型和交易方式的不同划分，可分为现货交易市场和期货交易市场。现货交易市场指现在同业间利用电信工具联系交易活动的黄金市场，在成交后立即交割或者在两天内交割。这种市场大多分布在欧洲，也称为欧洲类型的市场，如伦敦黄金市场、苏黎世黄金市场。黄金期货交易的对象是高度标准化的期货合约，交易双方先签订合同、交付押金，在未来日期进行合同交割，其主要优点在于以少量的资金就可以掌握大量的期货，具有杠杆作用。

按有无固定场所划分，可分为无形黄金市场和有形黄金市场。无形黄金市场指黄金交易没有专门的交易场所，黄金叫价买卖通过电信方式进行，主要通过金商之间的联系网络形成，如伦敦黄金市场、苏黎世黄金市场。有形黄金市场指在有严密的组织和严格的管理制度以及固定地点进行交易的场所，这其中又可以分为有专门独立的黄金交易场所的黄金市场和设在商品交易所之内的黄金市场。

按交易管制程度划分，可分为自由交易市场、限制交易市场和国内黄金市场。自由交易市场是指可以自由输入输出黄金，居民与非居民都可以自由买卖黄金的黄金市场，如苏黎世黄金市场。限制交易市场是黄金的输入输出受到管制的黄金市场。限制交易市场包括两种情况：一种是只准非居民买卖、不准居民自由交易的黄金市场；另一种是只准居民自由买卖的国内黄金市场，如巴黎市场。国内黄金市场是指黄金进出口受到控制，禁止外国经营者和外国资本入市的市场。中国处于建立黄金市场的初始阶段，基本上属于这类市场；印度的黄金市场主要是满足其国内黄金实物需求，也属于国内黄金市场。

按交易品种划分，可分为黄金原生品市场和黄金衍生品市场。黄金原生品市场即实金交易市场，是黄金生产者、加工者、销售者进行交易的市场。黄金衍生品市场是从黄金原生品市场发展出来的市场形式，满足了交易者规避风险、投资投机的需要，主要包括黄金借贷市场、黄金期货市场、黄金期权市场和纸黄金市场等。

黄金市场构成要素有黄金市场的交易主体、中介机构、监管机构和行业自律组织。黄金市场的交易主体包括国际金商、银行、对冲基金等金融机构、各种法人机构以及私人投资者；中介机构又称"经纪行"，是专门从事代理非交易所会员进行黄金交易，并收取佣金的经纪代理机构；为保证市场的公正和公平，保护买卖双方的利益，杜绝市场上操纵市价等非法交易行为，各国都建立了各种形式的黄金市场监管体系；主要的行业自律组织有世界黄金协会和伦敦黄金市场协会。

281. 影响黄金市场价格变动的因素有哪些？

20世纪70年代以前，黄金价格基本上是由各国政府或中央银行决定，所以国际金价是比较稳定的。70年代以后，随着黄金与美元的脱钩，黄金价格向市场化方向发展，影响黄金价格变动的因素日益增多，具体表现在以下几个方面。

（1）黄金市场的供求因素。作为一个商品市场，黄金的价格主要依据黄金的供求状况，由市场自行决定。一般来说，当市场上黄金供大于求时，黄金价格就会下降；反之，供小于求时，则价格上升。黄金的供求关系是决定黄金市场价格的最基本因素。

（2）国际政治、军事局势的影响。国际上发生重大的政治、军事事件都将影响金价，一般来说，国际政治军事局势恶化和战争导致的政局动荡会促使投资者转向黄金保值投资等，从而扩大黄金的需求，刺激黄金市场的价格上升。

（3）美元汇率走势的影响。由于国际黄金市场价格大部分以美元来标价，近年来在黄金市场上有美元升值黄金价格下跌，美元贬值黄金价格上涨的规律。

（4）石油供求关系的影响。石油是世界上最重要的生产性能源之一，有"液体黄金"之美称。由于世界主要石油现货与期货市场的价格都以美元标价，石油价格的涨落一方面反映了世界石油供求关系；另一方面也反映出美元汇率的变化。如油价上升将导致美元需求增加，一些国家为不影响石油进口而不得不抛售黄金去兑换美元，从而导致市场上黄金供给增加，金价下跌。而油价上涨会增加商品的生产成本，引起商品价格上升，提高人们对通货膨胀的预期，又会促使黄金的需求增加并导致金价上升。所以，随着石油价格的不断上涨，其对黄金价格的影响也日益增大。

（5）各国货币政策的影响。货币政策主要包括利率与信贷政策，与货币市场供应量关系密切。一般来说，利率走势与金价存在着负相关关系。当一国采取宽松的货币政策，利率上升时，黄金的保值作用将失去优势，投资者更愿意将自己的资金投入其他金融资产组合中来生息获利，黄金需求会相对减少，从而导致金价下跌，反之，利率下降时，金价则会上升。另外，当一国货币供应量过多而使通货膨胀率较高时，黄金的价格上升，反之，则下降。这是因为在通货膨胀水平高的时候，不兑现信用货币政策下单位货币的购买力大大下降，而黄金本身具有的保值功能促使人们购买黄金，以规避纸币贬值所带来的风险。所以，各国的货币政策与国际黄金价格也密切相关。

282. 什么是黄金的场外交易与场内交易？

场内交易是指在交易所提供的场所以及由此延伸出来的电子交易平台之上，由交易者平等参与，按照"价格优先，时间优先"的原则达成交易。目前大的黄金交易所，如美国芝加哥商业交易所 COMEX（现被纽约商品交易所 NYMEX 所收购）、上海黄金交易所、孟买多种商品交易所、迪拜商品交易所、东京商品期货交易所等，都是场内交易决定黄金即时价格。

场外交易是指在金商和银行间存在的无形交易市场，没有有形的交易场所，也称为柜台市场、店头市场、OTC 市场（over-the-counter）。交易通过电话和网络，由做市商报价，投资者被动接受而达成。既没有统一的组织和交易场所，也没有一个系统的交易程序和交易章程，不容易监管，客户的利益、市场信誉要靠做市商的自律维护。伦敦黄金市场，因为悠久的历史原因，一直是场外交易。

283. 中国黄金交易所的发展状况如何？

中国上海黄金交易所于 2002 年底成立，位于上海外滩的中国外汇交易中心内。在中国的黄金市场上还不存在类似国际黄金市场的对冲基金之类的市场机构。中国黄金市场实行的是会员制，目前有金融类和非金融类共 108 家会员，其中以商业银行为代表的金融类会员占据了大部分的交易量。中国黄金总公司下属的中金股份有限公司成为金交所最大的黄金提供者。中金黄金股份有限公司成立于 2000 年 6 月 23 日，由中国黄金集团公司（原中国黄金总公司）、中信国安黄金有限责任公司、河南豫光金铅集团有限责任公司、西藏自治区矿业开发总公司、山东莱州黄金（集团）有限责任公司、天津天保控股有限公司和天津市宝银号贵金属有限公司 7 家企业共同发起设立。2003 年 8 月 14 日公司发行人民币普通股 1 亿股在上海证券交易所挂牌交易，成为"中国黄金第一股"，公司股票简称"中金黄金"，代码"600489"。

284. 黄金市场交易的主要品种有哪些？

（1）标金。标金是黄金投资的基础工具，它是按照统一标准而浇铸成条块状的黄金的简称，也称为实金、金条。标金是黄金市场上的基础投资工具。世界各国黄金市场上的标金规格不尽相同，但有一点却是相同的，就是标金由市场认同的精炼厂浇铸生产，并在标金上标明厂名、重量、成色及编号。

（2）金币。金币是黄金投资的传统工具，它是以国家或中央银行的名义发行并具有规定的成色和重量，浇铸成一定形状并标明其面值的铸金货币，是黄金投资交易的传统工具，具有悠久的历史。金币又可细分为投资金币和纪念金币两大类。

投资金币又称为纯金币，是由各国政府或中央银行为满足黄金投资者的投资需求而发行的具有一定重量、成色和面值，并铸成一定形状的铸金货币。纪念金币是各国政府或中央银行，为某一纪念题材而限量发行的具有一定重量、成色和面值，并铸成一定形状的铸金货币，由于具有一定的收藏价值，故而纪念金币的价格不能简单地参照黄金价格或纯金币价格予以确定。

（3）纸黄金。纸黄金又称为黄金凭证。它是在黄金市场上买卖双方交易的标的物，是一张黄金所有权的凭证而不是黄金实物。纸黄金的类型除了常见的黄金储蓄存单、黄金交收订单外，还包括黄金证券、黄金账户单据、黄金现货交易中当天尚未交收的成交单等。由于纸黄金是黄金物权的一种凭证，因此以实物黄金作为物质基础同样具有保值增值的功能。纸黄金一般由黄金市场上资金实力雄厚、资信程度良好的金融机构出具，如商业银行出具的不记名黄金储蓄存单、黄金交易所出具的黄金交收订单或大的黄金商所开出的黄金账户单据等。采用纸黄金交易，可以节省实金交易必不可少的保管费、储存费、保险费、鉴定费、运输费及税金等费用的支出，降低黄金价格中的额外费用，提高金商在市场上的竞争力。同时，纸黄金交易可以加快黄金的流通，提高黄金市场交易的速度。

（4）黄金账户。黄金账户是黄金投资的创新工具。黄金账户是指黄金经纪商为黄金投资者提供的一种专作黄金转账交易而又无须实物交割支付的黄金投资工具。黄金投资者选择黄金账户这一交易工具时应预先在经纪商处开设黄金账户，然后在黄金经纪商处作黄金买卖交易时可在指定的资金账户上收付资金款项，并在黄金账户上做买卖记录而无须作黄金实物的提取交收。黄金账户交易工具具有周转速度快、存储风险小、交易费用低、转让受限制的特点。

（5）金饰品。金饰品是规避风险的保值措施，它有广义和狭义之分。广义的金饰品泛指不论黄金成色多少，只要含有黄金金属成分的装饰品。狭义的金饰品专指以成色不低于58%的黄金材料，通过黄金工艺师的艺术创造、加工成为一种佩戴在人体各部位的装饰物。买卖黄金首饰从严格意义上来讲增值的空间不大，但是当通胀率高居不下时，购买黄金首饰也是一种不错的保值措施。

（6）黄金股票。黄金股票是黄金投资的延伸产品，是黄金公司向社会公开发行的上市或不上市的股票，所以又可称为金矿公司股票，这种投资行为比单纯的黄金买卖或股票买卖更为复杂。投资者不仅要关注金矿公司的经营状况，还要对黄金市场价格走势进行分析。在黄金股票中还有一种被称为磐泥黄金股票的投资行为，投资者买卖的已购置了大批可能含有沙金成分的河床或矿金成分的山地，但还未被开发证实的股份公司所发行的股票就被称为磐泥股票。磐泥黄金股票的特点是高风险、高收益、投机性很大，但吸引力也很大。其缺点是转让性差、资金易冻结和交易费用高。由于参与磐泥黄金股票交易不仅是投资黄金，而且还涉及勘探、建矿、生产，所以很难得到准确报价。

（7）黄金基金。黄金基金是黄金投资的衍生工具，它是黄金投资共同基金的简称。所谓黄金投资共同基金，就是由基金发起人组织成立基金管理公司，由因没有时间或没有管理能力参与黄金买卖交易的投资人出资认购，基金管理公司组成专家委员会来负责实施具体的黄金投资操作，并专门以黄金、黄金股票、黄金债券或黄金类衍生交易品种作为投资媒体以获取投资收益的一种共同基金。黄金基金由于由专家组成投资委员会，在充分分析股市、金市和其他市场的投资收益比以后，做多样化的投资组合。因此，黄金基金的投资风险较小、收益比较稳定，能较好地解决个人黄金投资者资金少、专业知识差、市场信息不灵等不利因素而又想通过黄金投资获得稳定收益的矛盾，故受到社会广泛的欢迎。

（8）黄金期货。黄金期货和其他期货一样，是按一定成交价，在指定时间交割的合约，合约有一定的标准。期货的特征之一是投资者为能最终购买一定数量的黄金而先存入期货经纪机构一笔保证金（一般为合同金额的5%~10%）。一般而言，黄金期货购买者和销售者在合同到期日前，出售或购回与先前合同约定数量相同的合约而平仓，而无须真正交割实金。每笔交易所得利润或亏损，等于两笔相反方向合约买卖差额，这种买卖方式也是人们通常所称的"炒金"。

（9）黄金期权。期权是买卖双方在未来具有以约定的价位购买或出售一定数量标的的权利，而非义务。如果价格走势对期权购买者有利，则会行使其权利而获利，如果价格走势对其不利，则放弃购买的权利，损失的只是当时购买期权时的费用。买卖期权的费用（或称期权的价格）由市场供求双方力量决定。由于黄金期权买卖涉及内容比较多，期权买卖投资战术也比较多且复杂，不易掌握，目前世界上黄金期权市场并不多。黄金期权投资的优点也不少，如具有较强的杠杆性，以少量资金进行大额的投资；如果是标准合约的买卖，投资者则不必为储存和黄金成色担心；具有降低风险的功能，等等。

（10）黄金债券。黄金债券是指有条款规定必须以一定重量和成色的金币付款的债券，它是由金矿公司所发行的债券，以一定量及成色的黄金作为发行担保，所支付的利息也和金价有正向关联。

285. 中国黄金市场发展情况如何？

中国大陆的黄金市场起步相对较晚。新中国成立以来，对黄金流通实行严格的计划管理体制，由人民银行统一收购和配售黄金，统一制定黄金价格，严禁民间黄金流通。从1982年9月1日国内恢复出售黄金饰品起，中国迈出了开放金银市场的第一步。1999年11月25日，中国放开白银市场，封闭了半个世纪的银行自由交易开禁，为放开黄金交易市场奠定了基础。2001年6月11日，中央银行启动黄金价格周报价制度；8月1日，足金饰品、金精矿和金银产品价格放开；9月29日，中国国家黄金集团公司成立；从11月1日开始，黄金饰品零售管理办法正式实行，取消黄金制品零售业务许可证管理制度，实行核准制；11月28日，黄金交易所模拟试运行，标志着中国黄金市场正式产生。

上海黄金交易所于2002年10月16日首次实际交易试运行，完成了中国黄金市场开放后成交的第一笔交易，并于2002年10月28日挂牌运行，2002年10月30日正式开业。目前，上海黄金交易所还是一个区域性市场。随着中国经济的发展，黄金市场将逐步实现三个转变：从商品交易为主向金融交易为主的转变、由现货交易为主向期货交易为主的转变、由国内市场向国际市场的转变，中国黄金市场将逐步发展为世界重要的黄金市场之一。

286. 什么是可提货账户黄金？

可提货账户黄金是指投资者在营业部开户进行现货（全额资金）交易买卖，利用差价获利，也可以申请提货的账户黄金交易。

可提货账户黄金客户开户程序：（1）客户本人携带身份证、中国工商银行开户的存折或卡到本公司签订贵金属电子交易合同。（2）可提货账户黄金开户金额最低为25000元，客户把开户资金划转到公司黄金交易以下专户银行，转账需写清楚姓名，并把银行转账底单或网上银行电子回单传真回本公司，以示证明。（3）客户资金转入本公司黄金交易专户后划转上海黄金交易所清算银行托管，1~2个交易日后本公司为客户开通交易账户、密码并电话通知。

287. 什么是"积存金"黄金投资产品？

"积存金"是2010年12月由中国工商银行（以下简称"工行"）与世界黄金协会联合推出的一款黄金投资产品，是一款真正实现以日均价格进行黄金投资的金融产品，能有效平摊投资成本、最大限度规避金价波动产生的风险。

"积存金"是工行如意金积存产品的全新升级产品。投资者开立积存金账户并签订积存协议后，约定每月扣款金额，工行将自动按日平均分配客户的资金，并根据每日金价购买相应数量的黄金。由于每次投资的金额固定，实际购买的黄金克数随金价的波动而有所变动，所以长期以定额方式投资黄金可以平摊投资成本、降低金价波动的价格风险。积存一定数额的黄金后，投资者既可以选择赎回获取现金，也可以到工行各售金网点等值兑换工行丰富的贵金属实物产品，或其他黄金产品。

第18章

金融衍生品市场

288. 什么是期货？期货合约的特点是什么？

期货是一种跨越时间的交易方式，买卖双方通过签订由交易所统一制定的标准化合约，同意在未来特定的时间、以特定的价格交收一定数量和质量的现货。按现货标的物种类的不同，期货可分为商品期货与金融期货两大类。通常期货集中在期货交易所进行买卖。

期货合约主要有以下四个特点：一是期货合约的商品品种、数量、质量、等级、交货时间、交货地点等条款都是既定的、标准化的，唯一的变量是价格；二是期货合约是在期货交易所组织下成交的，具有法律效力；三是期货合约的履行由交易所担保，不允许私下交易；四是期货合约可通过交收现货或进行对冲交易履行或解除合约义务。

289. 什么是期货市场？世界上主要的期货市场有哪些？

期货市场是进行期货交易的场所，狭义的期货市场即期货交易所。世界上第一家期货交易中心是成立于1828年的芝加哥谷物交易所（CBT），目前是世界上最大的综合性期货交易所。在芝加哥谷物交易所成立后的100多年里，世界期货市场伴随期货交易活动的发展而逐步发展起来，到目前为止，全世界的期货交易所有100多家，遍布全球5大洲21个国家，不过真正在国际上发挥作用的期货交易所只有十几家，主要集中在美国、西欧、东亚和东南亚等地。

美国是世界期货交易最发达的国家，在国际上起重要作用的期货交易所中美国占了约一半，它们是芝加哥期货交易所、芝加哥商业交易所、纽约商品交易所、纽约咖啡、糖、可可交易所和中美洲商品交所。欧洲最具代表性的期货交易所分别是伦敦金属交易所、伦敦国际金融期货交易所、巴黎金融期货交易所。亚洲的期货交易所主要集中在日本、新加坡、中国香港等地，如东京工业品交易所、新加坡国际金融期货交易所、香港期货交易所。

加拿大和澳大利亚的期货市场在世界上很有特色，加拿大温尼伯商品交易所的油脂期货是世界上油脂类交易的国际行情指标。

290. 什么是股指期货？

股指期货是以股票指数为标的物的期货，双方交易的是一定期限后的股票指数价格水平，通过现金结算差价来进行交割。作为期货交易的一种类型，股指期货交易与普通商品期货交易具有基本相同的特征和流程。世界上著名的股票指数期货有 S&P500 综合指数、纽约证券交易所综合指数、价值线综合指数、道·琼斯 30 工业平均指数、NASDAQ 指数和日经股票平均指数等。股指期货作为股票市场的避险工具，可以减缓股市的崩盘式下跌，保护广大投资者利益，促使股票价格合理波动。

2010 年 4 月 16 日，中国首批四个沪深 300 股票指数期货合约在中国金融期货交易所正式挂牌交易。沪深 300 指数是从上海和深圳两个证券市场中选取 300 只 A 股作为样本编制而成的成分股指数，指数样本覆盖了沪深两市六成左右的市值，具有良好的市场代表性。沪深 300 股指期货的诞生，建立了证券市场的做空机制，填补了中国股票市场缺乏"双向交易"的空白，完善了中国资本市场的结构。

291. 什么是期权？什么是看涨期权？什么是看跌期权？

期权是指其持有者在未来一定时间以一定价格买卖特定资产的权利。作为获得这种权利的代价，期权的持有者需要支付给出售方一定金额，称为期权费。期权交易并没有特定的场所，当前世界最大的期权交易所是芝加哥期权交易所。

根据期权赋予买者权利的不同，其可以分为看涨期权和看跌期权。

看涨期权又叫买入期权，期权的买方向期权的卖方支付一定数额的期权费后，即拥有在期权合约的有效期内按事先约定的价格向期权卖方买入一定数量的期权合约规定的特定资产的权利，但不负有必须买进的义务，卖方则承担按照期权买方的意愿出售资产的义务并收取费用。当期权的实际价格高于执行价格时，期权买方将行使看涨期权。

看跌期权又叫卖出期权，是指期权的买方向期权的卖方支付一定数额的期权费后，即拥有在期权合约的有效期内，按事先约定的价格向期权卖方卖出一定数量的期权合约规定的特定资产的权利，但不负有必须卖出的义务。当期权的实际价格低于其执行价格时，期权买方将行使看跌期权。期权交易买卖双方的盈亏特点不同，其中期权买方收益无穷大而损失有限，但期权卖方收益有限而损失无穷大。

292．什么是套期保值交易？

套期保值交易指在期货市场上买入（或卖出）与现货市场交易方向相反、数量相等的同种商品的期货合约，进而无论现货供应市场价格怎样波动，最终都能取得在一个市场上亏损的同时在另一个市场盈利的结果，并且亏损额与盈利额大致相等，从而达到规避风险的目的。套期保值之所以可以规避风险主要有两个原因：一是同种商品在期货价格走势与现货价格走势一致；二是现货市场与期货市场价格会随期货合约的到期日的临近而趋向一致。

生产经营企业通常会面临未来某种商品价格上涨或下跌的风险，因此套期保值交易可以分为两种类型，一是买入套期保值，又称多头套期保值，是指在期货市场购入期货，用期货市场多头保证现货市场的空头，以规避价格上涨的风险；二是卖出套期保值，又称空头套期保值，是指在期货市场中出售期货，用期货市场空头保证现货市场的多头，以规避价格下跌的风险。

293．什么是期货投机？

期货投机是指在期货市场上以获取价差收益为目的的期货交易行

为，通常表现为低买高卖或低卖高买。根据持有期货合约时间的长短，投机可分为三类：第一类是长线投机者，此类交易者在买入或卖出期货合约后，通常将合约持有几天、几周甚至几个月，待价格对其有利时才将合约对冲；第二类是短线交易者，一般进行当日或某一交易节点的期货合约买卖，其持仓不过夜；第三类是逐小利者，他们利用价格的微小变动进行交易获取微利，一天之内可以做多个回合的买卖交易。投机者是期货市场的重要组成部分，是期货市场必不可少的润滑剂。投机交易增强了市场的流动性，承担了套期保值交易转移的风险，是期货市场正常运营的保证，但同时过度的投机也会加剧期货市场的风险。

294. 什么是期货保证金制度？

期货保证金制度是指在期货交易中，交易者按照其所买卖期货合约价值的一定比例（通常为5%～10%）缴纳少量资金，作为其履行期货合约的财力担保，然后才能参与期货合约的买卖，并视价格变动情况确定是否追加资金。其所缴纳的资金就是期货保证金，当每日结算后客户保证金低于期货交易所规定或双方约定的保证金水平时，期货经纪公司应当按规定向客户发出保证金追加通知，客户应在规定时间内补齐保证金缺口。保证金可用货币资金缴纳，也可用上市流通国库券、标准仓单折抵期货保证金。保证金的收取是分级进行的，分为期货交易所向会员收取的保证金和期货经纪公司向客户收取的保证金，即会员保证金和客户保证金。

期货保证金制度作为期货交易最显著的特点之一，对于保障期货市场的正常运转具有非常重要的作用。其一，它降低了期货交易的成本，发挥了资金以小搏大的杠杆作用，促进套期保值功能的发挥；其二，它为期货合约的履行提供财力担保；其三，保证金是交易所控制投机规模的重要手段。

295. 什么是金融衍生工具？

金融衍生工具是指其价值依赖于基本标的资产价格或某种指数的金

融工具，它可以是一类特定的交易方式（杠杆或信用交易），也可以指由这种交易方式形成的一系列合约，如金融远期、金融期货、金融期权、金融互换、巨灾债券和信用衍生品等，都属于金融衍生工具。金融衍生品是20世纪七八十年代全球金融创新浪潮中的高科技产品，它是在传统金融工具基础上衍生出来的。

金融衍生品的交易市场称为金融衍生品市场，包括金融远期市场、金融期货市场、金融期权市场和金融互换市场等，金融衍生品市场具有价格发现功能和转移价格风险功能。

296. 衍生证券是如何发展的？

衍生证券是当今世界上历史最短、发展最快、交易量最大的金融工具。自1972年和1993年芝加哥商品交易所的国际货币市场和芝加哥期权交易所先后正式开展金融期货和期权交易以来，其发展速度之快、交易量之大、影响面之广已远非其他金融工具所能企及。自20世纪90年代以来，由于规则和做法的日益标准化，衍生证券（包括期权、期货、互换、远期、信用衍生证券等）柜台交易所具有的灵活性的优势日益突显出来，因而得到了更为迅猛的发展，截至2000年年底，全球柜台交易市场的衍生证券合约金额高达95.2万亿美元。

衍生证券的迅猛发展是与金融的自由化和全球化密不可分的。20世纪70年代以来如火如荼的金融自由化和全球化浪潮在给人们带来巨大好处的同时，也给经济活动带来了巨大的风险。1973年固定汇率制崩溃以后，各国经济活动增添了汇率风险。与此同时，两次石油危机和西方各国长期实行的刺激需求政策使各国普遍面临严重的通货膨胀，经济的全球化又使通货膨胀得以在各国之间蔓延。通货膨胀和浮动汇率的双重困扰使各国中央银行不得不频繁借助利率政策来寻求本币的对内和对外稳定。在此背景下出现的利率自由化，使利率风险陡增。

衍生证券的发展实际上代表了"公平交易对交易双方均有好处"这一思想的发展，而这正是金融创新的核心。从物物交换到商品交换，从部落内部交易、部落之间交易到国际贸易，从商品交易到劳务交易，人们充分体会到交易给人们带来的巨大好处。然而，这些交易都局限于使用价值和价值的交易，都只限于"好东西"的交易。衍生证券的出现，则完全打破了这些界限，把风险这种"坏东西"也纳入交易的范围，这是一次思想的解放。通过购买外汇期货，举借外汇者可以摆脱外汇风险的困扰；通过购买股票看跌期权，持股者可以不用担心股价下跌，从而可以安心享受长期投资的好处。

然而，衍生证券决不像保险工具那样本性温顺，它本身所包含的风险远高于其他任何金融工具。人们正是利用以毒攻毒的原理创造并运用衍生证券这一特殊"保险工具"的。应该指出的是，风险的确切含义是实际收益偏离预期收益的可能性，这种偏离包含着正负两个方向的偏离，偏离幅度越大，风险越大。因此，风险越大，意味着亏损和盈利的可能性同样越大。正是这种巨额盈利和亏损共存的机会，才诱导众多的投机者进入衍生证券市场。

297. 什么是金融远期合约？有哪些种类？有何特点？

金融远期合约是指双方约定在未来的某一确定时间，按约定的价格买卖一定数量的金融资产的协定。金融远期市场就是金融远期合约交易的场所。

金融远期合约主要有远期利率协议、远期外汇合约和远期股票合约三种。远期利率协议是买卖双方同意从未来某一商定的时期开始，在某一特定时期内按协议利率借贷一笔数额确定、以具体货币表示的名义本金的协议。远期外汇合约是指双方约定在将来某一时间按约定的远期汇率买卖一定金额的某种外汇的合约。远期股票合约是指在将来某一特定日期按特定价格交付一定数量单个股票或一揽子股票的协议。

金融远期合约的特点是其灵活性。在签署远期合约之前，双方可以就交割地点、交割时间、交割价格、合约规模、基础金融工具等细节进行谈判，但金融远期合约是非标准化合约且缺乏固定、集中的交易场所，难以形成统一的市场价格，所以其流动性差、市场效率低、违约风险高。

298. 什么是金融期货合约？与远期合约的区别是什么？

金融期货合约指协议双方同意在约定的将来某个日期按约定的条件（包括价格、交割地点、交割方式）买入或卖出一定标准数量的某种金融工具的标准化协议。专门进行金融期货合约交易的场所就是金融期货市场。

金融期货合约的特点：(1) 每日结算制度；(2) 保证金制度；(3) 金融期货合约的合约规模、交割日期、交割地点等都是标准化的；(4) 金融期货合约可以采取对冲交易平仓，而无须进行最后的实物交割；(5) 金融期货合约采取公开竞价方式决定买卖价格，可以形成高效率的交易市场，具有公开、公正、公平的特点。

金融期货合约有利率期货、股指期货、外汇期货、巨灾期货等品种。利率期货是指标的资产价格依赖于利率水平的期货合约，协议双方同意在约定的将来某个日期按约定条件买卖一定数量的某种长短期信用工具的标准化协议。股指期货的标的物是股票价格指数，是指协议双方同意在将来某一时期按约定价格买卖股票价格指数的标准化合约。外汇期货的标的物是外汇，是指协议双方同意在未来某一时期，按约定价格（汇率）买卖一定数量的某种外汇的标准化协议。

期货合约和远期合约虽然都是在交易时约定在未来某一时间按约定的条件买卖一定数量的某种标的物的合约，但它们存在诸多区别，主要包括以下几方面。

(1) 标准化程度不同。远期合约中的相关条件如标的物的质量、数量、交割地点和交割月份都是根据双方的需要确定的。而期货合约则是标准化的，期货交易所为各种标的物的期货合约制定了标准化的数量、质量、交割地点、交割时间、交割方式、合约规模等条款，只有价格是在成交时根据市场行情确定的。

(2) 交易场所不同。远期合约并没有固定的场所，交易双方各自寻找合适的对象，因而是一个效率较低的无组织分散市场。而期货合约则是在交易所内交易，一般不允许场外交易。

（3）违约风险不同。远期合约的履行仅以签订双方的信誉为担保，一旦一方无力或不愿履约时，另一方就得蒙受损失，故远期交易的违约风险较高。而期货合约的履行则由交易所或清算公司提供担保，交易双方直接面对的都是交易所，即使一方违约，另一方也不会受到影响，故期货交易的违约风险几乎为零。

（4）价格确定方式不同。远期合约的交割价格是由交易双方直接谈判并私下确定的。而期货交易的价格则是在交易所中由很多买者和卖者通过经纪人在场内公开竞价确定的。

（5）履约方式不同。由于远期合约是非标准的，转让相对困难，并要征得对方同意，因此绝大多数远期合约只能通过到期实物交割来履约。而绝大多数的期货合约都是通过平仓来了结的。

（6）合约双方关系不同。由于远期合约的违约风险主要取决于对方的信用度，因此签约前必须对对方的信誉和实力等方面进行充分的了解。而期货合约的履行完全不取决于对方而只取决于交易所或清算公司，因此，可以对对方完全不了解。

（7）结算方式不同。远期合约签订后，只有到期才进行交割清算，其间均不进行结算。而期货合约则是每天结算的。

299. 什么是金融期权？有哪些种类？期权交易与期货交易的区别有哪些？

金融期权是指它的持有者有权在规定期限内按双方约定的价格购买或出售一定数量的某种金融资产的合约。

金融期权按期权买者的权利划分，可分为看涨期权和看跌期权；按期权买者执行期权的时限划分，可分为欧式期权和美式期权；按期权合约的标的资产划分，可分为利率期权、货币期权、股价指数期权、股票期权以及金融期货期权。

期权交易与期货交易的区别主要有以下几点：

（1）权利和义务。期货合约的双方都被赋予相应的权利和义务，除非用相反的合约抵消，这种权利和义务在到期日必须行使，也只能在到期日行使。而期权合约只赋予买方权利，卖方则无任何权利，他只有在对方履约时进行对应的标的物买卖的义务。

（2）标准化。期货合约都是标准化的，而期权合约则不一定。在美国，场外交易的现货期权都是非标准化的，但在交易所交易的期货则都是标准化的。

（3）盈亏风险。期货交易双方所承担的盈亏风险都是无限的。而期权交易卖方的亏损风险是无限的，盈利风险是有限的，但期权买方的亏损风险是有限的，盈利风险是无限的。

（4）保证金。期货交易的买卖双方都须交纳保证金。而期权的买者无须交纳保证金，因为他的亏损不会超过自己支付的期权费，但在交易所交易的期权卖者则要交纳保证金。

（5）买卖匹配。期货合约的买方到期必须买入标的资产，而期权合约的买方在到期日或到期前则有买入或卖出标的资产的权利。期货合约的卖方到期必须卖出标的资产，而期权合约的卖方在到期日或到期前则有根据买方意愿相应卖出或买进标的资产的义务。

（6）套期保值。运用期货进行套期保值的时候，在把不利风险转移出去的同时，也把有利风险转移出去。而在运用期权进行套期保值时，只把不利风险转移出去而把有利风险留给自己。

300. 什么是金融互换？有哪些主要类型？

金融互换是约定两个或两个以上当事人按照商定条件，在约定的时间内交换一系列现金流的合约。

金融互换主要有利率互换、货币互换、股权互换、商品互换和信用互换等。利率互换是指双方在未来一定时期内根据同种货币的同样的名义本金交换现金流，一般来说，其中一方的现金流根据浮动利率计算出来，而另一方的现金流根据固定利率计算。货币互换是将一种货币的本金和利息与另一种货币的等价本金和利息进行交换。其他互换有交叉货币利率互换、股权互换、商品互换和信用互换等。

301. 什么是原油期货？什么是金属期货？什么是农产品期货？

原油期货、金属期货和农产品期货都是商品期货主要交易品种。

20世纪70年代初发生的石油危机给世界石油市场带来巨大冲击，石油价格的剧烈波动直接导致了石油期货的产生以及快速发展。原油期货是最重要的石油期货品种，是指由期货交易所统一制定，以原油为标的的标准化合约。目前世界上重要的原油期货合约有4个：纽约商业交易所的轻质低硫原油期货合约、高硫原油期货合约，伦敦国际石油交易所（IPE）的布伦特原油期货合约，新加坡交易所（SGX）的迪拜酸性原油期货合约。

金属期货是世界期货市场中比较成熟的期货品种之一，是以有色金属作为标的物的标准化合约，因此一般也叫有色金属期货。有色金属的质量、等级和规格容易划分、交易量大、价格容易波动、耐储藏，因而很适合作为期货交易品种。黄金、白银、铜、白金四类商品是金属期货的四大主要产品，其中黄金的主要用途是作为保值、央行储备及部分交易媒介，其余商品则属于工业用金属。目前，世界上的金属期货交易主要集中在伦敦金属交易所、纽约商业交易所和东京工业品交易所。中国上海期货交易所的铜期货交易近年来成长迅速，目前其交易量已超过纽约商业交易所位居全球第二位。

农产品期货是期货交易的起源性产品，是种植业产品期货的总称，主要包括谷物、肉类和热带作物等三大类初级产品期货合约。同其他期货合约一样，农产品期货合约中也对买卖双方将来必须履行的权利和义务作出了明确规定。目前，国际上85%的谷物类农产品期货交易集中在芝加哥。

302. 中国期货市场发展状况如何？

改革开放以来，国内期货市场作为新生事物历经了三十多年的发展，从无到有，从小到大，从无序逐步走向有序。国内期货市场的发展过程可以分为三个阶段：起步阶段（1990～1993年）、治理整顿阶段（1993～2000年）和规范发展阶段（2000年至今）。

（1）起步阶段（1990～1993年）。1990年10月，郑州粮食批发市场正式成立，它以现货交易为基础，同时引入期货交易机制，标志着新中国商品期货市场的诞生。郑州粮食批发市场的积极作用和示范效应很快反映出来，全国各地纷纷效仿，积极创办期货交易所，至1993年底，国内各类期货交易所多达50多家，而此时国际上的期货交易所还不到100家。在各方利益的驱动下，中国期货市场出现了盲目无序发展的局面。一方面，重复建设造成期货交易所数量过多，这必然使上市品种重复设置，造成交易分散，期货市场价格发现功能难以发挥；另一方面，过度投机、操纵、交易欺诈等行为扰乱了市场秩序，恶性事件频发，期货市场不仅难以发挥规避风险的功能，而且多次酿成了系统风险。这样的局面无疑违背了建立期货市场的初衷，针对这一情况，从1993年开始，政府有关部门对期货市场进行了全面的治理整顿。

（2）治理整顿阶段（1993～2000年）。1993年11月，国务院发布《关于制止期货市场盲目发展的通知》，提出了"规范起步、加强立法、一切经过试验和从严控制"的原则。这标志着第一轮治理整顿的开始。在治理整顿中，首当其冲的是对期货交易所的清理，15家交易所作为试点被保留下来。1998年8月，国务院发布《关于进一步整顿和规范期货市场的通知》，开始了第二轮治理整顿。1999年，期货交易所数量再次精简合并为3家，分别是郑州期货商品交易所、大连商品交易所和上海期货交易所；与缩减期货交易所同时进行的是，钢材、煤炭、食糖、粳米、菜籽油、国债、红小豆等一批期货品种先后被停止交易。1999年年底，期货品种由35个降至12个，到2000年真正上市交易的品种只有6个；同时对期货代理机构也进行了清理整顿，期货代理机构的数量大大减少。

为了规范期货市场行为，国务院及有关政府部门先后颁布了一系列法规，不断加强对期货市场的监管力度。2000年12月，中国期货业协会成立，标志着中国期货行业自律组织的诞生，从而将新的自律机制引入监管体系。

(3) 规范发展阶段（2000年至今）。中国期货市场走向法制化和规范化，构建了期货市场法规制度框架和风险防范化解机制，监管体制和法规体系不断完善。由中国证监会的行政监督管理、期货业协会的行业自律管理和期货交易所的自律管理构成的三级监管体制，对于形成和维护良好的期货市场秩序起到了积极作用。一系列相继出台的法律法规，夯实了中国期货市场的制度基础，为期货市场的健康发展提供了制度保障。

在该阶段，中国期货保证金监控中心于2006年5月成立，中国金融期货交易所于2006年9月在上海挂牌成立，并于2010年4月适时推出了沪深300指数期货。作为期货保证金安全存管机构，保证金监控中心为有效降低保证金被挪用的风险、保证期货交易资金安全和维护投资者利益发挥了重要作用。金融期货交易所的成立和股票指数期货的推出，对于丰富金融产品、为投资者开辟更多的投资渠道、完善资本市场体系、发展资本市场功能以及深化金融体制改革具有重要意义，同时也标志着中国期货市场进入了商品期货与金融期货共同发展的新阶段。

目前，国内期货交易所有4家，分别是上海期货交易所、郑州商品交易所、大连商品交易所和中国金融期货交易所。

303. 什么是 CDs？

定期存单（certificates of deposit）是相对低风险及容易转换成现金的投资。定期存单通常提供比一般储蓄账户要高的利息。不同于其他投资，定期存单的第一个十万是有联邦存款保险的。一般来说，当投资者购买 CDs 时，投资者投资一个固定的款项，固定的时期（6 个月、1 年，5 年，或更久），在定期存单到期时，银行会付投资者本金加利息。但是如果在定期存单到期前投资者想拿回本金，投资者可能要付罚款或放弃部分利息所得。

像许多其他产品一样，现在的 CDs 变得更加复杂。投资者现在可以选择有变化利率的 CDs、长期 CDs 和有其他特殊性能的 CDs。一些长期，高利率的 CDs 有被"收回"的特点。也就是说发行银行可以选择在任何时间让 CDs 到期。只有发行银行而不是投资者可以这样做。例如，当利率下跌时银行可以让高利率的 CDs 到期。但如果投资者投资在长期 CDs 上，并且利率随后上升，投资者将被锁定在低利率中。

第19章

国际金融市场

304. 什么是国际金融市场？有哪些重要作用？

广义上，国际金融市场指从事各种国际金融业务活动的场所，包括居民与非居民之间或者非居民与非居民之间的一切资金融通、证券买卖、外汇交易的场所与渠道。狭义上，国际金融市场是指各国的资金借贷活动。

按交易品种划分，国际金融市场包括外汇市场、外国债券市场、国际股票市场、黄金市场和金融期货期权市场等。按照资金融通期限的长短，可以分为国际货币市场和国际资本市场。按照交易主体、交易对象和交易所在国之间的关系，可分为在岸市场和离岸市场。

在国际领域中，国际金融市场显得十分重要，商品与劳务的国际性转移，资本的国际性转移、黄金输出入、外汇的买卖等国际经济交往的各个方面都离不开国际金融市场，成为推动世界经济发展的主导因素。国际金融市场上的金融创新对金融体系的功能完善和发展，有十分重要的作用。

国际金融市场在世界经济的发展中发挥的作用具体体现在：(1) 高效地聚集和配置大规模的国际资金，促进生产和资本国际化。(2) 增强市场的汇率调节功能，促进国际资本的有效配置。(3) 提供新的国际投融资渠道，提高国际投融资效率，降低国际投融资成本。(4) 促进银行业务国际化，促进国际贸易。(5) 便利金融风险的国际转移。(6) 便利各国调节国际收支，等等。

305. 什么是在岸金融市场？

在岸国际金融市场是指居民与非居民之间从事资金融通及相关金融业务的国际金融市场。

306. 什么是离岸金融市场？它与在岸金融市场的区别是什么？

离岸金融市场是主要为非居民之间从事资金融通及相关金融业务的国际金融市场，其相关的金融业务包括境外货币的借贷或投资、贸易结算、外汇黄金买卖、保险服务及证券交易等。离岸市场以非居民为交易主体，作为交易对象的资金必须是来源于所在国的非居民，基本不受所在国金融法规和税制限制。

在岸金融市场受市场所在国法令的管制，经营的是市场所在国的货币，利率体系也是实行所在国利率。而离岸金融市场是一个无国籍的、完全国际化的市场，它不受任何一国货币法令的管制，主要经营境外货币，具有特有的国际利率结构。从借贷关系看，传统国际金融市场的借贷关系是在本国人和外国人之间；而离岸金融市场的借贷关系是在外国人与外国人之间，即用非居民存款向非居民提供外币存款，并以境外资金来源为特征。

307. 什么是国际货币市场？

国际货币市场主要是指各国银行对多种货币所开展的业务活动。货币市场是经营期限在1年以内的借贷资本市场，常用的借贷方式有银行信贷、同业拆放等短期周转的业务。在货币市场上发行和流通的票据，包括国库券、商业票据、银行承兑汇票和转让大额定期存单等。这些票证的共性是期限短、风险小和流动性强，都具有活跃的次级市场，随时可以出售变成现金。由于这些票证的功能近似于货币，所以把短期信贷和短期票证流通的市场称作货币市场。

国际货币市场主要业务有以下几种。

（1）短期信贷。主要包括银行对工商企业的信贷和银行同业拆放。前者主要解决企业流通资金的需要，后者主要解决银行平衡头寸、调节资金余缺的需要。银行短期信贷是指外国工商企业货币市场上的存款或放款。首先应注意的是利息率惯例。西方国家还规定，在本国的外国工商企业以自由兑换的货币在本国银行进行短期存款，根据不同的期限，有不同的数额规定。银行同业拆放是指在银行短期信贷业务中，银行同业拆放业务相当重要。伦敦银行同业拆放市场是典型的拆放市场，它的参加者为英国的商业银行、票据交换银行和外国银行等。伦敦同业银行拆放利率是国际金融市场贷款利率的基础，即在这个利率的基础上再加一定的附加利率。伦敦同业银行拆放利率有两个价：一个是贷款利率；另一个是存款利率。两者一般相差0.25%~0.5%。在中央银行法定准备金不足的银行，必须当天立即以可用的资金把不足的法定准备金补足。所谓立即可用的资金也叫当天抵用的资金：一是现钞；二是向中央银行借款；三是向同业银行借款。各商业银行自己保留的现钞不会太多，若法定准备金短缺不太大时，可把现钞存入银行，缺口太大，现钞难以应付。商业银行的法定准备不足时，一般不愿向中央银行申请借款，因为这样做是把自己的真面目暴露给了中央银行，只有在万不得已之时，方采用此下策。法定准备金不足的银行最好的办法就是向同业银行借款，把同业银行在中央银行多余的法定准备金的一部分转到自己的账户上来，待到自己在中央银行的法定准备金多余之时，再把相当于原来的借款额度部分转到其债权行的账户上来。同业拆放业务是银行一项经常业务，以隔夜拆放为多，今天借明天还，绝大部分是1天期到3个月期，3个月以上到1年的较少。同业拆放可以由资金短缺方找资金有余方，资金有余方也可主动找资金短缺方。双方也可通过经纪人去寻找借贷对象。由于现代通信设备发达，借贷双方已经不限于同一城市了，而成为全国性的交易，成交后立即通过中央银行的通信网络拨账，次日仍通过电讯拨还。同业拆放是商业银行之间进行的借贷业务，但在美国中央银行有存款的不只是商业银行，还有外国银行、联邦机构和证券经纪人等。这些机构根据同业拆放的原则，也可以把它们存在中央银行账户上的余额借给需要资金的机构。借出和偿还同样是通过中央银行拨账的方式进行。

（2）可转让定期存单，简称定期存单（CD），指银行发行对待有人偿付具有可转让性质的定期存款凭证。凭证上载有发行的金额及利率，还有偿还日期和方法。如果存单期限超过1年，则可在期中支付利息。在纽约货币市场，通常以面值为100万美元为定期存单的单位，有30天到5年或7年不等的期限，通常期限为1~3个月。一律于期满日付款。从本质上看，存单仍然是银行的定期存款。但存单与存款也有不同：①定期存款是记名的，是不能转让的，不能在金融市场上流通，而存单是不记名的，可以在金融市场上转让。②定期存款的金额是不固定的，有大有小，有整有零，存单的金额则是固定的，而且是大额整数，至少为10万美元，在市场上交易单位为100万美元。③定期存款虽然有固定期限，但在没到期之前可以提前支取，不过损失了应得的较高利息；存单则只能到期支取，不能提前支取。④定期存款的期限多为长期的；定期存单的期限多为短期的，由14天到1年不等，超过1年的比较少。⑤定期存款的利率大多是固定的；存单的利率有固定的也有浮动的，即使是固定的利率，在次级市场上转让时，还是要按当时市场利率计算。

（3）商业票据。商业票据是指没有抵押品的短期票据。从本质上说，它是以出票人本身为付款人的本票，由出票人许诺在一定时间、地点付给收款人一定金额的票据。商业票据是最早的信用工具，起源于商业信用。近年来更进一步演变为一种单纯的用在金融市场上融通筹资的工具，虽名为商业票据，却是没有实际发生商品或劳务交易为背景的债权凭证。

商业票据的主要种类和特点是：①短期票据，是货币市场中的短期信用工具，最短期限是30天，最长是270天。②单名票据，发行时只需一个人签名就可以了。③融通票据，为短期周转资金而发行。④大额票据，面额是整数，多数以10万美元为倍数计算。⑤无担保票据，无须担保品和保证人，只需靠公司信用担保。⑥市场票据，以非特定公众为销售对象。⑦大公司票据,只有那些财务健全、信用卓著的大公司才能发行商业票据。⑧贴现票据,以贴现的方式发行,即在发行时先预扣利息。

商业票据市场基本上是一种初级市场,没有二级市场。其原因在于:第一,大多数商业票据的偿还期很短,20~40天。第二,大多数商业票据的发行人对投资者面临严重流动压力时,是准备在偿还期到期以前买回商业票据的。商业票据利率一般比政府发行的短期国库券的利率高,这是由风险、流通和税收的原因决定的。

(4)银行承兑汇票。银行承兑汇票是指发票人签发一定金额委托付款人于指定的到期日无条件支付于收款人或持票人的票据。汇票在性质上属于委托证券,是由发票人委托付款人付款,而本票是由发票人自己付款,两者的区别是明显的。银行承兑汇票指以银行为付款人并经银行承兑的远期汇票。"承兑"就是银行为付款人,表示承诺汇票上的委托支付,负担支付票面金额的义务的行为。一旦银行在汇票上盖上"承兑"字样,汇票就成为银行的直接债务,在此后银行负有于汇票到期时支付现金给持票人的义务。汇票是随着国际贸易的发展而产生的,没有初级市场,但有次级市场。参加银行承兑汇票次级市场交易的有三种人:一是创造银行承兑汇票的承兑银行;二是经纪人;三是投资者。承兑银行所持的银行承兑汇票都是自己承兑、自己贴现的。这部分汇票的大多数没有进入初级市场,没有流通。经纪人主要是代客买卖,收取佣金。投资者持有的银行承兑汇票占市场流通总额的绝大多数。

(5)贴现。贴现是指持票人以未到期票据向银行兑换现金,银行将扣除自买进票据日(即贴现日)到票据贴现周的利息(即贴现息)后的余额付给持票人。从本质上看,贴现也是银行放款的一种形式,这种方式与一般放款的差别在于是在期初本金中扣除利息,不是在期末支付利息。贴现在西方国家是货币市场的一项重要融资活动。贴现市场并不是指各银行和其他金融机构之间买卖票据或银行直接与客户进行贴现的行为,而是指银行与票据经纪人成立的公共的贴现市场。贴现公司是国库券、商业票据、银行承兑汇票及大额定期存单的买者。

这是贴现公司最重要的活动。持有上述可转让金融资产的机构和个人，总是希望有人买这些金融资产。贴现公司经常买这些金融资产，保证这些金融资产的可转让性，增强这些金融资产的流动性。这既对银行有好处，又对客户有益处，更重要的是加速了资金的周转，促进了生产和交换的发展。同时，这往往也是一国央行用以贯彻货币政策的重要手段之一。

308. 什么是国际资本市场？它是如何发展的？

国际资本市场是指国际金融市场中期限在1年以上的各种资金交易活动所形成的市场。国际资本市场主要是用于筹措和运用国内、国际资金，以满足本国的生产建设和国民经济发展的需要。由国际债券市场、国际股票市场、国际银行中长期信贷市场三部分组成。国际资本市场的中长期资金供应者大多数为商业银行、储蓄银行和保险公司。

国际资本市场的发展可以分为以下几个阶段：

（1）20世纪初期。自20世纪初期到50年代，国际资本市场开始在资本的国际配置中发挥积极作用，其活动表现出如下特征：①国际资本市场推动国际资本由欧洲涌入美、澳等当时的新兴市场国家。②公共机构是国际资本市场活动的主体。③国际资本市场具有很强的波动性，尤其是国际债券的利率随时间及国别的变化而出现大幅度调整。④资本流动因资本输出国和输入国宏观经济状况变化及突发性政治经济事件而出现上升和下降的大起大落。

（2）"欧洲美元"时期。第二次世界大战结束后，国际范围的私人银行贷款和证券投资受到相当程度的抑制。资本无法突破地域限制，更多地表现为在货币发行国境外的流动，市场交易行为也大多发生在"国外"，即"欧洲美元交易"。该时期国际资本市场活动的特征：一是国际资本市场活动停留在"欧洲市场及欧洲货币"的范畴。在战后废墟上崛起的布雷顿森林体系，构筑了20世纪后半期国际金融秩序的基础，同时，该体系的核心国际货币基金组织的有关协定则明确了布雷顿森林体系下国际资本流动的基本规范。在布雷顿森林体系实施初期，各国普遍对资本流动进行不同程度的管制，严格管制下的资本为了逐利，便绕开管制在货币发行国境外流动，形成了欧洲资本市场的雏形。欧洲资本市场既是银行间市场，又是政府筹措资金的市场，同时还为大公司提供借贷服务，商业银行是该市场的核心。欧洲资本市场资金来源广泛，数额庞大，以多种兑换货币计值，充分满足各种借款需要，商业银行经营自由，贷款灵活简便，资金安排迅速。二是资本流动形式集中表现为官方援助和直接投资。三是美国在主导官方资本流动的同时，也成为私人资本流动的主体。

（3）"石油危机"时期。1973年，随着汇率制度由固定向浮动汇率的转变，美国和其他一些国家逐渐解除对跨境资本流动的控制，国际资本流动进入了一个新的发展时期。该时期对资本流动产生决定性影响的是1973～1974年和1979～1980年的两次石油危机及石油美元的产生。第一，石油危机与石油美元。石油作为一种重要的能源，从20世纪70年代起开始取代煤炭，成为世界能源消费的主要部分。石油的生产和消费极不平衡，美国、欧洲和日本所生产的石油不到全球总产量的20%，其石油消费量却占全球总消费量的70%，不得不大量依靠进口，石油价格的变动直接影响全球经济的表现。由于石油盈余资金大部分以美元表示，所以又称石油美元。第二，石油危机时期全球资本流动的特征：石油美元的积累及流动推动了欧洲资本市场的进一步发展；石油美元的流动掀起了私人商业银行向发展中国家提供贷款的高潮，也为拉美债务危机的爆发埋下了伏笔。

（4）债务危机时期。进入20世纪80年代，由于多数中等收入的发展中国家沦为债务沉重的借款国，面临着债务还本付息的困难，资本流动开始显示出收缩迹象。该时期国际资本市场活动特征表现为：①资本流动规模扩张极不稳定。②发达国家间的国际资本流动受债务危机的影响程度轻微，并在短时间内快速恢复。③发展中国家的资本流入进入长收缩期。

（5）全球化阶段。1988以后，资本流动的规模获得前所未有的发展，资本的跨国流动进入一个新的全球化的发展阶段。国际资本市场的筹资总额，由1988年的3694亿美元增加到1995年的8322亿美元，增长了1倍以上，到1998年，以国际债券发行、银团贷款和其他债务工具为主要内容的国际资本市场融资额达12247亿美元，比两年前增长了近50%。

309. 什么是国际债券？什么是国际债券市场？国际上主要的债券市场有哪些？

国际债券是一国政府、金融机构、工商企业或其他国内组织为筹措和融通资金，在国外金融市场上发行的，以外国货币为面值的债券。国际债券的重要特征是发行者和投资者属于不同的国家，筹集的资金来源于国外金融市场。国际债券的发行和交易，既可用来平衡发行国的国际收支，也可用来为发行国政府或企业引入资金从事开发和生产。依发行债券所用货币与发行地点的不同，国际债券又可分为外国债券和欧洲债券。外国债券是指借款人在其本国以外的某一个国家发行的、以发行地所在国的货币为面值的债券；欧洲债券是借款人在债券票面货币发行国以外的国家或在该国的离岸国际金融市场发行的债券。

国际债券市场（international bond markets）是指由国际债券的发行人和投资人所形成的金融市场，具体可分为发行市场和流通市场。发行市场组织国际债券的发行和认购，流通市场安排国际债券的上市和买卖。这两个市场相互联系，相辅相成构成统一的国际债券市场。目前世界上主要的国际债券市场有：

（1）美国的外国债券市场。美国的外国债券叫扬基债券（Yankee Bond），它有以下特点：一是发行额大，流动性强。自20世纪90年代以来，平均每笔扬基债券的发行额大体都在7500万~15000万美元。扬基债券的发行地虽在纽约证券交易所，但实际发行区域遍及美国各地，能够吸引美国各地的资金。同时，又因欧洲货币市场是扬基债券的转手市场，因此，实际上扬基债券的交易遍及世界各地。二是期限长。70年代中期扬基债券的期限一般为5~7年，80年代中期后可以达到20~25年。三是债券的发行者为机构投资者，如各国政府、国际机构、外国银行等。购买者主要是美国的商业银行、储蓄银行和人寿保险公司等。四是无担保发行数量比有担保发行数量多。五是由于评级结果与销售有密切的关系，因此非常重视信用评级。

（2）日本的外国债券市场。日本的外国债券叫武士债券。日元债券最初是1970年由亚洲开发银行发行的，1981年后数量激增，1982年为33.2亿美元，1985年为63.8亿美元，超过同期的扬基债券。日本公募债券缺乏流动性和灵活性，不容易作美元互换业务，发行成本高，不如欧洲日元债券便利。发行日元债券的筹资者多是需要在东京市场融资的国际机构和一些发行期限在10年以上的长期筹资者，再就是在欧洲市场上信用不好的发展中国家的企业或机构。发展中国家发行日元债券的数量占总量的60%以上。

（3）瑞士外国债券市场。瑞士外国债券是指外国机构在瑞士发行的瑞士法郎债券。瑞士是世界上最大的外国债券市场，其主要原因：①瑞士经济一直保持稳定发展，国民收入持续不断提高，储蓄不断增加，有较多的资金盈余。②苏黎世是世界金融中心之一，是世界上最大的黄金市场之一，金融机构发达，有组织巨额借款的经验。③瑞士外汇完全自由兑换，资本可以自由流进流出。④瑞士法郎一直比较坚挺，投资者购买以瑞士法郎计价的债券，往往可以得到较高的回报。⑤瑞士法郎债券利率低，发行人可以通过互换得到所需的货币。瑞士法郎外国债券的发行方式分为公募和私募两种。瑞士银行、瑞士信贷银行和瑞士联合银行是发行公募债券的包销者。私募发行没有固定的包销团，而是由牵头银行公开刊登广告推销，并允许在转手市场上转让。但是至今为止，瑞士政府不允许瑞士法郎债券的实体票据流到国外，必须按照瑞士中央银行的规定，由牵头银行将其存入瑞士国家银行保管。

（4）欧洲债券市场分为：①欧洲美元债券市场。欧洲美元债券是指在美国境外发行的以美元为面额的债券。欧洲美元债券在欧洲债券中所占的比例最大，欧洲美元债券市场不受美国政府的控制和监督，是一个完全自由的市场。欧洲美元债券的发行主要受汇率、利率等经济因素的影响。欧洲美元债券没有发行额和标准限制，只需根据各国交易所上市规定，编制发行说明书等书面资料。与美国的国内债券相比，欧洲美元债券具有发行手续简便、发行数额较大的优点。欧洲美元债券的发行由世界各国知名的公司组成大规模的辛迪加认购团完成，因而较容易在世界各地筹措资金。②欧洲日元债券市场。欧洲日元债券是指在日本境外发行的以日元为面额的债券。欧洲日元债券的发行不需经过层层机构的审批，但需得到日本大藏省的批准。发行日元欧洲债券不必准备大量的文件，发行费用也较低。

310. 什么是国际股票？什么是国际股票市场？

国际股票是在外国的股票市场发行的，用该国或第三国货币表示的股票。国际股票市场（International Stock Market，又称为国际股权市场）是指在国际范围内发行并交易股票的市场。在国际股票市场中，股票的发行和买卖交易分别是通过一级市场和二级市场实现的。一级市场即股票发行市场，二级市场即对已发行的股票进行买卖的市场。另外，根据二级市场的结构，它又可以分为证券交易所市场和场外交易市场两部分。它主要的交易品种有：股票现货、股票期货、股票指数期货（简称股指期货）、股票期权和存托凭证。

311. 国际黄金市场是如何发展的？有哪些市场功能？

国际黄金市场的发展历程可分为五个阶段：一是19世纪以前。上溯至公元前6世纪，世界上就出现了第一枚金币。黄金的稀缺、贵重使其一直是统治阶级争夺和垄断的对象。黄金以及黄金矿山、奴隶等开采者也都是统治阶级的财产。如果将此时黄金的流通作为黄金市场的简陋代表，那这时的黄金市场还不存在自由贸易、交易场所等构成要素。其黄金流通的主要方式只限于掠夺与赏赐，还没有形成黄金市场。进入17世纪，黄金储备的增加使在西方新兴资本主义国家中黄金的货币性有了快速的发展，这时的国家货币制度逐渐形成金银本位制或复本位制。黄金的流通性因此大为提高，但黄金市场还没有形成。二是金本位制时期。金本位制是以一定成色和重量黄金为本位货币的货币制度。英国1816年率先颁布了铸币条例，发行金币，实行真正的金本位，但此时还没有国际金本位制，国际黄金市场还没发展起来。19世纪初，淘金者先后在俄国、美国、澳大利亚、南非和加拿大发现了丰富的金矿资源，使黄金生产力迅速发展。在英国的示范下，到19世纪末，世界上主要的国家基本上也都实行了"金本位"（一般把1880年作为金本位制的起点）。在各国国内国际之间的生产和贸易需求也就自然催生出一个相对统一的黄金市场。这时的黄金市场是一个受到严格控制的官方市场，还不能自由发展。直到第一次世界大战之前，世界上只有英国伦敦黄金市场是唯一的国际性市场。20世纪初，第一次世界大战的爆发严重地冲击了"金本位制"，到30年代又爆发了世界性的经济危机，这使"金本位制"彻底崩溃，各国纷纷加强了贸易管制，禁止黄金自由买卖和进出口，公开的黄金市场失去了存在的基础，伦敦黄金市场关闭。这时的国际黄金市场停止了，直到1954年才重新开张。在此期间，一些国家实行"金块本位制"或"金汇兑本位制"，大大压缩了黄金的货币功能，使之退出了国内流通支付领域。但在国际储备资产中，黄金仍是最后的支付手段，充当世界货币的职能，一直受到各国的严格管理。1914~1938年西方的矿产金绝大部分被各国中央银行吸收，黄金市场的活动有限。此后对黄金的管理虽有所松动，但由于人为的官定价格和国与国之间贸易壁垒，黄金的流动性很差，市场机制被严重抑制，黄金市场发育受到了严重阻碍。三是布雷顿森林体系时期。1944年7月，美国邀请参加筹建联合国44国政府的代表在美国布雷顿森林举行会议，签订了"布雷顿森林协议"，建立了"金本位制"崩溃后的人类第二个国际货币体系——布雷顿森林货币体系。在这一体系中美元与黄金挂钩，美国承担以官价兑换黄金的义务。各国货币与美元挂钩，美元处于中心地位，起到世界货币的作用。布雷顿森林体系实际是一种新黄金汇兑本位制，在布雷顿货币体系中，黄金无论是在流通还是在国际储备方面的作用都有所降低，而美元成为了这一体系中的主角。但因为黄金是稳定这一货币体系的最后屏障，黄金的价格及流动都仍受到较严格的限制，各国禁止居民自由买卖黄金，市场机制难以有效发挥作用。伦敦黄金市场在该体系建立10年后才得以恢复。四是黄金非货币化时期。布雷顿森林体系的运转与美元的信誉和地位密切相关，但60年代由于战争、财政赤字、国际收入情况恶化使美元的信誉受到极大的冲击。在三次拯救美元危机中，黄金非货币化逐渐成为定局。1976年，国际货币基金组织达成了目前仍然实行的牙买加货币体系，使得国际货币体系稳定下来。黄金的非货币化使黄金逐渐成为可以自由拥有和自由买卖的商品，黄金从国家金库走进了寻常百姓家，黄金的财富象征、投资、保值的特性大大增强，黄金交易规模大大增加，此时国际黄金市场进入全面发展的时期。五是当代的国际黄金市场。当代的黄金市场中有商品性黄金和金融性黄金两种。国家放开黄金管制使商品黄金市场得以发展，同时也促使金融黄金市场迅速发展。由于交易工具的不断创新，几十倍、上百倍地扩大了黄金市场的规模。现在商品实物黄金交易额不足总交易额的3%，90%以上的市场份额是黄金金融衍生物，而且世界各国央行仍保留了高达3.4万吨的黄金储备。在1999年9月26日，欧洲15国央行声明，再次确认黄金仍是公认的金融资产。商品黄金交易与金融黄金交易在不同地区、不同市场中的表现和活跃程度有所不同，但国际黄金市场总体发展迅速。

  黄金市场的主要功能有：（1）黄金市场的保值增值功能。因为黄金具有很好的保值、增值功能，这样黄金就可以作为一种规避风险的工具，这和贮藏货币的功能有些类似。黄金市场的发展使得广大投资者增加了一种投资渠道，从而可以在很大程度上分散投资风险。（2）黄金市场的货币政策功能。黄金市场为中央银行提供了一个新的货币政策操作的工具，也就是说，央行可以通过在黄金市场上买卖黄金来调节国际储备构成及其数量，从而控制货币供给。虽然黄金市场的这个作用是有限的，但是由于其对利率和汇率的敏感性不同于其他手段，从而可以作为货币政策操作的一种对冲工具。随着黄金市场开放程度的逐步加深，它的这个功能也将慢慢显现出来。可以说，通过开放黄金市场来深化金融改革是中国的金融市场与国际接轨的一个客观要求。

312. 什么是人民币国际化？它包括哪些方面？

人民币国际化是指人民币能够跨越国界，在境外流通，成为国际上普遍认可的计价、结算及储备货币的过程。衡量人民币国际化的标准包括三个方面：第一，人民币现金在境外享有一定的流通度；第二，以人民币计价的金融产品成为国际各主要金融机构包括中央银行的投资工具；第三，国际贸易中以人民币结算的交易要达到一定的比重。

313. 什么是香港人民币业务？

香港人民币业务是指在香港经营人民币的存放款业务。中国人民银行支持在香港建立人民币离岸市场，从而解决在资本项目不可兑换、人民币不可完全自由兑换条件下跨境贸易的人民币结算问题。2004年2月，香港银行开始试办个人人民币业务，包括存款、汇款、兑换及信用卡业务。2008年7月，中国人民银行和香港金管局主导签署《清算协议》，实现了香港境外人民币市场的一大突破。2009年，政府推出跨境贸易人民币结算业务，香港人民币业务的发展进入到政府主动推进阶段。2012年8月，非香港居民可在香港银行开户和办理各类人民币业务，包括无限量兑换人民币，这是香港人民币业务的又一个里程碑。总体来看，随着内地与香港贸易往来的愈发密集、香港优惠的政策安排和良好的金融环境、人民币增强的升值预期，人民币跨境流通的规模与层次迅速提高，香港人民币业务不断扩容，跨境贸易人民币结算快速发展，在港人民币存款快速增长、贷款开放，人民币衍生产品日益丰富，香港离岸人民币市场已经初步形成。

314. 什么是资本项目？什么是经常项目？

资本项目和经常项目是国际收支平衡表中的两个主要账户。资本项目是指资本的输出输入，反映的是本国和外国之间以货币表示的债权债务的变动，也就是一国为了某种经济目的在国际经济交易中发生的资本跨国界的收支项目。资本项目主要包括资本和储备两项内容，其中资本包括直接投资、证券投资以及贸易信贷、贷款、货币及存款等，储备是一国用以平衡国际收支或对本国汇率进行干预的手段，主要包括货币黄金、外汇储备、国际货币基金组织的特别提款权和国际货币基金组织成员国在基金组织的储备头寸、外汇等。

经常项目指本国与外国进行经济交易而经常发生的项目，主要反映国家之间实际资源的转移，是国际收支平衡表中最主要的项目，包括对外贸易收支、非贸易往来和无偿转让三个项目。对外贸易收支是指通过本国海关进出口货物而发生的外汇收支。非贸易往来包括货运、港口供应与劳务、旅游收支、投资收支和其他非贸易往来收支。无偿转让包括本国与国际组织、外国政府之间相互的无偿援助和捐赠，以及私人的侨汇和居民的其他收入。

315. 什么是资本项目可兑换？

资本项目可兑换是指一种货币不仅在国际收支经常性往来中可以将本国货币自由兑换成其他货币，而且在资本项目上也可以自由兑换。这意味着一国取消对一切外汇收支的管制，居民不仅可以通过经常账户交易，也可以自由地通过资本账户交易，所获外汇既可在外汇市场上出售，也可自行在国内或国外持有，国内外居民也可以将本币换成外币在国内外持有，满足资产需求。

资本项目的可兑换可以给一国经济带来诸多潜在利益，例如可以加强金融部门的活力，吸引外资、方便企业的海外活动多元化、改进资源从储蓄者手中到投资者手中的全球性中介活动效率等。与此同时，资本项目可兑换也可能给一国带来货币替代、资本外逃、资本流动不稳定、宏观经济波动加大甚至爆发金融危机的风险。

实现资本项目可兑换需要一国经济金融发展水平的支持。一是宏观经济稳定，市场主体具备较强竞争力；二是金融体系规范高效；三是利率汇率水平适中，形成机制市场化；四是国际收支结构具有可维持性。

第20章

金融生态

316. 什么是金融生态环境？

金融生态是个仿生概念，周小川博士（2004）最早将生态学概念系统地引申到金融领域，并强调用生态学的方法来考察金融发展问题。

金融生态就是由金融子系统和与之相关联的其他系统所组成的生态链，这个生态链与金融业可持续发展息息相关。金融体系作为社会经济体系中的一员，其生存和可持续发展的实现一方面要以自身制度建设和经营水平的提升为基础；另一方面也离不开其所处的外部环境，其中既包括宏观的经济大环境，也包括微观层面的金融环境。宏观层面的金融环境，指与金融业生存、发展具有互动关系的社会、自然因素的总和，包括政治、经济、文化、地理、人口等一切与金融业相互影响、相互作用的方面，主要强调金融运行的外部环境，是金融运行的一些基础条件。通常讲的金融生态环境就是指金融体系所处的微观层面的外部金融环境，包括法律制度、行政管理体制、社会诚信状况、会计与审计准则、中介服务体系、企业的发展状况及银企关系等方面的内容。

317. 中国的金融生态为什么存在地区差异？

中国的各个地区之间存在明显的金融生态环境差异，是多种因素综合作用的结果，包括区域间地理历史人文传统的差异、其所拥有的客观性经济发展要素的数量和质量的差别、经济发展模式差异、市场经济发育程度差异等客观原因，还有一些在经济改革过程中不可避免的战略性、体制性因素等主观原因。这是因为中央政府在推进改革过程中的非均衡性策略性选择，以及在体制改革过程中各级政府行为的差异，势必对各地区经济、金融、社会、法治以及其他制度环境造成不同的影响。

中国各个地区之间存在金融生态环境差异，这是因为：（1）各个地区对银行业务进行行政干预的程度不同；（2）各个地区在司法和执法方面对维护债权人权益的力度不同；（3）各个地区的商业文化有所不同；（4）权力部门（如军队、武警、公安部门）在各地区参与经营活动的程度不同；（5）商业银行过去实行贷款规模管理不利于资金流动。

318. 影响金融生态的因素有哪些？

影响金融生态环境的因素：（1）经济基础；（2）企业诚信；（3）地方金融发展；（4）法治环境；（5）诚信文化；（6）社会中介发展；（7）社会保障程度；（8）地方政府公共服务；（9）金融部门独立性。

据有关研究分析，九大类构成要素对城市金融生态环境的影响力（要素贡献弹性）从大到小的排序是：法治环境（贡献弹性0.194961）、地区经济基础（贡献弹性0.166118）、地方金融发展（贡献弹性0.135523）、金融部门独立性（贡献弹性0.121673）、诚信文化（贡献弹性0.121435）、社会中介服务（贡献弹性0.087197）、地方政府公共服务（贡献弹性0.071088）、企业诚信（贡献弹性0.060456）、社会保障程度（贡献弹性0.031447）。

319. 如何评价金融生态环境？

如何评价金融生态环境是一个探讨中的问题。一套比较完整的金融生态评价系统无疑应包括市场环境状况、银行经营状况和资产质量、社会信用建设状况、金融安全状况、司法环境状况和地方政府支持金融发展、信用建设情况等方面。《陕西省金融生态环境评价暂行办法》（陕政办发〔2007〕162号）规定，对区域的金融生态环境应分别从经济环境、信用环境、法制环境、行政环境、中介服务环境和金融主体运行状况6个方面进行综合考评，并确立了一套由6个目标层、14个准则层共49项指标组成的金融生态环境评价指标体系。

320. 建设良好的金融生态环境有何意义？

良好的金融生态环境对进一步发挥金融业支持经济增长的核心作用，实现经济金融良性互动有着很强的现实意义，主要表现在以下两方面：

第一，加强金融生态环境建设是提高经济竞争实力的必然要求。经济的持续增长离不开资金的有效投入，良好的金融生态环境能给经济带来巨大的商机和融资便利。金融生态状况不仅会影响货币政策传导和资源配置效率，而且在一定程度上决定了对经济金融资源的吸引力。目前，随着改革的不断深入，各家商业银行开始对不同地区进行内部评级。如果一个地方金融生态环境越好，商业银行对这个地方的内部评级就越高，在内部资金调度、规划授信额度时就必然对这个地方给予倾斜，使得更多的信贷资金流向这个地方，形成资金聚集的"洼地效应"，从而进一步增强区域经济的竞争实力和持续发展能力。

第二，加强金融生态环境建设是金融业健康发展的必然要求。金融生态环境的好坏直接关系到金融机构贷款风险的大小和新增不良贷款的比例，关系到金融业的发展速度和发展质量，并最终对经济发展产生直接影响。只有创建良好的金融生态环境，使风险防范成为有效益发展的坚强保证，为金融业发展创造一个良好的外部环境才能真正做大做强金融业，为区域经济发展提供充裕的资金支持。

321. 什么是信用评级机构？

信用评级机构是依法设立的从事信用评级业务的社会中介机构，由专门的经济、法律、财务专家组成的对证券发行人和证券信用进行等级评定的组织。美国的标准·普尔公司、穆迪投资服务公司和惠誉国际信用评级有限公司是目前世界上最具权威性的专业信用评级机构。

322. 信用评级的一般程序是什么？

信用评级主要包括以下程序：（1）接受委托。包括评估预约、正式接受委托、交纳评级费用等。（2）前期准备。包括移送资料、资料整理、组成评估项目组、确定评级方案等。（3）现场调研。评估项目组根据实地调查制度要求深入现场了解、核实被评对象情况。（4）分析论证。评估项目组对收集的信息资料进行汇集、整理和分析，形成资信等级初评报告书，经审核后提交信用评级评审委员会评审。（5）专家评审。包括评审准备、专家评审、确定资信等级、发出《信用等级通知书》。（6）信息发布。向被评对象出具《信用等级证书》，告知评级结果。（7）跟踪监测。在信用等级有效期内，评估项目组定期或不定期地收集被评对象的财务信息，关注与被评对象相关的变动事项，并建立经常性的联系、沟通和回访工作制度。

信用评级机构对上市公司的评级有：AAA（或者Aaa）级——偿还债务的能力极强，基本不受不利经济环境的影响，违约风险极低；AA（或者Aa）级——偿还债务的能力很强，受不利经济环境的影响不大，违约风险很低；A级——偿还债务能力较强，较易受不利经济环境的影响，违约风险较低；BBB（或者Bbb）级——偿还债务能力一般，受不利经济环境影响较大，违约风险一般；BB（或者Bb）级——偿还债务能力较弱，受不利经济环境影响很大，有较高违约风险；B级——偿还债务的能力较大地依赖于良好的经济环境，违约风险很高；CCC（或者Ccc）级——偿还债务的能力极度依赖于良好的经济环境，违约风险极高；CC（或者Cc）级——在破产或重组时可获得保护较小，基本不能保证偿还债务；C级——不能偿还债务。

323. 中国信用评级机构发展的现状如何？

中国信用评级发展得较晚，目前规模较大的全国性评级机构只有大公、中诚信、联合、上海新世纪4家。2006年，美国评级机构开始了对中国信用评级机构的全面渗控。2006年，穆迪收购中诚信49%股权并接管了经营权，同时约定7年后持股51%，实现绝对控股。同年，新华财经（美国控制）公司收购上海远东62%的股权，实现了对该机构的直接控制。2007年，惠誉收购了联合资信49%的股权并接管经营权；标准普尔也与上海新世纪开始了战略合作。穆迪、标准普尔、惠誉三大评级公司也都曾与大公洽谈合资，提出对大公控股或控制经营权，但都遭到拒绝。被美国收购的评级机构中，中诚信、联合在全国各省均设有分公司。

中国信用评级机构的发展存在一些问题和不足，主要表现在：（1）评级公信力不强。信用评级业的发展与金融市场成熟度紧密相关，中国金融市场本身尚处于不断发展和完善的过程之中，这使信用评级在短时间内难以充分发挥其专业区分金融产品信用质量差异的功能，从而影响其公信力的建立。同时，信用评级行业和信用评级机构本身的发展也处于初期，评级质量的提高需要时间，评级结果的检验也需要时间。当前中国信用评级业不是简单的个别评级机构的公信力不强，而是整体行业的公信力不强。（2）核心竞争力不足。业务特色在某种程度上可以转化为竞争优势，信用评级业同样如此。这种差异化竞争在某种程度上也体现了各个评级机构的核心竞争力。而中国的评级机构则是"通用型"的，不管什么评级业务，传统的或者新推出的，几乎所有的评级机构都表示愿意并且能够承接该项业务，这种情况从某种程度上说明中国评级机构缺乏真正的拳头产品和核心竞争力，也就是没有真正经得起市场考验的某种产品的评级方法。在实务中，甚至出现过将信贷企业评级指标体系略加修改后即用来评价债券、短期融资券的情况，不同评级产品之间的差异化被抹煞，这显然不利于评级机构的长远发展，也不利于评级机构市场声誉的建立。

（3）评级增值服务缺乏。中国评级业目前的产品还比较单一。评级机构囿于数据库、人员等方面的限制，在增值服务上还进展缓慢，或心有余而力不足。

324．什么是证信系统？个人信用记录为什么重要？

征信系统就是为专业化的授信机构提供信用信息共享的平台，它由专业化的、独立的第三方机构为个人、企业建立信用档案，并依法采集、客观记录和对外提供信用信息。建立征信系统，有助于化解金融风险、维护金融稳定；有助于提高商业银行经营效率，降低经营风险；有助于在充分揭示中小企业信用状况的背景下缓解中小企业借款难问题；有助于确保金融体制改革的顺利进行；有助于提高全社会的诚信意识。

个人信用制度是根据居民的家庭收入与资产、已发生的借贷与偿还、信用透支和发生不良信用时所受处罚与诉讼情况，对个人的信用等级进行评估并随时记录、存档，以便于个人信用的供给方决定是否对其提供信用或者提供多少信用的制度。个人信用报告和信用评分是反映个人信用状况的两种形式。建立个人信用信息基础数据库，对个人而言可以积累信誉财富，从而方便证明自身的信用状况，方便取得银行贷款，并且在贷款规模、期限和利率上可以获得一定的灵活性和优待；对银行等金融机构而言，其可以深入了解客户的信用状况，从而提高贷款质量，提高经营效率，降低经营风险。

325．什么是和谐金融？

和谐金融是金融内生机制和社会经济生态系统自生和共生机制的完美结合。和谐金融主要包括金融体系内部结构和谐、金融与经济和谐、金融与社会发展的和谐。金融内部结构的和谐是指金融的各种要素结构，如金融组织结构、金融工具结构、金融市场结构等是完善的和多样化的，金融资源的配置结构是平衡和优化的，金融活动中各类经济主体的利益关系得到了很好的兼顾和协调,广大社会公众能够分享金融改革和金融发展的成果;金融与经济的和谐,即金融能够很好地促进经济的协调、稳定和可持续发展;金融与社会发展的和谐,即金融能够很好地促进各项社会事业的发展,这是和谐金融的最高层次。

在和谐金融中,处于核心地位的是金融与经济之间的和谐性。相对于金融体系结构自身的和谐性而言,金融与经济是否协调发展是判断金融体系内部结构是否和谐的重要标志,如果金融与经济不能协调发展,说明金融体系内部结构存在不和谐;相对金融与整个社会的和谐性而言,金融与经济的协调发展是促进整个社会和谐发展的有力支撑。

326. 什么是单一用途商业卡?什么是多用途商业卡?

单一用途商业卡和多用途商业卡都属于商业预付卡。商业预付卡以预付和非金融主体发行为典型特征,按发卡人不同分为单用途预付卡和多用途预付卡。单用途预付卡是由商业企业发行,只在本企业或同一品牌连锁商业企业购买商品或服务用的一种预付卡。多用途预付卡则是专营发卡机构发行,可跨地区、跨行业、跨法人使用的信用凭证,包括磁条卡、芯片卡等载体的实体卡,以及以密码、串码、图形特征信息等为载体的虚拟卡。

第21章

金融创新与金融发展

327. 什么是金融创新？

金融创新是指变更和创新金融体制与金融工具，以获取现有状态下无法取得的潜在利润，它是一个为盈利动机推动、缓慢进行、持续不断的发展过程。金融创新的定义来源于熊彼得的经济创新概念，其内涵可以从宏观、中观和微观三个层面来理解。从宏观层面来看，金融发展史上的每一次重大突破都被视作金融创新，金融创新时间跨度长、范围广，涉及金融产品、金融技术及金融业务、金融市场、金融机构、国际货币制度等方面的创新，是广义的金融创新。中观层面的金融创新是指20世纪60年代初以后金融机构尤其是银行中介功能的变化，包括技术创新，产品创新以及制度创新。微观层面的金融创新即狭义的金融创新，仅指金融工具的创新，大致包括四种类型：信用创新型，如用短期信用来实现中长期信用；风险转移创新型，包括能在各机构之间转移金融工具内在风险的各种新工具，如货币互换、利率互换等；增加流动创新型，包括能使原有的金融工具提高变现能力的新金融工具，如长期贷款的证券化等；股权创造创新型，包括使债权变为股权的各种新金融工具，如附有股权认购书的债券、可转债等。

中国学者认为金融创新是指金融领域各种要素的重新组合和创造性变革而产生的新技术、新工具、新业务、新市场，并将其分为金融制度创新、金融业务创新和金融组织创新三类。金融制度创新是金融管理相关法律法规的变革以及由此带来的金融体系结构的变化和经营效率的提高，既包括国际货币制度、汇率制度、信用制度等的创新，也包括金融监管制度的创新。金融业务的创新是金融创新的核心，体现为新技术在金融业中广泛应用，金融工具不断创新，新业务和新交易的大量涌现，比如当前中国银行业迅速发展的网上银行业务和中间业务，以及利率互换、期权、期货、权证等式样繁多的金融衍生品。金融组织创新是金融创新的基础，包括新型金融机构的创立，比如近几年迅速发展的小额贷款公司、服务"三农"的村镇银行等农村小型金融机构等；以及金融机构的集团化和跨国化。

328. 什么是金融抑制？

所谓金融抑制就是指政府通过对金融活动和金融体系的过多干预抑制了金融体系的发展，而金融体系的发展滞后又阻碍了经济的发展，从而造成了金融抑制和经济落后的恶性循环。这些手段包括政府所采取的使金融价格发生扭曲的利率、汇率等在内的金融政策和金融工具，如名义利率限制、高准备要求、政府过于限制干预外援融资、特别的信贷机构等。

329. 什么是金融发展？

金融发展是指金融结构的变化。包括金融交易规模扩大和金融产业高度化过程带来的金融效率的持续提高，体现为金融压制的消除、金融结构的改善，即金融工具的创新和金融机构适应经济发展的多样化。现代意义上的金融发展都是从银行体系发展开始的，经济主体为追逐潜在收益而进行的金融创新（包括制度创新和技术创新）是金融发展的根本动力。金融发展的一般规律是金融相关比率趋于提高，但这一比率的提高不是无止境的，当金融发展到一定阶段时，该比率将趋于稳定。

金融发展与经济发展相互影响。金融发展有助于实现资本的积聚与集中，从而实现规模经济的效益；有助于提高资源的使用效率，从而提高社会经济效率。而经济的发展会提高社会收入水平，进而提高人们对金融投资和理财服务的需求；会催生越来越多的经济组织，从而产生更多的融资等金融服务需求。

330. 什么是金融综合改革?

金融综合改革是针对现有或传统的金融体系、运作方式、管理办法及业务活动等存在的问题而展开的全面性、协调性的改革活动。其基本含义是放松传统意义上的管制,让金融活动的行为主体有更多的活力和更大的积极性。金融综合改革的基本内容有如下几个方面:(1)机构体系的改革。(2)市场条件的改革。市场条件改革,实际上就是为金融活动营造一个更为完善的基础设施,包括完备的市场运作体系以及信息提供、会计准则、中介服务监督等多方面的内容。(3)业务、工具及技术的创新与改革。金融综合改革必然出现放松管制和强化激励机制的局面,这会促进金融机构在业务程序、金融工具及应用先进技术方面创新的积极性,这些创新反过来又丰富了改革的内容。(4)法规政策和行为规则的改革。

331. 什么是上海自贸区?

上海自贸区即中国(上海)自由贸易试验区。中国(上海)自由贸易试验区,是中国政府设立在上海的区域性自由贸易园区,属中国自由贸易区范畴。该试验区于2013年8月22日经国务院正式批准设立,于9月29日上午10时正式挂牌开张。试验区总面积为28.78平方公里,相当于上海市面积的1/226,范围涵盖上海市外高桥保税区(核心)、外高桥保税物流园区、洋山保税港区和上海浦东机场综合保税区等4个海关特殊监管区域。自由贸易试验区的试点内容涉及金融方面的包括利率市场化、汇率自由汇兑、金融业的对外开放、产品创新等,也涉及一些离岸业务。上海自贸区的建设主要是为了探索中国对外开放的新路径和新模式,推动加快转变政府职能和行政体制改革,促进转变经济增长方式和优化经济结构,实现以开放促发展、促改革、促创新,形成可复制、可推广的经验,服务全国的发展。自贸区的建立有利于培育中国面向全球的竞争新优势,构建与各国合作发展的新平台,拓展经济增长的新空间，同时有助于捍卫中国在全球贸易竞争中的主导地位，接轨全球经济。

332. 温州金融综合改革试点的主要内容是什么？

2012年3月28日，国务院常务会议决定设立温州市金融综合改革试验区，批准实施《浙江省温州市金融综合改革试验区总体方案》，引导民间融资规范发展，提升金融服务实体经济能力，为全国金融改革提供经验。

温州市金融综合改革有12项主要任务。（1）规范发展民间融资。制定规范民间融资的管理办法，建立民间融资备案管理制度，建立健全民间融资监测体系。（2）加快发展新型金融组织。鼓励和支持民间资金参与地方金融机构改革，依法发起设立或参股村镇银行、贷款公司、农村资金互助社等新型金融组织，符合条件的小额贷款公司可改制为村镇银行。（3）发展专业资产管理机构。引导民间资金依法设立创业投资企业、股权投资企业及相关投资管理机构。（4）研究开展个人境外直接投资试点，探索建立规范便捷的直接投资渠道。（5）深化地方金融机构改革。鼓励国有银行和股份制银行在符合条件的前提下设立小企业信贷专营机构，支持金融租赁公司等非银行金融机构开展业务，推进农村合作金融机构股份制改造。（6）创新发展面向小微企业和"三农"的金融产品与服务，探索建立多层次金融服务体系。鼓励温州辖区内各银行机构加大对小微企业的信贷支持。支持发展面向小微企业和"三农"的融资租赁企业，建立小微企业融资综合服务中心。（7）培育发展地方资本市场。依法合规开展非上市公司股份转让及技术、文化等产权交易。（8）积极发展各类债券产品。推动更多企业尤其是小微企业通过债券市场融资，建立健全小微企业再担保体系。（9）拓宽保险服务领域。创新发展服务于专业市场和产业集群的保险产品，鼓励和支持商业保险参与社会保障体系建设。（10）加强社会信用体系建设。推进政务诚信、商务诚信、社会诚信和司法公信建设，推动小微企业和农村信用体系建设，加强信用市场监管。（11）完善地方金融管理体制，防止出现监管真空，防范系统性风险和区域性风险。建立金融业综合统计制度，加强监测预警。(12) 建立金融综合改革风险防范机制。清晰界定地方金融管理的职责边界，强化和落实地方政府处置金融风险和维护地方金融稳定的责任。

333. 深圳前海金融综合改革试点的主要内容是什么？

2012年7月，中国政府网正式发布了《国务院关于支持深圳前海深港现代服务业合作区开发开放有关政策的批复》，支持前海在金融改革创新方面先行先试，建设我国金融业对外开放试验示范窗口。其中，批复的前海先行先试政策涵盖了金融、税收、法律、人才、医疗及电信六大领域，共22条，包括允许前海探索拓宽境外人民币资金回流渠道，配合支持香港人民币离岸业务发展，构建跨境人民币业务创新试验区；支持设立在前海的银行机构在发放境外项目人民币贷款等八方面进行先试先行；支持深圳前海深港现代服务业合作区实行比经济特区更加特殊的先行先试政策，打造现代服务业体制机制创新区、现代服务业发展集聚区、香港与内地紧密合作的先导区、珠三角地区产业升级的引领区；对前海符合条件的企业按15%的税率征收企业所得税等。

综合来看，前海金融综合改革试点内容主要可以归纳为五类：一是服务于人民币国际化；二是推动粤港澳金融一体化；三是推动金融机构创新；四是促进金融市场创新；五是尝试金融监管创新。其中金融创新是前海"新政策"的核心，而配合香港发展人民币跨境业务又是"核心的核心"。

334. 浙江丽水市农村金融改革的主要内容是什么？

浙江丽水市农村金融改革的主要内容包括：推动中国农业银行和中国邮储银行在丽水市开展支农金融服务创新；加快发展村镇银行、小额贷款公司、农村资金互助社等新型农村金融机构；积极引导社会资本进入民间金融领域鼓励有条件的地方以县（市、区）为单位建立村镇银行、融资租赁公司、典当行等适合丽水区域经济发展需求的各类中小型金融机构和组织。加强信贷、产业、财税、投资政策的协调配合，综合运用支农再贷款、再贴现、差别准备金动态调整等货币政策工具和财政贴息、税收优惠、差别税率、先税后补等财税政策工具，发挥各项政策在推动农村金融改革试点中的协同效应，提高金融资源配置效率。

综合运用信贷、证券、保险、信托、担保等金融资源，提升直接融资所占比重，完善多层次金融市场体系。一是积极培育优质农业企业、农业产业化经营大户等规模化农业经营实体，推荐其到中小企业板和创业板进行上市融资。二是大力支持符合条件的优质涉农企业发行短期融资券、中小企业集合票据、中小企业集合债等非金融企业债务融资工具。三是探索开展农村小额人身保险和小额信用保证保险试点，发展具有地方特色的农产品保险品种。四是积极发展信托、股权投资基金、在国家政策允许范围规范各类农村投融资平台建设，引导社会资本积极参与"三农"经济发展。

扩大贷款抵质押担保物范围，探索开展信用农户授信与银行卡授信相结合的小额信贷产品，探索发展涉农保险保单质押贷款、涉农贷款保证保险业务和农村小额人身保险保单抵质押贷款等业务品种。进一步完善小企业贷款和农业贷款风险补偿机制。鼓励有条件的地方设立涉农担保基金或涉农担保公司，完善担保和再担保相结合的风险分担机制。

335．什么是绿色金融？

绿色金融一方面是指金融业的可持续发展，避免短期过度投资行为；另一方面指金融业引导资金流向节约资源和保护生态环境的产业，促进绿色消费理念的形成及经济社会的可持续发展。

与传统金融活动相比，绿色金融是政策推动型金融而非利益推动型，它强调人类社会生存环境的利益，并将对生态的保护和对资源利用的有效程度作为计量其成效的标准，目前主要集中在银行业的信贷业务方面，比如国际银行业赫赫有名的"赤道原则"。"赤道原则"是2002年世界银行下属的国际金融公司和荷兰银行在伦敦召开的国际知名商业银行会议上提出的，它是一项企业贷款准则，要求金融机构在向任何一个项目投资时，要对该项目可能对环境和社会产生的影响进行综合评估，并且要促进该项目在环境保护和社会和谐方面发挥的积极作用。中国绿色金融的发展尚处于起步阶段。为此，需要加大绿色金融的政策引导，鼓励银行、保险、证券、基金等金融机构深度介入绿色金融业务，健全绿色金融法规；金融机构则要加快创新，探索、推广绿色融资贷款、证券、债券、基金等产品，建立碳指标交易、碳期权期货等产品体系。

336. 什么是绿色信贷？什么是绿色银行？

绿色信贷是指银行在信贷活动中，把符合环境检测标准、污染治理效果和生态保护作为信贷审批的重要前提，通过经济杠杆引导环保，将资金导向有利于环保的产业和企业。一般来说，绿色信贷需要政府引导金融机构来进行。

绿色银行是指以市场为导向、以传统产业经济为基础、以经济与环境的和谐为目的而发展起来的一种新的经济形式，是产业经济为适应人类环保与健康需要而产生的并表现出来的一种发展状态。更具体的来说是指安全，以注重金融服务项目，关注客户健康理财，并具有一定影响力的银行企业。

337. 什么是碳金融？什么是碳金融交易合约？

碳金融是绿色金融的一种，起源于国际气候政策的变化以及两个具有重大意义的国际公约——《联合国气候变化框架公约》和《京都议定书》，泛指所有服务于限制温室气体排放等技术和项目的直接投资、碳交易和银行贷款等金融活动。

碳金融合约交易是指根据银行和相应企业的合约规定，银行为企业的碳排放权项目提供"一揽子"的碳金融相关产品和服务，帮助其实施碳排放权项目，并提高节能环保企业在国际碳排放权交易中的议价能力。

338. 什么是碳交易中心市场？

目前国际倡导降低碳排放量，各个国家有各自的碳排放量，就是允许排放碳的数量，相当于配额。有些国家实际的碳排放量可能低于分到的配额，或者由于环保做得好的国家实际的碳排放量低于配额，那么这些国家可以把自己用不完的碳排放量卖给那些实际的碳排放量大于分到的配额的国家，形成了碳交易。

碳交易中心市场的供给方包括项目开发商、减排成本较低的排放实体、国际金融组织、碳基金、各大银行等金融机构、咨询机构、技术开发转让商等。需求方有履约买家，包括减排成本较高的排放实体；自愿买家，包括出于企业社会责任或准备履约进行碳交易的企业、政府、非政府组织、个人。金融机构进入碳交易中心市场后，也担当了中介的角色，包括经纪商、交易所和交易平台、银行、保险公司、对冲基金等一系列金融机构。

339. 什么是民生金融？

民生金融，顾名思义就是金融业的发展，包容工作重心、产品设计以及服务范围等围绕与人民生活息息相关的内容，以改善人民生活水平和质量为目的，促进金融资源在不同产业、不同地区、不同收入阶层以及不同规模企业之间的合理配置。具体包括农村金融服务、社保医疗金融服务、教育金融服务、就业创业金融服务、小微企业金融服务等内容。

民生金融通过综合运用多种货币政策工具，鼓励和引导金融机构支持民生问题，不断创新和强化民生金融服务，充分发挥金融在促进城乡民生保障中的积极作用。民生涉及居民的衣食住行、教育、环保以及自我价值的实现等诸多方面，目前民生领域已经成为国家政策支持、发展潜力巨大的新兴市场，也是银行等金融机构长久的重要竞争领域，加强民生领域的金融服务不仅是银行新的利润点，也是履行社会责任的必然要求。但是目前我国民生金融还处于探索阶段，缺乏系统性规划和创新性，并有诸多因素制约民生金融的发展，比如担保、抵押不足；成本高而收益小，银行积极性和动力不足；部分民生领域企业还贷能力差，贷款风险高；等等。民生问题关乎社会稳定与发展，民生领域的发展离不开金融业的支持，因此应该积极推进民生金融的发展，畅通信息渠道，加快担保体系的建设，对民生贷款等实施免税或财政贴息制度，充分发挥金融的资源配置功能，把社会、政府和公众的关注点变为金融机构可持续发展的增长点，使民生领域从社会发展的薄弱环节变为社会发展的推动力量。

340. 什么是小微金融？

小微金融是指面向小微企业的金融。小微企业指比中小企业还要小的企业，如"个体工商户"。在中国，小微企业占企业总数的99%以上，他们在活跃市场、创造就业、增加税收、保持社会稳定等方面发挥巨大作用。但中国银行贷款门槛高，小微企业贷款要得急、数量少、频率高、风险大、管理成本高，并且金融政策对小微企业支持不够，小微企业融资缺口较大，融资难一直是制约小微企业发展的瓶颈。自2009年以来，小微企业融资政策环境不断改善，政府部门和越来越多的银行业金融机构都开始重视小微企业的金融服务，如民生银行推出的小微金融产品"商贷通"等，小微企业的贷款占比不断提高。中国金融监管政策、信贷营业税和所得税均给予小微企业以优惠和支持，为小微金融发展创造了巨大的空间。

341. 什么是公司金融？

公司金融是微观金融的重要部分，是指根据财经法规制度，按照公司金融的原则，组织企业财务活动、处理财务关系的一项经济管理工作。公司金融的原则是企业财务工作必须遵循的准则，主要包括系统原则、平衡原则、弹性原则、比例原则和优化原则。公司金融的目标应与企业的整体目标相一致，主要包括三种观点，即利润最大化、每股收益最大化和企业价值最大化，目前普遍认可的观点为企业价值最大化。为了实现公司金融的目标，公司一般会采取财务预测、财务控制、财务分析等多种方法完成公司金融的任务。

342. 什么是个人金融？

个人金融就是以个人身份进入金融市场，对所拥有的个人金融资源进行配置的经济活动。个人金融是社会经济发展的必然产物，它以个人为分析单元，以金融基础理论为指导，以存贷款、投资、保险等使个人资产保值增值的行为为内容，研究一定时期内、一定收入水平下个人理财动机、行为及其影响。个人金融并不等同于个人理财，个人理财是个人金融的核心内容，个人金融可以说是是以个人理财为研究对象。个人金融可以科学引导居民个人理财，但从本质上讲，个人理财和个人金融的目的是一致的，都是为实现个人的效用最大化。

343. 什么是"三农"金融？

"三农"金融是指金融业服务"三农"发展，建立和完善以农村信用合作社为主，以新兴农村金融机构为辅，借助农业发展银行、国家开发银行拓展业务范围，依靠小额贷款公司推动业务服务便利化的金融服务体系。"三农"金融旨在强化对农民、农业现代化、农业产业龙头企业等的金融服务，建立健全服务"三农"的融资担保体系，发挥资本市场对"三农"发展的引导作用，解决"三农"发展的融资问题。

344. 什么是县域金融？

县域金融是指以县为区域的金融组织体系、金融机构数量分布、金融从业人员配置和金融业务的总和。县域金融作为县域经济的重要组成部分，是社会资金融通的主渠道，是经济建设资金的主要筹措者和供给者。县域金融有以下四个特征：一是县域金融属于区域金融的范畴；二是县域金融具有开放性；三是县域金融有相对独立性，县域内的各个金融机构不受政权的干预，只对各自的上级银行负责；四是县域金融的服务对象是县域经济，主要服务于农业和农村经济以及县域的工业化、城镇化和现代化。

经过三十多年的农村金融体制改革，中国目前已经形成了包括国有商业银行、农业发展银行、农村信用合作社、邮政储蓄银行等在内的，类型多样、功能相对完善、结构较为合理的多层次县域金融服务体系。在县域基础设施投资、规模化养殖、农产品加工、工业园区建设等多个领域给予了大力支持。但与此同时，县域金融还存在许多问题，比如县域金融服务方式单一，金融产品及服务方式缺乏创新，金融功能亟待进一步健全；相对于县域经济主体存款的大幅增长，县域金融的资金投入不足，资金外流较为严重等。

针对在支持县域经济发展过程中存在的问题，金融业应立足于县域经济发展的需要，深化金融体制改革，发展内生型的县域金融业，为县域经济发展提供适宜的金融服务，逐步建立起与县域经济发展相匹配的多层次、多元化、多形式的县域金融服务体系。

345. 什么是地方政府融资平台？

地方政府融资平台是指由地方政府发起设立，通过划拨土地、股权、国债等资产，组建的资产和现金流均可达融资标准的公司，并在必要时以财政补贴作为还款承诺，从而获得多种来源的资金，然后将资金运用于市政建设、公用事业等各种市政项目。

地方政府融资平台主要表现为地方城市建设投资公司，其名称可以是某城建开发公司、城建资产经营公司等。地方融资平台始于1994年的分税制改革，改革使地方财权和事权不匹配，政府不得不依靠外债。2008年，我国实施积极的财政政策和货币政策，地方政府融资平台的数量和融资规模飞速发展，大规模的负债也给地方政府和经济发展带来巨大风险。地方融资平台多以土地为质押融资，盈利周期长，地方政府的还债能力有限，因此易于助长房地产市场泡沫、导致银行信贷风险以及地方财政问题的显化。鉴于此，应加快建立健全相关法律法规，提高政府财政透明度，不断完善地方融资平台运行机制。

346. 什么是消费金融？

默顿（Merton，1971）将消费金融定义为：如何在给定的金融环境中，利用所掌握的资产来最大满足消费者的各种消费需求。消费金融是由消费金融公司向各阶层消费者提供小额无担保消费贷款的现代金融服务方式，其在提高消费者生活水平，促进经济增长等方面具有推动作用。其业务主要包括个人耐用消费品贷款、一般用途个人消费贷款及同业拆借、发行金融债等。消费金融公司不吸收公众存款，以小额、分散为原则，为中国境内居民个人提供以消费为目的的贷款的非银行金融机构。但分析中国居民消费与金融市场的状况，个人信用体系建设落后，信息不对称风险大，并长期形成了"量入为出"的消费习惯，同时相关的法律法规和制度建设也不完善，消费金融体系的前景不容乐观。因此当前最迫切的需要就是采取切实有效的方式提高居民消费能力，只有在国民消费水平不断提高，敢于放心大胆消费的前提下，消费金融才能有广阔的发展空间。

对消费金融的一个狭义的理解是与消费尤其是短期的简单消费直接相关的融资活动。这样的理解显然过于局限，我们试图给消费金融赋予一个在金融经济学基础上的更为恰当和宽泛的含义，即与消费有关的金融问题。这里，我们对消费和金融两个方面的含义都作了拓宽。我们所说的消费不仅局限于日常生活的消费，而且包含了对所有资源的非生产目的的使用或消费。所说的金融也不仅包括消费者本身所面临的金融问题，还包括市场、机构和政府与消费相关的金融技术、产品、服务、法律、监管、政策。所以说，我们这里所说的消费金融是一个更为全面和完整的概念。

有关消费金融的几个概念和术语：

（1）Consumer Finance（CF）：这是在学术文献中，使用频率较多的一个词汇,其英文字面的意思为消费者金融。它主要从消费者的角度来考虑其所面临的金融问题。一般来讲,一个消费者所面临的金融问题即是如何在给定的金融环境中,利用所掌握的资产来最大满足其各种消费需求。这里需考虑的包括消费者的经济目标即消费目标、消费与储蓄、信贷、资产配置、面临的各种风险和约束。参照 Merton 和 Bodie (1995) 所提出的以基本金融功能来定义金融环境的思路,Tufano (2009) 从消费者所需要的各项金融功能来界定 Consumer Finance 的研究范围。他把这些功能归纳为四个方面:第一是支付,如支票、支付卡、信用卡;第二是风险管理,如人寿保险、预防性储蓄等;第三是信贷,如按揭,即为目前消费花费未来的钱,或寅花卯钱;第四是储蓄和投资,即安排现在的资产为了未来的消费,或卯花寅钱。

(2) Personal Finance (PF):也有文献表述为 Personal Financial Planning (PFP),从字面可以理解为个人理财或个人财务规划。它所涵盖的内容主要为个人如何制定和实施财务规划,包括如何管理自己的收入,如何进行风险管理(如健康风险、收入风险等),如何管理自己的投资和储蓄,如何管理税负,以及个人的遗产处置和信托等。在讨论个人理财的问题时往往侧重于财务或财富的角度而不特别注重消费,并尤其注重财务操作层面的问题。因此其对个人金融状况和所处金融环境的细节考虑更为实际,重点在具体运作。而这些业务也正是金融机构针对消费者个人开发的金融产品和服务的目标。和 PF 很接近的一个术语为 Personal Wealth Management,即个人财富管理。

(3) Household Finace (HF):也将之称为 Family Finance (FF),从字面可理解为家庭金融或居民金融。坎贝尔(Campbell, 2006)提出以家庭为单位来研究其金融活动,并将之描述为 Household Finance。如果我们把家庭整体作为一个消费单元,则家庭金融可以包括在消费者金融的范畴内。当然,在不同的社会环境里,家庭并不等同于个人,也不一定能综合家庭中的各个成员。因为家庭主要是一个社会单元,并不一定是经济单元。但由于许多数据是以家庭为单位的,所以从实证分析的角度,以家庭为对象有它有利的一面。也有家庭所面临的金融问题比简单的消费要丰富。比如职业选择、专业教育对未来收入的影响及其融资选择也是家庭金融的重要部分，但通常并不包含在消费者金融所考虑的范围之内。另一些有关消费金融的术语则侧重于消费金融的某个特定方面。

（4）Consumer Credit（CC）：这也是消费金融领域使用较多的词汇之一，它从字面上理解为消费信贷。其具体考虑的是金融机构向消费者所提供的借贷产品和服务，以帮助消费者购买消费产品，如日常的消费品、大件耐用消费品、汽车等，从而提高消费者的福利。这也是比较狭义的消费金融的概念，与目前国内业界对消费金融概念的理解比较接近。

347. 什么是教育金融？

教育金融是完善教育投入体制的重要措施，与教育财政相对应，主要包括教育贷款、教育储蓄、教育保险、教育信托等形式，教育金融正在成为学校与学生筹集教育资金的新举措，教育债券、教育彩票、教育股票等也在积极的讨论和探索中。

348. 什么是科技金融？

科技金融是科技创新活动与金融创新活动的有机融合，是由科技创新活动引发的一系列体制创新行为。科技金融是金融资本以科技创新尤其是以创新成果孵化为新技术并推进高新技术产业化为内容的金融活动。高新技术产业与传统产业的差异性就决定了科技金融与生俱来的特性。

（1）有形资产与无形资产并存，无形资产往往高于有形资产。传统性企业在创办初期均配备有厂房、机器、设备等有形的固定资产，对企业的投入总是伴随着有形或无形资本的增加而增加，一旦企业发生亏损、倒闭等不确定性，可以通过资产处置以回收投资。而科技型中小企业却与之大不相同。科技型中小企业资本金少，有形资产规模小，通常拥有的是知识产权、专利、发明，甚至只有创意的概念模型等无形资产，且无形资产往往高于有形资产。科技型中小企业在成长的早期阶段，即没有足够的固定实物资产作担保，获得担保的能力又弱，不满足传统商业银行贷款审批条件，融资问题成为科技型企业一大瓶颈。这需要以存贷款业务为主的商业银行基于科技型企业的特点改变其传统的信贷模式。

（2）高风险性与高成长性、高回报性并存高风险性。高新技术产业有一个完整的产业链条，它包括科技开发、成果转化到产业化等不同发展阶段。高新技术产业的高创新性、高难度性、知识密集型等特点决定了它在每一阶段高于传统产业的风险性，这些风险的存在给科技型中小企业通过贷款融资带来了较大的安全性问题，这也是各大商业银行不愿涉足的关键所在。

（3）高成长性。随着科技型中小企业规模不断扩大，迅速成长，企业经营日渐稳健，社会信誉逐渐建立，它拥有技术领先优势和自主知识产权，产品或服务附加值高，一旦产品创新成功，随着人们对新产品认可度的不断提高，需求往往会呈几何倍数增长，高新技术产业很容易获得市场竞争优势，从而实现持续高速地成长，成功的高新技术企业的资产、销售收入等可在几年内增长几十倍甚至上百倍。

349. 什么是文化金融？

文化金融是文化产业与金融业的对接，是指发生在文化产业与文化事业活动中的所有金融活动，这一方面能够解决文化企业的融资问题，另一方面将文化产品作为新的金融资产参与市场生产和流通，发挥其金融和资本功能。文化产业是国民经济的重要组成部分，能够体现一个国家的软实力，但我国当前文化企业金融支持不足，严重制约了文化产业的发展。因此要加快发展和完善文化金融体系，推动文化产业与金融业的融合。针对文化产业融资困难的问题，银行等金融部门可以探索适合文化产业的多种贷款模式，开发和创新多层次、多元化的信贷产品，并构建文化产业的融资担保体制。

文化金融是指发生于文化资源的开发、生产、利用、保护、经营等相关活动中的所有金融活动。文化金融发生在文化产业和文化事业的发展过程中，它是文化经济的核心，文化金融的发展对文化经济的发展乃至整个国民经济的发展起着重要的促进和推动作用。

350. 什么是文化创意产业融资？

文化创意产业是指以创作、创造、创新为根本手段，以文化内容和创意成果为核心价值，以知识产权实现或消费为交易特征的行业集群，其核心是文化与经济融合、文化与科技融合，而文化与经济的融合是其价值实现的关键环节。

文化创意产业融资就是加大金融对上述文化产业发展的支持力度，支持有条件的文化企业进入主板、创业板上市融资；支持符合条件的文化企业发行企业债券。此举旨在鼓励文化产业发展的同时，也为文化产业搭建融资平台，真正做到产融结合，以金融资本助推文化产业腾飞。

中国当前文化创意产业的融资渠道如下：（1）通过银行信贷融资；（2）民间借贷；（3）企业海外上市；（4）创业板上市。

351. 什么是项目金融？

项目金融是指与特定项目相关的一系列金融活动，主要是为项目提供资金支持。项目金融以项目为导向，它主要以项目的现金流量和收益作为偿还贷款的资金来源，以项目资产抵押作为贷款的安全保障，并不依赖于投资者或发起人的资信来安排融资。若项目的经济强度不足，则可能要求借款人以直接担保、间接担保或其他形式给予项目附加的信用支持。项目金融可以为超过投资者自身筹资能力的大型项目或政府建设项目融通资金，并能在一定程度上隔离项目风险与投资者风险。

352. 什么是不动产金融？

不动产金融是不动产业与金融业的结合，是以不动产为抵押，为其提供资金支持，涉及房地产业、城乡土地开发、市政建设等领域的金融业务。该金融体系包括不动产抵押贷款的机构，不动产抵押贷款的担保机构，如保险公司，以及购买不动产抵押贷款的投资者。

353. 什么是供应链金融？

银行向供应链的核心企业提供融资和其他结算、理财服务的同时，管理上下游中小企业的资金流和物流，综合考虑贷款风险后，给上下游企业一起提供贷款的便利、预付款代付及存货融资等金融产品和服务的一种金融模式。

354. 什么是网上供应链融资产品？

网上供应链融资产品是以电子数据取代纸质票据，以网络传输取代人工传递，以在线申请取代网点办理，为供应商尤其是中小企业提供的融资新渠道。供应链融资服务不同于传统的银行融资产品，其创新点是抓住大型优质企业稳定的供应链，围绕供应链上下游经营规范、资信良好、有稳定销售渠道和回款资金来源的企业进行产品设计，以大型核心企业为中心，选择资质良好的上下游企业作为商业银行的融资对象，这种业务既突破了商业银行传统的评级授信要求，也无须另行提供抵押质押担保，切实解决了中小企业融资难的问题。

355. 什么是物流金融？

物流金融是指在面向物流业的运营过程中，通过应用和开发各种金融产品，有效地组织和调剂物流领域中货币资金的运动。这些资金运动包括发生在物流过程中的各种存款、贷款、投资、信托、租赁、抵押、贴现、保险、有价证券发行与交易，以及金融机构所办理的各类涉及物流业的中间业务等。

物流金融伴随着物流产业的发展而产生，在物流金融中涉及三个主体：物流企业、客户和金融机构。物流企业与金融机构联合起来为资金需求方企业提供融资，物流金融的开展对这三方都有非常迫切的现实需要。物流和金融的紧密融合能有力支持社会商品的流通，促使流通体制改革顺利进行。物流金融正成为国内银行一项重要的金融业务，并逐步显现其作用。

356. 什么是能源金融？

能源金融是通过能源资源与金融资源的整合，实现能源产业资本与金融资本不断优化聚合，从而促进能源产业与金融业良性互动、协调发展的一系列金融活动。

第一，能源产业与金融产业的关联机理。理论上讲，能源产业和金融产业存在相互作用的两条通路，这两条通路在不同的条件下会产生两种结果，这两种结果成为能源产业发展目标和所要控制的重点问题。

（1）在合适的经济环境和条件下，能源和金融产业相互促进。金融支持能源发展，同时获取利润，并在这个过程中有效防范风险，这也是能源金融发展的目标。在这个互动发展的过程中，能源产业发展促进了金融业的创新与合作，也产生了多元化的金融服务需求；这种需求又使金融业面临对能源产业发展支持力度、金融服务方式、金融产品乃至整个金融市场面向能源产业创新等诸多问题，并最终促进两大产业的协调发展。

（2）在不稳定、不完善的经济环境和条件下，能源产业和金融产业的潜在风险可能会通过产业关联机制造成风险传染。能源产业和金融产业间的信息传递涉及能源金融安全问题。吴军（2008）指出，金融危机是金融方面的危机，能源危机是由金融层面传播到实体方面的一个传导体，金融的安全性直接影响到能源安全。从实际情况看，20世纪70年代石油价格上涨引发全球通货膨胀，导致全球都陷入了因经济衰退而持续上涨的通货膨胀、高居不下的油价以及疲软的劳动力市场形成的低迷滞涨的格局。这是能源危机向金融危机层面的传递。反过来，金融危机又会波及能源产业，导致能源危机。一个很具体的例子就是当前全球的经济形势，美国次贷危机引发金融危机，并导致石油价格动荡。这也是金融危机通过能源向实体经济传导的体现。两者间的作用路径（以石油为例）主要有：①能源危机—原油价格等上涨—运输、化工等关联产品价格上涨—价格总体上涨—通货膨胀—价格危机；②金融危机—股市、大宗商品市场价格下降—国际投机资金涌入—油价上涨（短期）—政府调控—投机基金撤离—油价下跌—能源产业不稳定性；③金融危机—能源交易的计价货币波动—能源价格波动—能源危机。

在这样的作用路径中，当能源危机产生导致金融危机时，必然引发金融体制的改革；当金融危机引发能源危机时，必将引发能源产业的改革，其中一个重要的表现就是新能源产业在危机中借势而起。改革的结果将是良好金融生态的形成和能源政策支持，从而最终促进能源产业和金融产业的协调发展。

第二，金融支持能源产业的路径。(1) 多路径支持的源动力。能源战略的实施需要以强大的资本支持为后盾。中国原国家发改委能源局局长徐锭明2004年11月27日在"中国能源投资论坛"上曾指出，到2020年中国能源工业投资将达到人民币10万亿元，加上从国外购买能源方面的投资，总投资将达到人民币18万亿元。而国际能源署的观点则认为2001～2030年中国能源部门的投资需要2.3万亿美元。总体来说，中国能源产业发展，包括能源投资、能源企业创新、能源产业升级等都存在着巨大的资金缺口。目前，国内能源工业融资主要依赖于银行贷款，这体现了信贷资金对能源产业发展提供的巨大支持，但也反映出资本市场的融资功能没有得到充分发挥。在国家大力发展能源产业，进行能源开发建设的背景下，单纯的银行融资和财政支持已经很难满足能源产业发展对资本的需求。从中国的现状来看，能源企业上市融资的还较少，发行债券的融资占比小，其他融资手段和金融工具未被很好利用。同时，金融机构提供的能源金融产品单一，主要局限于中长期能源信贷业务，而在能源期货服务、能源产品票据贴现、能源企业和能源产品相关资金结算、能源企业利率及汇率风险管理等方面的金融产品创新明显不足，很难很好地满足能源产业迅速发展的多元化的融资要求，从而也制约着金融机构盈利空间的拓展。另外，能源投资高风险、高回报的特点要求融资规模大,融资渠道广,融资机制灵活。因此,必须加快非贷款融资渠道的建设,创新金融支持能源产业发展的路径。

(2) 金融支持能源的路径选择。金融支持能源的路径可以从两个层面分析。第一层面强调"金融参与性",即金融资本如何直接进入能源产业发展过程中,强调两个产业关联行为本身;第二层面强调两个产业关联的"介质",即能源金融产品。

金融参与性层面。一是体现能源产业的主动性,包括能源企业上市、能源企业发行债券、吸引海外投资三个方面:①能源企业上市,以股权换资金。能源企业属于资本密集型企业,进入资本市场直接融资,能够提高企业再扩张的能力,同时通过资本市场的监督和规范也可以改善企业公司治理结构,提高盈利水平,最终促进产业发展;②能源企业发行债券。能源企业大都为垄断行业,企业规模大,盈利能力较强,因此可以通过发行企业债券的方式进行短期融资。发行企业短期融资债券程序较为简单,比通过银行信贷的成本要低;③能源企业吸引海外投资。主要来自国外大型的能源企业(国内外能源企业合作,以"市场换资金")和国际金融机构的金融支持(如通过世界银行等开发性国际金融组织贷款)。二是体现金融产业的"间接主动性"。这里的"间接主动性"主要是指通过政策引导金融支持能源产业,包括:①引导创投资本进入能源领域投资。创投资本进入能源领域投资也是能源企业融资的有效路径。一般而言,国家会给创投行业许多优惠政策,创投资金进入能源领域,投资者和能源企业可以利用这些政策。创投资本和产业资本不同,它所经营的不是一个具体的产品,而将企业作为一个整体,从产品、营销、组织管理等方面综合考察。创投资本一般关注于企业的创业阶段,很少停留在一个相对成熟的企业中。因此,从能源产业发展的角度讲,可以引导创投资本进入新能源开发过程。这样一方面能在新能源企业发展过程中获得企业经营的垄断利润;另一方面还能获得企业快速增长的资本增值。②开放民企投资能源。能源基础设施建设、新技术开发、新能源开发等领域需要大量的资金支持。在银行信贷等融资渠道受限的条件下可以考虑引入民间资本。民间资本具有活跃和自由的特点,不易受到政治等其他因素的干扰。可以通过与政府合作、购买股票或其他资本运作方式参与到能源开发和技术开发领域。③建立政策性的能源金融机构。能源金融的核心在于在满足能源信贷资金的同时有效解决能源金融安全问题。从信贷资金看，目前国家有交通银行、农业银行等，但没有与能源相关的银行，这已成为能源产业发展的一个瓶颈。

　　基于此，建立能源金融机构是必要的。一方面，能源类金融机构为能源企业服务，将资金用于企业内的新能源开发和自主创新，同时也可以根据各地区能源产业发展的差异，制定有区别的信贷政策，避免商业银行信贷支持能源产业的地域局限性，因此具有政策性银行性质；另一方面，能源产业建设期较长，与其相关的环境治理、循环经济等贷款具有较大的风险，因此除了建立能源银行以外，与之相匹配的能源企业担保公司也应成立，并在一定程度上进行市场化运作，故能源金融机构又具有商业性质。根据中国实际，在政府指导下，有实力的金融家和企业家应联手申办能源银行，由财政和企业共同注资，吸取存款，集中财力，主要用于能源开发、能源企业创新等。

　　介质层面。介质层面主要是指能源金融产品创新。这是能源金融研究的一个重要方向，金融创新产品在能源行业运用推广，能使能源产业发展与金融业务拓展形成密切的互动关系。如果将能源金融按照能源实体金融和能源虚拟金融进行分类，能源金融产品创新应属于能源虚拟金融层面。传统意义上所指的石油期货以及目前所探讨的煤炭期货等，都属于该层面，又如开发多种类的贷款业务品种以及为能源企业提供财务顾问、发债承销、担保、项目融资方案设计等中间业务。目前来看，能源投资基金应属能源创新产品范畴。许多学者认为，设立能源基金可以满足提高中国能源产业集中度的资金需求，也将是中国产业结构调整和能源基地可持续发展的主要资金来源之一。在未来的能源产业发展中，中国将有大量的能源企业面临重组和布局调整。而在目前银行间接融资不畅、股票市场低迷、直接融资受限的情况下，能源基金设立更具有迫切性。能源基金不仅可以解决能源企业的资金缺口；同时也可以作为战略投资者成为企业的股东，在帮助企业建立现代化的治理结构方面发挥一定的作用。在民间，这种产业投资基金的探索已经开始；但由于中国尚没有产业投资基金的法律，也缺乏体制性的融资渠道和投资者退出渠道，因此无法发挥主导作用。

357. 什么是开发性金融？

开发性金融是基于国家开发银行的业务实践产生和发展起来的。开发性金融介于政策性金融和商业性金融之间，是对政策性金融的深化和发展，指一个国家通过建立具有国家信用的金融机构，为特定需求者提供中长期贷款，以加快实现国家经济长期可持续发展目标的一种金融形式。开发性金融一般由政府拥有、赋权经营，具有国家信用，体现政府意志，能够弥补制度落后和市场失灵，将开发性金融的融资优势和政府的组织协调优势相结合，构造融资平台，通过融资推动项目和市场建设，为地方政府解决融资瓶颈等问题，为经济发展提供长期资金支持。同时，开发性金融可以利用自身的政策性导向，控制信贷规模和方向，较好的介入和扶持农业等弱势及瓶颈产业，优化信贷结构，体现宏观调控和科学发展观的要求。

358. 什么是系统融资规划？

系统性融资规划是指基于金融发展和金融结构理论，着眼于突破区域发展过程中的资金约束，对一个地区的各行业或者一个地区的某一行业进行一个时期内整体性的融资规划设计。在技术路径上，区域系统性融资规划是对一个区域未来的资金供求状况、缺口平衡方案、融资路径选择、融资模式设计以及政策措施等方面进行系统性规划和统筹安排的整套行动方案。一般而言，系统性融资规划由规划背景、规划范围、规划目标、规划依据、规划期限、规划内容和结论等要素构成。系统融资规划能够充分挖掘融资主体潜力、创新融资方式、优化现有投融资体制、建立起政府引导与市场主导并存的投融资体系，进而最大限度地满足不断增长的融资需要，为区域行业发展提供强有力的金融支撑。

359. 什么是慈善金融？

慈善金融是一种针对慈善活动的金融支持方式，其主要方式是将私募股权投资（PE）或商业风险投资（VE）的方法运用的社会事业中来。强调为社会公众利益服务为最终目的，而对是否从事产生经济收益的活动比较中性。

360. 什么是订单金融？

订单融资是指企业凭信用良好的买方产品订单，在技术成熟、生产能力有保障并能提供有效担保的条件下，由银行提供专项贷款，供企业购买材料组织生产，企业在收到货款后立即偿还贷款的业务。即企业在签署订单后，以订单为质押向银行进行融资，用来满足其原材料采购、组织生产和货物运输等资金需求。

361. 什么是金融超市？

金融超市是指将金融机构的各种产品和服务进行有机整合，并通过与保险、证券、评估、抵押登记、公证等多种社会机构和部门协作，向企业或者个人客户提供的一种涵盖众多金融产品与增值服务的一体化经营方式。目前金融超市在中国已经开始流行，北京、上海、杭州、西安、大连等市纷纷建起了金融超市。金融超市的发展主要表现在业务上的全能化，银行、保险与证券等各类金融业务将逐渐融入一体。银行开始涉足资本市场或金融衍生品市场，大量非银行金融产品及其衍生品已成为当今银行的主产品。从收益上看，传统业务给银行带来的收益不足40%。目前，平安、新华、太平洋、中国人寿等保险公司的保险产品都已在部分商业银行和邮政储蓄所设有代理点，实现银保一体化。

362. 什么是手机银行（**WAP**）业务？

手机银行（WAP）业务是指银行依托移动通信运营商的网络，基于 WAP 技术，为手机客户提供的账户查询、转账、缴费付款、消费支付等金融服务的电子银行业务。手机银行（WAP）业务具有随身便捷、申请简便、功能丰富、安全可靠等特点，主要涵盖了账户管理、转账汇款、缴费业务、手机股市、基金业务、国债业务、外汇业务、贵金属实时价格查询业务、信用卡相关信息查询业务、客户服务、小额结售汇业务、住房公积金业务、个人贷款业务等。

作为一种结合了货币电子化与移动通信的崭新服务，手机银行业务不仅可以使人们在任何时间、任何地点处理多种金融业务，而且极大地丰富了银行服务的内涵，使银行能以便利、高效而又较为安全的方式为客户提供传统和创新的服务，而移动终端所独具的贴身特性，使之成为继 ATM、互联网、POS 之后银行开展业务的强有力工具。

363. 什么是移动金融服务？

移动金融服务包括短信手机银行、WAP 手机银行、iPhone 手机银行、Android 手机银行、iPad 个人网银等一系列移动金融产品。近期工商银行推出苹果电脑版个人网上银行，方便客户使用 Mac OS X 操作系统获取银行服务，在国内同业中首家实现了对苹果全系列产品的系统和服务支持。

移动金融服务平台与其他业务连接在一起，从其他系统中抽取数据信息，因此，移动金融服务平台应建立标准、易用的接口关系，形成业务相对独立的、方便连接的系统。实现与多个信息来源单位、多个电信运营商（中国移动、中国联通、中国网通、SP 运营商）的互联；实现一个高效率、开放的、灵活的短信服务渠道 IT 基础结构，连通银行现有的综合业务系统，整合后台的产品和服务，建立起银行和客户之间便捷、贴身、个性化的服务流程和界面。

364. 什么是账户钯金定投业务？

钯金是国际贵金属市场中的重要产品之一，和铂金具有类似的物理特性和工业用途，且钯金价格相对较低，具有交易准入门槛较低和价格波动较大的特点，可以满足客户价值投资或波段操作等不同需求。工商银行账户钯金定投业务是指个人客户以人民币或美元为交易结算货币，根据建立的投资计划，在一定期限内按照计划投资金额或数量，定期买入账户钯金产品的相关业务。客户可以通过工行柜面或电子银行渠道签订账户钯金定投协议、制订定投计划。相比于个人账户钯金实盘交易，个人账户钯金定投具有积少成多、省心省时、平摊成本、分散风险等多项特点，非常适合具有中长期投资需求、能承受一定风险、但又缺乏足够时间或经验研究贵金属市场的投资者。与此同时，个人账户钯金双向交易的推出则进一步丰富了账户钯金交易方式，有效满足了客户在钯金价格下行时也能交易获利的现实需求，适合具有一定的交易经验和风险承受能力，以及对钯金市场有一定认识的个人投资者。

365. 什么是网络金融？

网络金融（e-finance）就是网络技术与金融的相互结合。从狭义上理解，网络金融是指以金融服务提供者的主机为基础，以互联网或者通信网络为媒介，通过内嵌金融数据和业务流程的软件平台，以用户终端为操作界面的新型金融运作模式；从广义上理解，网络金融的概念还包括与其运作模式相配套的网络金融机构、网络金融市场以及相关的、监管等外部环境。它包括：电子货币、网络银行、网上支付、网络证券及网络保险等。

366. 什么是P2P信贷服务平台？

P2P信贷服务平台是由宜信开发，提出穷人有信用的观点，助力普惠金融。P2P 信贷服务平台主要针对的是那些信用良好但缺少资金的大学生、工薪阶层和微小企业主等，帮助他们实现培训、家电购买、装修和兼职创业等理想。对于这些借款人，无须他们给出贷款抵押物，而是通过了解他们的身份信息、银行信用报告等，来确定给他们的贷款额度以及贷款利率，然后，中介机构将这些信息提供给资金出借人，由他们双方直接达成借款协议，资金出借人获取贷款利息，如汇通易贷就是典型的一家。

367．什么是保税区仓单质押模式商品融资？

保税区仓单质押模式商品融资是指银行委托第三方监管人对借款人合法拥有的储备物、存货或其他大宗商品进行监管，借款人将监管人向其签发的专用仓单质押给银行，银行以质押仓单项下商品价值作为首要还款保障而进行的结构性短期融资业务。

368．什么是金融信息安全产业？

金融信息安全是指将密码学、密钥管理、身份认证、访问控制、应用安全协议和事务处理等信息安全技术运用到金融信息系统安全工程中，并在系统运行过程中发现、纠正系统暴露的安全问题。金融信息安全产业则是开发金融信息安全技术，提供金融信息安全产品与服务的产业，其产业体系包括了安全标准起草、安全技术创新、安全产品制造，安全软件开发、安全网络工程设计与施工、信息安全第三方服务，等等。

信息安全关系到金融机构的生存和经营的成败，随着互联网的不断发展，我国金融信息化在历经了网络建设、数据大集中、网络安全基础设施建设等阶段后，已经迈入了体系化信息安全管理阶段。因此，加快发展金融信息安全产业，有效地防范和化解金融信息安全风险，统一安全问题处理规范和流程，增强金融系统的信息安全防范能力，对于保证金融机构的信息系统平稳运行及各项业务持续展开意义重大。

369. 什么是金融中介服务业？

金融市场中介服务产业是在金融市场为投资者或其他利益主体提供中介服务的机构，属于现代服务业中的专业知识型服务业范畴，包括会计事务所、律师事务所等审查监督机构，资产评估和信用评级等评估机构，投资咨询、资讯等信息服务机构。

金融中介服务业作为知识密集型产业的重要分支，其发展将极大的有利于地区经济产业结构的优化。作为金融中心建设过程中的一个重要的环节，应当树立金融中介服务业各子行业之间的联系观念，加强行业协会建设，制定适当的发展规划和中介机构统计指标体系，促进、引导金融中介服务业的健康快速发展。

370. 什么是金融外包服务业？

金融外包服务业是指专门向金融机构提供外包服务的新兴产业。金融服务外包又称为金融后台业务外包，是指金融机构将其部分事务委托给外部机构或者个人处理，通常包括信息技术外包、业务流程外包、知识处理外包等。具体来看，金融服务外包不仅包括将业务交给外部机构，还包括将业务交给集团内的其他子公司去完成的情形；不仅包括业务的初始转移，还包括业务的再次转移即分包；不仅包括银行业务的外包，还包括保险、基金等业务领域的外包；不仅包括金融信息技术外包，还包括金融业务流程外包。

目前，在所有行业中，金融外包服务业规模已经排在制造业之后位居第二，覆盖了银行、保险、证券、投资等各类金融机构以及各种规模的金融机构。面对金融业越来越激烈的竞争，外包将日益成为金融机构降低成本及实现战略目标的重要手段，金融外包服务业将迎来又一次快速发展的浪潮，并且随着其行业规模的持续扩大和服务内容的不断深化，金融外包服务业的全球格局即将初步形成。

第22章

金融中心

371. 什么是金融中心？它分为哪几类？

金融中心是金融中介高度集中的地方，它是一个综合性的有机体，以国家银行或中央银行为总枢纽，以商业银行、储蓄、投资、信托等银行或公司为主，证券交易所、货币市场、黄金市场和外汇市场为辅，金融中心是金融聚集的结果。同时金融中心也是基于低交易成本、高交易效率以及城市的强积聚能力，形成的金融人才、金融机构、金融信息、金融资本和金融交易集聚地。从地区角度划分，金融中心一般划分为国内金融中心、区域金融中心、区域性国际金融中心和全球性国际金融中心。

372. 什么是国内金融中心？

国内金融中心是仅为国内某一地区的居民提供金融服务，并承担国内资源配置功能的市场。

373. 什么是区域性金融中心？

区域性金融中心是指金融机构集中、金融市场发达、金融信息灵敏、金融设施先进、金融服务高效的融资枢纽。区域性金融中心能够集中大量金融资本和其他生产要素，从而有力推动该城市及周边地区的经济发展。

374. 什么是区域性国际金融中心？

区域性国际金融中心是指服务范围跨越至少两个以上司法区域，但未能覆盖全球，有很高程度的国际资金、机构与人才的参与，但市场规模稍逊或者种类没有那么齐全；具备一定金融创新及产品定价能力，但影响力主要局限于某一区域内，并非全球性的市场领导者。

375. 什么是全球性国际金融中心？

全球性国际金融中心属于最高层次的金融中心，这类金融中心的主要特征是服务范围覆盖全球，金融市场规模大，种类齐全，人才集中，是金融产品与服务的创新中心，定价中心，扮演主导金融全球市场发展的角色。市场普遍公认，目前只有伦敦和纽约属于全球性国际金融中心。

376. 什么是离岸金融中心？

离岸金融中心是指任何国家、地区及城市，凡主要以外币为交易（或存贷）标的，以非本国居民为交易对象，其本地银行与外国银行所形成的银行体系，都可称为离岸金融中心。目前比较著名的离岸金融中心有英属维尔京群岛、开曼群岛、巴哈马群岛、百慕大群岛、西萨摩亚、安圭拉群岛等。从理论上离岸金融中心可以分为伦敦型、纽约型、避税型离岸金融中心。

377. 什么是在岸金融中心？

在岸金融中心指某国家（或某独立金融地区）的居民间利用本地货币进行交易、贸易结算及其他一系列金融活动的金融中心。与离岸金融中心的最大不同在于允许居民和非居民客户共同参加交易活动。

378. 什么是全球金融中心指数?

全球金融中心指数（GFGC）是全球最具权威的国际金融中心地位的指标指数。2007年3月开始，该指数开始对全球范围内的46个金融中心进行评价，并于每年3月和9月定期更新以显示金融中心竞争力的变化。该指数着重关注各金融中心的市场灵活度、适应性以及发展潜力等方面。全球金融中心指数的评价体系涵盖人员、商业环境、市场准入、基础设施和一般性五大指标。

379. 什么是中国金融中心指数?

中国金融中心指数是指综合运用产业发展、金融发展和城市发展等方面的理论，充分考虑中国城市统计数据特征，听取、借鉴大量来自政府部门和金融机构专业人士意见后，形成的一个目前适用于国内金融中心竞争力评价的动态评估指标体系。中国金融中心指数选择中国内地24个2007年GDP在1400亿元以上的省会城市和计划单列市为样本，以金融产业绩效、金融机构实力、金融市场规模、金融生态环境等指标体系为考量进行排名。

380. 什么是科技金融中心?

2012年8月，国家发改委、科技部、财政部、人民银行、税务总局、证监会、银监会、保监会、外汇管理局与北京市人民政府联合发布《关于中关村国家自主创新示范区建设国家科技金融创新中心的意见》（京政发［2012］23号），以下简称《意见》。《意见》是国家层面第一个关于科技金融的指导性文件，以金融为出发点，落脚于科技创新，旨在引导建立符合科技创新需求的科技金融体系，确立中关村作为国家科技金融创新中心的战略地位，示范引领和辐射带动全国科技金融创新体系的形成。

目前，中关村金融机构和科技中介机构聚集效应显现，一大批银行、投资机构、保险公司、证券公司、担保机构、小额贷款机构、资产管理公司、信托公司、金融租赁公司、会计师事务所、律师事务所、资产评估事务所、信用中介机构、知识产权中介机构、产权交易机构等金融机构和科技中介机构在中关村设立和发展。在北京初步形成了中资金融机构在金融街、外资金融机构在CBD、科技金融机构在中关村聚集的发展态势。

381. 什么是金融客服中心（呼叫中心）？

金融呼叫中心是金融机构电子化服务的延伸，客户可利用电话、手机拨打特服号码或互联网等渠道进入金融呼叫中心系统，通过人工受理或自动语音服务等方式享受全天24小时不间断的4A金融服务。

金融呼叫中心出现至今已经历了四个阶段，即从传统的人工热线、自动应答、CTI集成，发展到CTI与网络技术结合的呼叫中心。随世界网络的迅猛发展和技术的不断革新，国外已迎来第五代呼叫中心——完全与互联网融为一体的多媒体呼叫中心。目前，中国金融业呼叫中心逐步成熟，四大国有银行在北京、上海、广州、西安等主要城市均投资建立了大型的分支呼叫中心，但金融机构使用呼叫中心的收效甚微。因此，提高中国金融服务水平，高效、稳定的运营和管理呼叫中心，充分发挥金融客服呼叫中心的优势，是金融呼叫中心在未来发展中必须关注的问题。

382. 什么是金融大数据？什么是金融大数据产业？

大数据是指需要通过快速获取、处理、分析以从中提取有价值的海量、多样化的交易数据、交互数据与传感数据。金融大数据是大数据行业在金融领域的运用，其意义就在于从海量数据中及时识别和获取信息价值，从而促进金融智能决策和金融服务创新。

383. 什么是金融大数据中心？

金融大数据中心是大数据及业务应用的核心。在以网络化和数字化为基本特征的新经济时代，电子银行、电子交易服务、电子货币与支付服务、在线金融信息服务，以及其他通过网络提供的金融产品及服务迅速得到推广扩散，金融业务日渐表现为价值数字流的产生、交换、管理和应用。这一方面催生了金融大数据时代；另一方面也完善了大数据技术的应用环境。

384. 什么是金融研发中心？

金融研发中心就是以金融研究开发为主要工作的部门，其主要职能是针对中国金融机构的需求，从事金融产品的市场调研、产品研发、试点和推广，以及金融领域新技术、新发展的研发。一般大型金融机构内部会设立其自身的研发中心，也有专门提供金融研发服务的机构。

385. 什么是金融灾备中心？

金融灾备中心是保障金融业务连续性的重要防线，它负责利用技术、管理手段及相关资源对既定的重要信息系统及关键数据进行备份，从而确保重要信息系统及其关键业务在灾难发生时可以恢复。灾难备份中心分为同城灾难备份中心和异地灾难备份中心。如果建立了同城灾难备份中心，当运行信息系统运行时，可以同步将业务数据和相关信息传送到同城灾难备份中心的备份信息系统中，一旦运行中心因故障不能正常运行时，同城灾难备份中心可以很快接管运行中心的系统继续运行，而且不会丢失业务数据。同城灾难备份用于城市局部地方发生灾难时的应急备份措施。对于地震、水灾、台风、飓风及战争等灾难，需要进行异地灾难备份。异地灾难备份中心和运行中心不在一个城市，而且距离较远。一旦运行中心的城市发生灾难，业务可以在异地灾难备份中心继续运行，虽然可能丢失数据，但可以保证业务的不间断连续运行。

　　1998年人民银行在无锡建立了中国第一个金融灾备中心，目前在上海已建立了完善的支付系统异地灾难备份中心，四大国有商业银行和银联也已经或正在建金融灾难备份系统。随着中国金融体制改革的不断深化、金融业的快速发展以及全球经济一体化进程的加快，建设金融灾备中心对保证数据安全和业务连续性是至关重要的。这有利于各银行增强抵御金融风险能力、提高金融服务水平和增强国际竞争力，也有利于确保国民经济的安全运行。

第23章

民间借贷和非法金融

386. 什么是民间借贷?

民间借贷是指公民之间、公民与法人之间、公民与其他组织之间的借贷。只要双方当事人意见表示真实即可认定有效,因借贷产生的抵押相应有效,但利率不得超过人民银行规定的相关利率。

民间借贷分为民间个人借贷活动和公民与金融企业之间的借贷。无论何种借贷,利率均不得超过银行同类贷款利率的四倍,否则中国民法不予保护。民间个人借贷活动必须严格遵守国家法律、行政法规的有关规定,遵循自愿互助、诚实信用原则。

民间借贷是一种直接融资渠道,银行借贷则是一种间接融资渠道。民间借贷是民间资本的一种投资渠道,是民间金融的一种形式。

387. 民间借贷的主体是谁?

从借贷主体的角度,民间借贷可以分为三个层次。第一层次,借贷主体仅为居民个人,即所谓狭义民间借贷。第二层次,借贷主体从居民个人扩展为居民个人、企业(非金融企业)、其他组织,但是借贷关系仅为个人与企业、个人与其他组织两种形式。第三层次,最广义的民间借贷,其借贷主体与第二层次一致为居民个人、企业(非金融企业)、其他组织,但是借贷关系扩展为三种形式:个人与企业、个人与其他组织、企业之间。

388. 民间借贷的类型有哪些？

民间借贷活动的具体形式多种多样。不同国家或地区在文化背景、城市化程度以及法律制度完善程度等方面存在着不同程度的差异，导致了各个国家或不同的地区民间借贷的形式存在显著的差异。各国、各地区民间借贷活动的数据信息尚未完全建立起来。

民间借贷主要包括以下形式：第一，私人借贷（包括高利贷）。私人借贷是民间借贷的主要形式，其历史悠久，是一种非常古老的信用形式。第二，"银中"或"银背"作为借贷款中介人或者经纪人。"银中""银背"是金融中介的原始形态。第三，典当行。典当业是人类最古老的行业之一，堪称现代金融业的鼻祖，是抵押银行的前身。第四，互助会。互助会是一种有着悠久历史的民间金融形式，在国外称之为轮转储蓄和信贷协会，在中国又称为合会、钱会等。第五，私人钱庄。私人钱庄一般从大的"银背"发展而来，在很多地区，钱庄是在合会的基础上发展起来的。第六，连结贷款，也称作关联贷款或贸易贷款。在许多发展中国家，关联性贷款也是普遍存在的一种民间融资形式，具有单笔借款金额大，期限短，利率相对较低等特点。第七，集资。集资是根据自愿互利的原则，集中社会闲散资金的一种直接融资行为和方式。民间集资按照用途可分为生产集资、公益和福利集资；按照利率水平不同可分为高息集资、低息集资和无息集资。

389. 民间借贷具有什么特点？

（1）民间借贷具有灵活、方便、利高、融资快等优点。运用市场机制手段，融通各方面资金为发展商品经济服务，满足着生产和流通对资金的需求。

（2）民间借贷出于自愿，借贷双方较为熟悉，信用程度较高。对社会游资有较大吸引力，可吸收大量社会闲置资金，充分发挥资金之效用。

（3）民间借贷吸引力强，把社会闲散资金和那些本欲扩大消费的资金吸引过来贷放到生产流通领域成为生产流通资金，在一定程度上缓解了银行信贷资金不足的现状。

（4）它向现存的金融体制提出了有力的挑战，与国家金融展开激烈竞争，迫其加快改制。

390. 民间借贷的合法性是什么？

最高人民法院对于民间借贷做出的司法解释为：民间借贷是指公民之间、公民与法人之间，以及公民与其他组织之间的借贷（合同）关系，是由一方将一定数量的金钱移转给另一方，还款期限到期后，由另一方返还借款本金并按照约定支付利息的民事法律行为。

同时，根据《合同法》第211条规定："自然人之间的借款合同约定支付利息的，民间借款的利率不得违反国家有关限制借款利率的规定"。同时根据最高人民法院《关于人民法院审理借贷案件的若干意见》的有关规定："民间借贷的利率可以适当高于银行的利率，但最高不得超过银行同类贷款利率的四倍。"对公民与企业之间的借贷又明确规定具有下列情形之一的，应当认定无效：企业以借贷名义向职工非法集资；企业以借贷名义非法向社会集资；企业以借贷名义向社会公众发放贷款；其他违反法律、行政法规的行为。

391. 什么是非法金融？它有哪些形式？

非法金融就是指违法进行的一切金融活动，包括合法金融机构即金融体系内发生的非法金融活动和金融体系外的即社会非法金融活动。非法金融除了包括非法集资外，还包括非法证券、非法发放贷款、办理结算、票据贴现、资金拆借、信托投资、金融租赁、融资担保、外汇买卖。

392. 什么是非法集资？它有哪些特征及表现形式？

非法集资是非法金融的一种，是指以某种方式向社会公众筹集资金。非法集资主要有以下四个方面的基本特征：未经有关部门依法批准，包括没有批准权限的部门批准的集资以及有审批权限的部门超越权限批准的集资；承诺在一定期限内给出资人还本付息，其还本付息形式既可是货币形式，也可以是实物或其他形式；向社会不特定对象即社会公众筹集资金；以合法形式掩盖其非法集资的性质。

非法集资活动的主要形式有：借用种植、养殖、项目开发、庄园开发、生态环保等名义非法集资；以变相发行股票、债券、彩票、债权凭证等形式非法集资；通过入股分红、认领股份进行非法集资；通过办理会员卡、会员证、优惠卡、消费卡等方式进行非法集资；以商品销售与返租、回购与转让、发展会员、商家加盟、传销与"快速积分法"等方式进行非法集资；利用民间的"会""社"等组织进行非法集资，如"利用地下钱庄进行集资活动"；利用现代电子网络技术构造的"虚拟"产品，如"电子商铺""电子百货"投资委托经营、到期回购等方式进行非法集资；对物业、地产等资产进行等份分割，通过出售其份额的处置权进行高息集资；以签订商品经销等经济合同的形式进行非法集资；利用传销或秘密串联的形式非法集资。

393. 什么是非法金融机构及非法金融业务活动？

非法金融机构是指未经有关金融监管部门批准，擅自设立从事或者主要从事吸收存款、发放贷款、办理结算、票据贴现、资金拆借、信托投资、金融租赁、融资担保、外汇买卖，以及证券、保险等金融业务活动的机构。非法金融机构的筹备组织，也应视为非法金融机构。

非法金融业务活动，是指未经有关金融监管部门批准，擅自从事的下列活动包括：(1) 非法吸收公众存款或者变相吸收公众存款；(2) 未经依法批准，以任何名义向社会不特定对象进行的非法集资；(3) 非法发放贷款、办理结算、票据贴现、资金拆借、信托投资、金融租赁、融资担保、外汇买卖；（4）有关金融监管部门认定的其他非法金融活动。

394. 什么是金融犯罪？常见的金融犯罪都有哪些？

金融犯罪是犯罪的一类，其内涵可以从犯罪学和金融学两个角度来考察。从犯罪学的角度来考察，金融犯罪指一切侵犯社会主义金融管理秩序、应该受到刑法处罚的行为。从金融学的角度来考察，金融犯罪指一切破坏中国资金聚集和分配体系的犯罪行为。

金融犯罪直接或者间接侵犯了中国的资金融通体系，阻碍或者歪曲了货币的流通，限制或者破坏了信用的提供，从而危及中国金融机构和金融市场的正常运转。

常见的金融犯罪有：金融机构从业人员的贪污犯罪；金融机构或其从业人员的违法发放贷款犯罪；金融机构从业人员的挪用公款犯罪；金融机构或其从业人员的违法办理金融业务造成金融资产严重流失的犯罪；金融票据诈骗及贷款诈骗犯罪；集资诈骗、非法吸收公众存款、擅自设立非法金融机构等非法经营金融业务方面的犯罪；洗钱罪等。

395. 什么是非法证券活动？

非法证券活动主要是指非法发行股票和非法经营证券业务。非法发行股票是指未经证券监管部门批准而擅自公开、变相公开发行股票的行为。擅自公开发行股票是指未依法报经证监会核准，向不特定对象发行股票或向特定对象发行股票后股东累计超过200人的行为。变相公开发行股票是指未依法报经证监会核准，采用广告、公告、电话、信函等公开方式或变相公开方式向社会公众发行股票，以及公司股东自行或委托他人以公开方式向社会公众转让股票的行为。

非法证券活动表现形式主要有：诱骗社会公众购买所谓原始股或各类基金份额，谎称这些证券将在海内外证券交易所上市；兜售所谓原始股或基金份额；以所谓投资咨询机构、产权经纪公司、国外投资公司驻华代表处，甚至产权交易所、证券交易所的名义，未经证监会批准，非法向社会公众推销或代理买卖未上市公司股票；以高额回报为诱饵，以证券投资为名，诈骗群众钱财。

社会公众可从两方面来识别非法证券活动：一是从证券的发行方式识别，无论是股权（股票）、债券还是基金，其发行方式是不是采取了前面提到的公开发行的方式，如果采取了这种方式，就要看是否取得国家有关部门的相关批准，可以判别它是否是非法的行为。二是从发行证券的中介机构识别，看中介机构从事证券承销、代理买卖活动，是否取得了证监会批准，如果没获批准，就可判别是一种非法证券业务。

396. 什么是打击非法证券活动领导联席会议？主要职能是什么？

打击非法证券活动领导联席会议是指由证监会统一部署，各地证监局、政法委、金融办、公安局、工商局等多家机构公共参与的，以遏制和打击非法证券活动为目的的会议。打击非法证券活动领导联席会议要从源头控制、行政取缔、刑事追究等三个方面重拳出击。

打击非法证券活动领导联席会议"打非"的主要措施包括：一是由证监部门牵头，公安、工商和金融机构配合，对目前和今后的证券期货市场继续进行明察暗访，一经发现从事非法证券活动的，由公安部门从快、从严、从重打击。二是对已查证涉嫌进行非法证券活动的经营机构迅速予以查封，冻结其银行账户、股票及有价证券等，查封财产，收缴非法所得，扣押或吊销营业执照。三是已构成犯罪的由公安部门立案查处。对查处情况公开曝光，以威慑犯罪分子，警示参与非法证券期货交易的投资者，维护广大投资者的利益。四是由证券监管部门牵头，公安、工商和新闻单位参与，在全省范围内开展《证券法》等有关法律法规的再宣传、再教育工作，促使广大投资者学法、懂法、守法。同时，再次告诫广大投资者，参与非法证券活动是不受法律保护的，以提高广大投资者的法律意识、自我约束能力和自我保护能力，教育广大城乡居民自觉抵制参与非法证券活动。

397. 什么是"热钱"？它有什么危害？

"热钱"也称流资或游资，指为追求最高报酬以最低风险在国际金融市场上迅速流动的短期投机性资金。这些资金流动速度极快，一旦寻求到短线投资机会，"热钱"就会涌入，当发现盈利机会已经过去，这些资本又会迅速撤出。"热钱"具有高收益与风险性、高信息化与敏感性、高流动性与短期性、投资的高虚拟性与投机性四高特征。因此，"热钱"在一国金融市场上的流入与流出会给一国经济金融稳定带来冲击，最典型的例子就是1997年始于泰国的东南亚金融危机。具体来讲，"热钱"有如下危害。

（1）严重冲击国家经济的发展。"热钱"多以隐蔽的方式流入一国市场，为寻求高额利润四处流窜，主要攻击目标是国内房地产市场、股市、债市和期货市场等，对经济健康发展是一种不可忽视的威胁。除此之外，热钱趋利而行，对资金流入国而言并没有长期利用价值。

（2）热钱的转移与各国的货币政策目标背道而驰，加大了宏观调控的难度。

（3）游资的冲击会扭曲一国的货币汇率。

（4）大量游资会造成外汇储备短时间的迅速增加，还会推动股市上升，出现投机性泡沫，进而出现盲目扩大投资。增加投资虚假需求就有可能导致经济过热，一旦泡沫破裂，就会发生金融危机与衰退。

398. 什么是"洗钱"？《中国人民银行法》对人民银行的反洗钱职责是如何规定的？

"洗钱"是指犯罪分子及其同伙利用金融系统将资金从一个账户向

另一个账户作支付或转移，以掩盖款项的真实来源和受益所有权关系；或者利用金融系统提供的资金保管服务存放款项。

最高人民法院发布《关于审理洗钱等刑事案件具体应用法律若干问题的解释》（以下简称《解释》），该《解释》从2009年11月11日起实施。该《解释》明确规定对以下六种"洗钱"行为应依法追究刑事责任：（1）通过典当、租赁、买卖、投资等方式，协助转移、转换犯罪所得及其收益；（2）通过与商场、饭店、娱乐场所等现金密集型场所的经营收入相混合的方式，协助转移、转换犯罪所得及其收益的。（3）通过虚构交易、虚设债权债务、虚假担保、虚报收入等方式，协助将犯罪所得及其收益转换为"合法"财物的；（4）通过买卖彩票、奖券等方式，协助转换犯罪所得及其收益的；（5）通过赌博方式，协助将犯罪所得及其收益转换为赌博收益的；（6）协助将犯罪所得及其收益携带、运输或者邮寄出入境的。

《人民银行法》第四条第十项规定，人民银行负责"指导、部署金融业反洗钱工作，负责反洗钱的资金监测"，同时根据经国务院批准调整的人民银行"三定"方案，人民银行还负责协调国务院有关部门的反洗钱工作。

399. 什么是地下金融？

金融是一种有组织的社会活动。从组织结构上可分为国家或国家批准的金融组织和地下金融组织。地下金融，按字面的理解应当是非官方的金融，是与公开的地上金融活动相对应的一个狭义概念。地下金融活动和组织没有合法的身份，属于无牌照、无资质的信用机构，并处在隐蔽状态，如地下钱庄、高利贷等。这类金融活动可能是合理的，有市场需求，但法律禁止这类金融形态。地下金融组织包括民间金融和非法金融。

地下金融主要有以下两种形式：一种是民间的信用金融兑换。货币兑换其实就是民间的一些人以某种方式搞到外币，然后与需要兑换的人进行兑换，汇率双方制定，比银行要实惠一点。另一种是地下的"港股直通车"。国内的资金通过地下的"港股直通车"到国外，以求赢得回报。之前政府一直拖延着"港股直通车"，但国人非常热衷于这样的风险投资。

400. 什么是地下基金？

地下基金是以基金的形式进行敛财的地下犯罪活动，其活动大都无固定场所，主要以网络、电话为媒介，以发展会员、传销等方式进行，资金存取、转移全都通过"一卡通"银行账户进行。其突出特征是以高额回报为诱饵，是一种新形式的金融违法犯罪活动。

参考文献

[1] 贝多广. 证券经纪理论 [M]. 上海：上海人民出版社，1995.

[2] 陈共. 证券学 [M]. 北京：中国人民大学出版社，1994.

[3] 黄亚均. 现代投资银行的业务和经营 [M]. 上海：立信会计出版社，1996.

[4] 江其务. 中国金融改革与发展 [M]. 福州：福建人民出版社，1990.

[5] 林海. 中国股票市场价格波动率的实证研究 [D]. 厦门：厦门大学，2001.

[6] 斯蒂格利茨. 经济学 [M]. 北京：中国人民大学出版社，1997.

[7] 屠光绍. 交易体制：原理和变革 [M]. 上海：上海人民出版社，2000.

[8] 郑振龙. 各国股票市场比较研究 [M]. 北京：中国发展出版社，1996.

[9] 张亦春，郑振龙. 金融市场学 [M]. 北京：高等教育出版社，2003.

[10] 郑振龙. 金融工程 [M]. 北京：高等教育出版社，2003.

[11] 杨海明，王燕. 投资学 [M]. 上海：上海人民出版社，1999.

[12] 刘红忠. 投资学 [M]. 北京：高等教育出版社，2004.

[13] 宋逢明. 金融工程原理：无套利均衡分析 [M]. 北京：清华大学出版社，2000.

[14] 吴冲锋，王海成，吴文峰. 金融工程研究 [M]. 上海：上海交通大学出版社，2000.

[15] 王晓芳. 证券投资的理论分析与发展研究 [M]. 北京：中

国经济出版社，1997.

[16] 安德鲁著，王晓芳译. 资产证券化：构建和投资分析 [M]. 北京：中国人民大学出版社，2006.

[17] 格林布赖特著，贺书婕译. 金融市场与公司战略 [M]. 北京：中国人民大学出版社，2003.

[18] 李心丹. 行为金融学——理论及中国的证据 [M]. 上海：上海三联书店，2004.

[19] 默顿等著，陈雨露译. 投资学精要 [M]. 北京：中国人民大学出版社、北京大学出版社，2003.

[20] 吴晓求. 证券投资学 [M]. 北京：中国人民大学出版社，2005.

[21] 王晓芳. 中国资本市场发展与投资银行 [N]. 金融时报，1997，12：11.

[22] 王晓芳. 我国经济周期与金融调节效应解析 [J]. 金融研究，1998，1.

[23] 王晓芳. 货币需求理论的比较研究 [J]. 金融研究，1991，5.

[24] 张军. 中国经济改革的回顾与分析 [M]. 太原：山西人民出版社，1998.

[25] 麦金农. 经济发展红的货币与资本 [M]. 上海：上海三联书店，1973.

[26] 麦金农. 欠发达国家的利率政策：金融自由化的回顾 [M]. 北京：经济科学出版社，1992.

[27] 麦金农. 经济市场化的次序 [M]. 上海：上海三联书店，1997.

[28] 刘易斯. 经济增长理论 [M]. 北京：商务印书店，1994.

[29] 谢平. 中国的金融制度选择 [M]. 上海：上海远东出版社，1997.

[30] 俞桥等. 商业银行管理学 [M]. 上海：上海人民出版社，1998.